아기 퍼가기 시대

미국의 미혼모, 신생아 입양, 강요된 선택

아기 퍼가기 시대
미국의 미혼모, 신생아 입양, 강요된 선택

1판 1쇄 발행 2023년 7월 30일

지은이 캐런 윌슨-부터바우
옮긴이 권희정
편집 김효진
표지 디자인 서주성
펴낸곳 안토니아스
등록 2019년 2월 14일(제2019-000002호)
주소 서울시 송파구 오금로 46길 42, 401호
전화 02-6085-1604
팩스 02-6455-1604
이메일 antoniasbooks@naver.com

ISBN 979-11-968604-1-7 93330

서구 미혼모 잔혹사 1

아기
퍼가기
시대

미국의 미혼모,
신생아 입양,
강요된 선택

캐런   권희정
윌슨-부터바우   옮김
지음

Antonia's

DISCLAIMER

This book is presented solely for educational and informational purposes. The author is not offering any legal or other professional advice herein. While best efforts have been applied in the preparation of this work, the author makes no representations or warranties of any kind and assumes no liabilities of any kind with respect to the accuracy or completeness of the contents or fitness of use for a particular purpose. The author shall not be held liable or responsible to any person or entity with respect to any loss or incidental or consequential damages caused, or alleged to have been caused, directly or indirectly, by the information contained herein.

No part of this book may be reproduced or transmitted in any form or by any means, electronic or mechanical, including photocopying, recording or by any information storage and retrieval system, without written permission from the author.

면책 고지

이 책은 교육 및 정보 제공 목적으로만 제공되며, 저자는 어떠한 법률적 또는 기타 전문적 조언을 제공하지 않는다. 이 책을 위해 모든 노력을 기울였으나 어떤 종류의 진술이나 보증을 하지 않으며, 내용의 정확성이나 완전성 또는 특정 목적에 대한 사용 적합성과 관련하여 어떤 책임도 지지 않는다. 여기에 포함된 정보로 인해 직간접적으로 발생했거나 발생했다고 주장되는 손실 또는 부수적 또는 결과적 손해와 관련하여 개인 또는 단체에 대해 어떤 책임도 지지 않는다.

이 책의 어떤 부분도 저자의 서면 허가 없이 복사, 녹음 그리고 그 밖의 정보 저장 및 검색 시스템을 포함하는 여하한 형태 및 수단으로 복제하거나 전송할 수 없다.

일러두기

1. 이 책은 과거의 잘못된 입양 관행을 고발하고, 강요된 입양으로 침해받은 미혼모 권리 회복을 목적으로 쓴 보고서의 성격을 가집니다. 그런 까닭에 원서는 인용 출처의 기재나 참고문헌 목록 작성 등에서 미비함이 있었습니다. 한국어판에서는 가능한 한 이런 미비함을 보완하고자 했으나, 현재 고령인 저자와의 소통이 어려워 완전하지 못한 점이 있어 독자의 양해를 구합니다.

2. 인명, 지명 등 외국 고유 명사의 표기는 국립국어원 외래어 표기법을 준용했습니다. 단 다른 표기가 일반화되어 있는 경우에는 해당 표기를 채택했으며, 실제 발음이 외래어 표기법과 현저히 다를 경우에는 실제 발음에 가깝게 표기했습니다.

3. 각주는 별도의 표시가 없는 한 모두 옮긴이의 것입니다.

4. 인용문 안에 저자가 삽입한 글은 대괄호로 묶어 표시했습니다.

5. 단행본, 보고서, 잡지, 신문에는 겹낫표를, 논문, 드라마, 영화 등에서는 낫표를 사용했습니다.

저자 소개

캐런 윌슨-부터바우Karen Wilson-Buterbaugh는 '아기 퍼가기 시대' 미혼모를 대상으로 자행된 강제 입양 관행으로 인해 아기와 헤어진 추방된 어머니이다. 캐런과 또 다른 생모들의 경험은 앤 페즐러Ann Fessler의 영상 설치 작품 「영원」Everlasting, 2004, 다큐멘터리 「그녀를 닮은 소녀」A Girl Like Her, 2012, 단행본 『사라진 소녀들』The Girls Who Went Away, 2006에 소개되었으며, 슐레진저 도서관Schlesinger Library의 여성 구술사 컬렉션에 수록되었다.

캐런은 2007년 설립한 아기 퍼가기 시대 연구 협의체Baby Scoop Era Research Initiative의 대표이고, 공저로는 『입양 치유: 입양으로 자녀를 잃은 어머니를 위한 회복의 길』Adoption Healing: A Path to Recovery for Mothers Who Lost Children to Adoption, 2003이 있으며 「기록을 바로 잡으라」Setting the Record Straight, 2001, 「그것은 선택이 아니었다」Not By Choice, 2002 등 다수의 글이 있다. 또한 반모성적이며 비윤리적인 '아기 퍼가기 시대' 입양 관행에 대해 국가적 차원의 조사와 사과를 요구하기 위해 조직된 오리진스 아메리카Origins America의 설립자 중 한 명이며, 세계적 연대 오리진스 인터네셔널Origins International의 총무를 지냈다. 생모들에게 모든 기록을 공개하라Mothers for Open Records Everywhere, 입양이 착취한 엄마들Mothers Exploited by Adoption과 같은 조직 설립에도 참여했다. 2012년 「댄 래더 리포트」Dan Rather Reports 뉴스 특집 "입양 또는 납치"Adopted or Abducted에 증언자로 참여했고 이 프로그램은 에미상 후보에 올랐다.

캐런은 1966년 고등학교 3학년 때 임신을 했다. 이후 학교를 중단하고 워싱턴 D.C.에 있는 유급 위탁 가정wage home에 보내졌다. 숙식을 제공받고 약간의 급여를 받는 대신 가사 일을 도우며 지내다 당시 관행에 따라 출산 예정일이 다가올 때 플로렌스 크리텐튼 전미 연합* 산하 미혼모의 집으로 보내졌다. 그해 7월 22일 워싱턴 D.C. 조지 워싱턴 병원에서 딸 미셸 르네를 낳았다. 딸과 함께 시설로 돌아와 열흘 정도 지냈으나 딸은 1966년 8월 1일 종교 단체가 운영하는 입양 기관으로 보내졌다.

이후 캐런은 결혼하여 두 딸 브렌디와 트리니티를 낳고 현재 남편 그랜트와 버지니아주 리치몬드에 살고 있다. 첫 딸과 헤어진 지 30년이 지난 1996년 입양 보낸 딸이 같은 버지니아주에 살고 있다는 사실을 알게 되었다. 딸과 재회하였으나 2007년 8월, 당시 7세 아들을 키우고 있던 미셸은 루게릭병으로 사망함으로써 캐런은 딸과 영원히 헤어지게 되었다.

이메일: karenwb2@verizon.net

아기 퍼가기 시대 웹사이트: www.babyscoopera.com

* 현재의 전국 크리텐튼 재단. 이 책을 통해 꾸준히 언급되는 이 단체는 100년이 넘는 역사를 갖고 있으며, 단체의 연혁은 다음과 같다.
  • 1883년 뉴욕의 사업가 찰스 크리텐튼Charles Crittenton이 딸 플로렌스를 잃은 후 도움이 필요한 여성들을 위해 플로렌스 나이트 미션Florence Night Mission을 설립함.
  • 1893년 케이트 월러 배럿Kate Waller Barrett 합류 이후 미혼모가 아기를 양육할 수 있도록 지원하는 사업 시작.
  • 1895년 전국 플로렌스 크리텐튼 미혼모의 집National Florence Crittenton Home 설립됨.
  • 1897년 전국에 51개의 미혼모 집이 설립됨.
  • 1898년 전국 플로렌스 크리텐튼 미션National Florence Crittenton Mission 으로 명칭 변경.
  • 1908년 플로렌스 크리텐튼 컴페션 연맹Florence Crittenton League of Compassion으로 명칭 변경.
  • 1950년 플로렌스 크리텐튼 전미 연합Florence Crittenton Association of America으로 명칭 변경.
  • 2007년 전국 크리텐튼 재단National Crittenton Foundation으로 명칭 변경.

저자는 지난 75년 동안의 입양, 사회복지 및 심리학 문헌을 광범위하고 풍부하게 조사해 미국 정부 및 관계 당국이 수천 명의 백인 미혼 여성 임신에 개입하고 억압한 자료를 기록했다. '아기 퍼가기 시대'로 명명되는 이 시대 강제 입양이 취약한 사람들에게 어떤 영향을 끼쳤는지 신랄하고 고통스럽게 보여준다.

리키 솔린저Rickie Solinger
역사학 박사, 『구걸하는 자와 선택하는 자』*Beggars and Choosers* 저자

강제 입양은 역사적 사건이다. 이와 관련된 이야기는 과거를 모르고 똑같은 피해를 반복하고 영속화시키는 입양 종사 복지사와 '도움을 주려는' 전문가들에게는 교육 자료가 될 것이며, 서사의 힘은 오래 지연된 변화를 가져올 것이다. 20년간의 연구 결실은 부인할 수 없는 진실이다.

조스 쇼여Joss Shawyer
입양 미혼모 당사자, 미혼모 권익 활동가,
『입양으로 인한 죽음』*Death by Adoption* 저자

어머니와 자녀로 이루어진 가정이 다수가 된 시대, 미혼모에 대한 제도적 처벌, 강압적 입양 관행에 대해서는 여성 인권에 관심이 있다면 누구나 알아야 한다. 그러나 전후 수십 년에 거쳐 일어난 이 일에 관한 이야기는 페미니즘에서 매우 자주 누락된다. 저자는 수년 동안 근대의 입양 제도와 그것에 의해 희생된 자들의 역사를 끈질기게 밝히고 보존하면서 이 침묵을 깨기 위해 노력해 왔다. 역사적 관심과 생존자의 열정으로 수집한 모

든 자료가 여기에 담겨 있다. 20세기 여성과 가족 정책을 온전히 이해하고자 하는 모든 사람이 읽어야 할 책이다.

캐서린 조이스Kathryn Joyce
탐사 전문 기자, 『구원과 밀매』The Child Catchers 저자

이 책은 전국 여성학 과정에 포함되어야 한다. 저자는 '아기 퍼가기 시대'와 그 당시 여성에게 자행되었던 범죄를 폭로하고 있다. 또한 수치심을 주며 미혼 엄마들을 침묵시킨 많은 문화적 요인들을 밝혀냈다. 한편 침묵은 입양 산업이 입양에 대한 신화를 만들어 내고 10억 달러 규모의 산업이 되는 비옥한 땅을 만드는 데 기여했다. 입양은 미국과 전 세계에서 빈곤에 처한 가장 취약한 여성과 아동들을 먹잇감으로 삼고 있다. 이 책은 TV 시리즈 「시녀 이야기」The Handmaid's Tale의 논픽션 버전과도 같다.

레즐리 페이트 맥키넌Leslie Pate Mackinnon
임상 사회복지사, 심리치료사

철저하고 통찰력 있는 분석은 제2차 세계대전 이후 폭발적인 입양 산업이 어떻게 수십 년 동안 아기를 포기하도록 여성들을 몰아갔는지 잘 보여준다. 또한 엄마와 아기를 함께 도우려던 이전의 노력이 '좋은 의도'라는 명목하에 엄마와 아기의 분리라는 관행으로 전환되고, 선의를 가진 사회복지사와 입양 기관이 실천한 소름 끼치고 기만적인 정책을 조명한다. 오늘날 계속되는 관련 정책에 대한 철저한 조사가 필요하다.

로레인 더스키Lorraine Dusky
기자, 입양 미혼모 당사자, 『내 마음속 빈자리』A Hole in My Heart 저자

저자는 미혼 임산부가 직면해야 했던 강압적 상황을 폭로하며 용기 있게 끔찍한 진실을 이야기한다. 수백만 명의 여성에게 가해졌던 형벌은 죽음

보다 더한 것이었다. 아기를 포기할 수밖에 없었던 여성들은 도살장으로 끌려가는 양과 같았으며, 전쟁의 공포보다 심한 트라우마를 경험했다. 사랑하는 아기를 빼앗는 폭력은 아이를 빼앗긴 엄마, 엄마와 헤어진 아기 모두에게 평생의 고통을 안겨 주었다. 감히 이 진실과 마주할 수 있나?

조 솔Joe Soll

심리치료사, 입양인 당사자,『입양 치유』Adoption Healing의 저자

강제 입양 관행으로 아이를 잃은 미혼모의 이야기와 당시 사회적 상황을 보여주는 역사적 자료들을 함께 엮은 책이다. 강제 입양으로 원가족과 헤어진 사람들의 복잡한 정신건강 문제, 가족, 사회, 제도로부터 '내쳐진' 여성이 평생 경험하게 되는 고통에 대해 깊이 있게 다루고 있다. '아기 퍼가기 시대'에 자행된 신생아 입양은 사악하고, 불법적이며, 징벌적이었고, 평생의 트라우마를 남겼다. 많은 사람들은 전 세계 수백만 명에게 영향을 끼친 악을 묵인했던 사회에 대해 알지 못한다. 수백만 명의 미혼모가 일제히 낯선 사람에게 기꺼이 '신생아를 넘기기'를 기대했던 역사상 유례없는 시기였다. 미혼모와 그 자녀를 보호할 도덕적 의무가 있는 사람들은 오히려 입양을 지지함으로써 미혼모와 그 자녀가 입게 될 피해를 무시했다. 입양을 지지하는 사람들은 보호해야 할 도덕적 의무가 있는 사람들, 즉 미혼모와 그 자녀가 입게 될 피해는 무시했다. 아동복지에 종사하는 모든 입양 전문가, 사회복지를 공부하는 학생 및 예비 입양 부모 모두는 '아기 퍼가기 시대'를 공부해야 한다. 수십 년 동안 활동해 온 저자는 진정성 있는 글을 썼으며, 냉혹한 사실을 보여준다. 세계 모든 나라의 도서관에 소장될 가치 있는 책이다.

릴리 아서Lily Arthur

입양으로 아이를 잃어버린 어머니들을 위한 권리 옹호 단체

호주 뉴사우스웨일즈 오리진스Origins New South Wales Australia 이사

저자 자신의 트라우마뿐 아니라 철저한 연구를 통해 얻은 다른 미혼모들이 경험한 트라우마를 통해 고통스러운 과거를 보여주고, 과거로부터 나온 목소리를 들려준다.

엘리자베스 새뮤얼스Elizabeth J. Samuels
볼티모어 대학교 법학대학 교수

입양 역사를 철저하게 조사한 책이다. 저자는 독자들을 1940년대 시작된 '아기 퍼가기 시대'로 안내한다. 책 속에 제시된 통계와 인용문을 보면 얼마나 많은 미혼모가 끔찍한 경멸과 수치에 직면했었는지 놀라게 될 것이다. 1950년대 초반 나는 미혼모였다. 책 속의 미혼모들이 증언하듯 나는 동네에서 쫓겨났고, 용서받을 수 없는 죄를 저질렀으며 구원받기 위해서는 아기를 포기하는 것 외에 다른 방법이 없다고 느꼈었다! 이 책은 강력하며 충격적이지만, 잘 쓰인 역사서이기도 하다. 비난하는 자, 지지하는 자, 비난받는 자 등 모든 독자가 공감할 것이다.

샌디 머서Sandy Musser
작가, 활동가, 입양 개혁 운동을 위한 입양법 연대ALARM Network 설립자

감사의 글

나의 두 딸 브랜디 윌슨 브라운, 트리니티 윌슨, 그리고 남편 그랜트가 보내 준 지지와 격려, 이해와 사랑에 감사한다. 그리고 최고의 친구이자 언제나 응원해 주던, 이제 고인이 된 나의 아버지, 미 공군 중령 도널드 E. 비비에게 감사한다.

모성을 빼앗긴 어머니들의 어머니가 되어 주었던 케이트 윌러 배럿 박사[1]에게 감사를 보낸다. 깊은 지혜와 크고 넓은 마음으로 시대를 앞서 산 그녀는 미혼모 지원에 대한 올바른 비전을 가지고 있었으며, 미혼모들을 어떻게 도와야 하는지 알고 있었다. 미혼모가 아기를 포기하지 않고 잘 기를 수 있도록 도우려 했던 그녀의 열정이 이후 등장하는 소위 아동복지 '전문가들'의 입양 중심 관행에 의해 좌절된 것은 너무도 비극적이고, 잘못되었으며, 비윤리적인 일이었다.

'전문가'를 자처하는 사람들의 손에 아기를 빼앗긴 상실로 인해 상상할 수 없는 고통을 받고 있는 추방된 어머니들, 그리고 어머니와 헤어져 입양 보내진 모든 아이들에게 이 책을 헌정한다.

---

1 앞서 '저자 소개'에서 언급했듯, 케이트 윌러 배럿은 부호 사업가 찰스 크리텐튼을 도와 전국적으로 미혼모의 집을 세우고 미혼모들이 아기를 키울 수 있도록 도움을 주는 데 기여한 인물이다.

특히 '마리아'라고 이름 지었던, 입양으로 잃었던 내 딸 미셸 르네에게 가장 큰 감사를 보낸다. 그 애가 아니었다면 이 책을 쓰지 않았고, 쓸 수도 없었을 것이며, 이 책은 세상에 존재하지 않았을 것이다.

그 밖에 이 책이 나오기까지 지혜를 나누어 주고 지지와 용기를 아낌없이 주었던 다음 모든 분들에게 감사한다.

조스 쇼여Joss Shawyer, 조 솔Joe Soll, 앤 페즐러Ann Fessler, 데비 와릴라Debbie Warila, 비치 키츠버거Vicci Kitzberger, 메리 오그레디Mary O'Grady, 패트리샤 셀린저Patricia Selinger, 레즐리 맥키넌Leslie MacKinnon, 엘리자베스 새뮤얼스Elizabeth Samuels, 릴리 아서Lily Arthur, 로레인 더스키Lorraine Dusky, 리키 솔린저Rickie Solinger, 시더 브레들리Cedar Bradley, 샌디 머서Sandy Musser, 캐서린 조이스Kathryn Joyce, 베키 드리는Becky Drinnen, 칼라 마리 럽Carla Marie Rupp, 코니 마리 피츠Connie Marie Pitts, 프리실라 스톤 샤프Priscilla Stone Sharp, 낸시 램버트Nancy Lambert.

끝으로 표지 디자이너 대리언 브라운Darian Brown(Richmond Signs & Designs)와 편집자 스테파니 코니Stephanie Korney에게도 감사를 전한다.

2023년 5월 16일 해외 입양인 아담 크랩서(한국 이름 신송혁) 씨는 대한민국과 홀트아동복지회를 상대로 낸 손해배상 청구 소송에서 원고 일부 승소 판결을 받았다. 그는 친모가 있음에도 불구하고 1979년에 '고아'로 신분이 바뀌어 미국으로 입양되었다. 친생 가족이 있는데 '고아' 또는 '미혼모 자녀'로 서류가 꾸며져 입양 보내진 사례는 크랩서 씨만으로, 또 해외 입양인들만으로 국한되지 않는다. 왜 이렇게 많은 아동들이 원가족을 떠나 어떤 연고도 없는 낯선 가정의 아들과 딸로 보내졌을까?

한국에서는 입양에 대한 몇 가지 잘못된 설명이 사실인 것처럼 유통되고 있다. 하나는 '한국 전쟁 후 발생한 고아 구제를 위해 한국의 근대 입양이 시작되었다'는 근대 입양 기원에 관한 설명이다. 또 하나는 1970년대 이후 입양의 급증은 산업화 과정의 '부작용'으로 '미혼모가 증가했기 때문'이라거나, 핏줄을 중시하는 유교 문화 때문이라고 하는 설명이다. 이는 사실과 다르며 개연성이 없다. 이에 대해서는 본 옮긴이의 졸저『미혼모의 탄생: 추방된 어머니들의 역사』(2019, 안토니아스)에서 상세히 논한 바 있다.

간략히 정리하면 한국 전쟁 직후 근대 입양은 부계 혈연 질서를 위반했다고 여겨지는 혼혈 아동을 중심으로 이루어졌다. 해리 홀트는 본인의 자녀가 있음에도 한국에서 여덟 명의 전쟁 고아를 입양해 간 '선행'으로 널리 알려졌다. 그런데 정확히 말하면 여덟 명의 혼혈 아동이다. 이후 1960년대 말까지 한국 정부는 국내에 있는 '모든 혼혈 아동'을 '아버지의 나라'로 입양 보낼 계획을 세웠고, 미국과의 긴밀한 공조하에 많은 경우 어머니에게 길러 지고 있던 혼혈 아동을 국외로 내보냈다. 반면 비혼혈 요보호 아동들은 원가족이나 친척을 찾아 돌려보냈고 그 가정에 양곡 지원을 해서 키우도록 했다. 따라서 한국의 근대 입양은 실은 혼혈 아동을 국외로 추방하기 위해 시작되었다는 것이 보다 정확한 설명이다.

한편 요보호 아동을 친족 공동체로 돌려보내고 양곡을 지원하는 '거택구호' 정책은 1960년대 말 대중의 담론에서 사라진다. 전쟁은 끝난 지 오래되었고, 한국의 경제는 성장기에 접어들 때이다. 그렇다면 입양도 중단되어야 했다. 그러나 1970년대 들어 입양은 오히려 급증한다. 게다가 양곡을 지원하며 요보호 아동을 원가족과 친지에게 돌려보내던 전 시대의 관행은 원가족과의 관계를 완전히 단절하고 생모의 존재는 온전히 지워버린 한 아동을 혈연관계가 없는 가정으로 보내는 근대적 입양으로 대체된다. 산업화·근대화와 함께 부부와 자녀로 구성된 핵가족 중심으로 법과 제도를 정비하고, 이것을 이상 가족으로 전형화하는 '정상 가족'의 시대를 우리 모두 의심 없이 추종하고, '정상'의 범주를 벗어난 출산과 가족 만들기를 철저히 억압했음을 의미한다. 이로써 과거 한때 힘겹게 아이를 키우는 불우한 모성으로 재현되던 미혼의 '홀어머니'는 더는 아기를 키워서는 안 되는 부도덕한 '미혼모'가 되었다.

이러한 생각과 실천, 즉 미혼모를 어머니의 범주에서 추방하고, 그 자녀를 '고아'로 만들어 결혼한 부부의 가정으로 입양 보내는 일은 놀랍게도 한국의 사회복지 역사와 맞물려 있다. 그리고 더 놀랍게도 한국 사회복지 역사는 2차 세계대전 이후부터 1970년대 초반까지 이어진 미국의 '아기 퍼가기 시대'의 사회복지 이론 및 실천과 긴밀하게 맞물려 있다. '아기 퍼가기 시대'란 미혼모를 병리적 모성으로 규정하고, 그들이 출산한 아기를 중산층의 결혼한 부부 가정으로 입양 보내는 일이 '아동복지'라는 이름으로 실천되던 때였다. 이 시기 동안 수십만 명의 미혼 임산부가 자신의 의지와 상관없이 입양을 강요하는 문화와 제도에 포획되어 아기를 포기했다.

그렇다면 어떻게 한국 미혼모의 아기 포기가 미국의 '아기 퍼가기 시대'와 연결고리를 갖게 된 것일까? 한국 전쟁 후 국내에는 다양한 외원 기관들이 들어와 있었는데, 그중 유니테리언 연합회Unitarian Service Committee는 한국 사회의 재건과 발전을 위해서는 사회사업가(지금의 사회복지사) 양성 교육이 필요하다고 판단하고 미네소타대학 사회사업대학원 원장 존 키드나이John Kidneigh 박사를 파견했다. 그는 서울대학교와 논의 끝에 "진정한 의미의 근대 과학"으로서의 사회사업을 교육하는 학과를 설립하기로 합의했다. 그 준비 단계로 사회지원서비스 직무 경험이 있는 세 명을 선발해 미국에 유학시키고 학위를 받고 귀국하면 교수진으로 임명한다는 계획을 세웠다. 이로써 하상락, 김학묵, 백근칠 세 명이 선발되었다. 1955년에서 1957년까지 미네소타대학에서 수학하고 사회사업 석사 학위를 받고 돌아온 이들은 1958년 서울대학교에 사회사업학과를 창설하고 교수진으로 임영된다.

그런데 이들이 유학했을 때 미국은 앞서 언급한 '아기 퍼가기 시대'였다. 이들이 들여온 과학적 학문으로서의 사회사업학은 미혼 임신 여성을 시설에 수용하고, 출산 후 아기는 입양 보내고, 그 어머니는 교화시킨 후 다시 사회로 돌려보내는 '아기 퍼가기 시대'의 실천적 지식에 기초하고 있었다. "미혼모"라는 용어 자체가 없던 1960년대 한국 사회에 "unwed mother"란 용어와 개념이 들어왔고, 미국의 '아기 퍼가기 시대'를 대표하는 이론가의 이론이 서울대학교와 이화여자대학교 사회사업 학술지에 소개되기 시작한다. 이후 미국에서 그랬던 것처럼 한국에는 "케이스 워커"가 등장하고 미혼모에게 아기 포기와 입양 선택을 권유하는 상담 사업을 펼친다. 1970년대 전후의 일이었다. 이때부터 우리 사회에서 '미혼모'라는 용어가 'unwed mother'를 대체하며 사용되었고, 미혼모의 병리화가 본격적으로 진행되었다. 이와 더불어 수십만 명의 미혼모의 아기들이 입양 길에 오르며 원가족과 헤어졌다.

미국의 '아기 퍼가기 시대'를 이야기하는 이 책의 옮긴이 서문을 한국 태생의 해외 입양인 아담 크랩서의 이야기로 시작한 연유는 바로 근대 이후 실천된 한국에서의 입양은 미국의 '아기 퍼가기 시대'의 사회복지 지식과 실천과 긴밀하게 연결되었기 때문이다. 한국 전쟁이 끝난 지 수십 년이 지난 1970년대 이후 오히려 더욱 활성화된 입양은 미혼모의 자녀를, 그리고 아담 크랩서처럼 심지어 부모가 있는 아동들도 고아나 미혼모의 자녀로 둔갑시켜 해외의 또는 국내의 입양 가정으로 대거 보내지며 원가족과 분리되었다. 이 책을 통해 1945년부터 1970년대 초까지 미국의 사회복지 이론이 미혼모들을 어떻게 규정했는지, 그 시대 미혼 임산부가 어떤 경험을 했고 어떤 과정을 통해 자녀를 입양 보낼 수밖에 없었는지 알게 되면 독자들은 놀랄 것이다. 아동복지의 이름으로 미혼 임산부의 모성을 철저히 부정하고 아기를 엄마로부터 떼어놓았던 우리의 모습, 그리고 그것만이 미혼모와 아기를 위한 최선의 복지라고 여전히 믿고 있는 일부 사람들의 모습과도 너무도 닮아 있기 때문이다.

　이러한 믿음은 수십만 명의 아이를 잃은 미혼모와 원가족과 헤어진 입양인들을 남겼다. 이 책의 저자 캐런 윌슨-부터바우도 '아기 퍼가기 시대' 아기를 입양 보내야 했던 어머니 중 한 명이다. 책 표지 사진은 캐런이 입양 보내기 직전에 아기를 안고 있는 모습이다. 그녀의 표정과 눈빛에서 우리는 분노, 슬픔, 무력감을 본다. 캐런은 학자도 작가도 아니다. 단지 지난날 자신에게 일어난 일을 이해하기 위해 수십 년에 걸쳐 관련 서적을 읽고, 수많은 자료를 모았다. 그리고 자신과 같은 경험을 한 여성들과 연대해 과거 잘못된 입양 관행으로 침해당한 모성권, 시민권, 그리고 인권의 문제를 공론화하고 정부와 관련 기관으로부터 사과를 받기 위한 운동을 최근까지 활발히 해 왔다. 이 책은 그 일환으로 만들어진 것이다.

　안타깝게도 한국 사회는 서구의 '아기 퍼가기 시대'의 미혼모와 그 자녀에 대한 지식과 실천에 너무도 많은 영향을 받았다. 그런데 더 놀라운 것은 우리가 그 사실을 전혀 모르고 있다는 사실이다. 미혼모 자녀를 대거 입양 보낸 이유가 산업화의 부작용으로 미혼모가 증가했기 때문이라거나 핏줄을 중시하는 유교 문화 때문이라는 설명이 우리 사회에서 더 이상 유통되지 않도록 하는 데 이 책이 조금이나마 기여할 수 있기를 바란다. 또한 미혼 임신과 출산 그리고 양육이 철저히 억압되고 그 자녀를 입양으로 분리한 것은 바로 근대의 결혼 제도 밖의 재생산권 억압과 관련된 문제이며, 서구 '아기 퍼가기 시대'의 사회복지 지식과 실천이 한국 사회에 끼친 영향력이 컸다는 점이 충분히 조망되는 계기가 되기를 희망한다.

이 책이 나오기까지 많은 도움을 받았다. 이 책의 편집과 디자인 모두 꼼꼼히 작업해 준 리시올에 감사를 전한다. 그리고 한국에서 미혼모 권익 운동이 시작될 수 있도록 물심양면으로 도움을 주고 옮긴이를 미혼모의 세계로 이끌어 준 한국미혼모지원네트워크 초대 대표 리처드 보아스 박사님에게 감사드린다. 무엇보다 미혼모에 대한 낙인으로 인해 아기를 입양 보내고 이 땅 어딘가에 살고 있을 어머니들과 원가족 보호를 뒷전으로 했던 국가의 입양 중심 정책으로 원가족의 역사와 유산을 잃어버린 입양인들에게 이 책을 바치고 싶다.

2023년 5월
율현동에서
권희정

차례

텍사스 감리교 선교회 미혼모의 집 사건

1945년에서 1973년 사이 150만 명 이상의 백인 미혼모들은 교회, 미혼모 시설, 입양 기관, 공공 사회복지 제도의 거짓되고, 비윤리적이며, 강압적인 방식에 의해 갓 낳은 아기를 포기하고 입양을 보내야 했다. 1970년 미국 법정은 이러한 관행이 미혼모의 아기 포기에 영향을 주었다는 사실을 인정하고 신생아에 대한 양육권을 아기 엄마인 미혼모에게 돌려주었다.

텍사스 감리교 선교회 미혼모의 집Methodist Mission Home of Texas 판례

v.

N————A.————B————,

텍사스주 샌안토니오 민사 항소 법원

1970년 3월 4일

451 S.W.539(1970)

1968년 나이 어린 임신한 여성(이 판례에서 이름은 밝히지 않았다)이 부모에 의해 텍사스 감리교 선교회 미혼모의 집(이하 '텍사스 미혼모의 집')에 보내졌다. 그곳은 연합감리교회United Methodist Church가 운영하는 인가받은 입양 기관이었다.

산모는 1968년 11월 23일 지역 병원에서 아들을 출산했고, 나흘 후 시설에 돌아와 모친에게 전화를 걸어 아들을 키우겠다고 말했다.

미혼모는 아이에 대한 양육권을 찾기 위해 소송을 걸었다. 결과는 "원고인 미혼모가 서면에 동의한 것은 피고 측인 기관(텍사스 미혼모의 집)과 그곳 종사자들이 원고에게 부당한 영향력을 행사한 결과였다"라는 배심원 판결로 종료되었다.

텍사스 미혼모의 집은 배심원 평결을 받아들이지 않고 항소했다. 하지만 항소 법원은 미혼모가 입양을 결정할 때 부당한 영향력하에 있었다는 원심 판결을 받아들였다. 법원이 이러한 결론에 이를 만한 다음과 같은 충분한 증거를 찾았기 때문이다.

- 미혼모에게 아기를 포기하게 하고 입양을 권하는 것이 텍사스 미혼모의 집의 정책이었다.
- 텍사스 미혼모의 집 상담사는 미혼모를 설득하여 아이를 포기하도록 했다.
- 텍사스 미혼모의 집 종사자는 출산을 앞둔 원고가 아기를 포기하리라 믿고 입양 결정을 재고하도록 설득하려 하지 않았다.
- 원고가 마음을 바꾸어 아기를 키우겠다고 하자, 텍사스 미혼모의 집 상담사는 며칠 동안 연이어 여러 번의 상담을 했고, 그 결과 미혼모는 아기 입양에 동의했다.
- 입양 상담사는 미혼모가 아기를 키울 경우의 긍정적인 면과 부정적인 면에 대해 원고와 논의했다고 증언했으나, 제출 내용을 보면 아기를 포기해야 하는 이유만을 반복적으로 이야기했다.

- 입양 상담사는 원고가 "사려 깊은 사람"이라면 아기를 포기하고 입양 보내야 한다고 "단호한 어조로 강조"했다.
- 원고는 "과도한 설득"으로 "출산 후 중요한 시기에 정신적 고통"을 받았다.
- 막 출산한 미혼 산모는 대부분 정서적으로 혼란스럽다. 따라서 선의든 아니든 아기를 포기하라는 설득에 특히 취약하다.

법원은 원고가 아기를 키울 권리가 없다는 잘못된 조언을 들었고, 입양 관계자들이 "사려 깊은 사람"이라면 입양에 동의할 것이라며 원고를 이기적이라고 비난했던 사실을 강조했다. 원고는 오직 아기를 키울 경우의 "단점"과 "아기를 키우면 안 되는 이유에 대한 반복적인 이야기"를 끊임없이 들었다.

- 텍사스 미혼모의 집은 원고에게 아기를 입양 보내지 않으면 그동안 받은 서비스에 대한 합당한 비용을 지불해야 한다고 말했다. 그러나 이러한 요구는 부당하다. 왜냐하면, 서비스 비용을 지불할 능력이 없다는 이유로 입소를 거절당한 신청자는 없었기 때문이다. (그런데 원고는 미혼모의 집에 15주 이상 체류한 비용 150달러를 지불했다. … 그 이상은 내지 않았고 시설에서도 추가 금액은 요구하지 않았다.)
- 모든 미혼모에게 배포한 텍사스 미혼모의 집 시설 안내 책자에는 일반적으로 혼외 출생 아기를 입양 보내는 것이 아기와 엄마 모두의 정상적 발달을 위해 최상이라고 기록되었다.
- 텍사스 미혼모의 집 상담사는 아기를 포기하라고 반복적으

로 말했으며, 이같이 아기 포기 이유를 설명하고 입양 선택을 권하는 것이 시설의 정책이었다.
- 피고는 원고가 이기적이라고 비난했으며 아기를 키울 권리가 없다고 말했다.

판결문에 따르면, 텍사스 미혼모의 집은 다음과 같은 근거를 나열하며 원고를 설득했다.

- 아들을 사랑한다는 사실이 아들을 키워야 하는 충분한 이유는 아니다.
- 원고는 아기를 다시 가질 수 있다.
- 입양 부모가 원고보다 원고의 아기를 더 사랑할 것이다.
- 원고가 자녀를 양육하면 심각한 문제가 생긴다. 가령, 아기는 짐이 되고, 훗날 결혼 상대를 찾는 데도 어려움을 겪게 될 것이다.
- 장차 원고의 남편이 될 사람은 원고가 결혼 전 낳은 아들을 좋아하지 않을 것이다.
- 원고는 학교에서 돌아온 아들이 "엄마, '후레자식'이 뭐야?"라고 묻는 상황에 직면할 것이다.

항소 법원은 이와 같은 사실을 검토한 후, 원고가 텍사스 미혼모의 집의 입양 상담사로부터 강요와 압박을 받아 입양에 동의하게 되었다는 원심 법원의 판결을 받아들여 텍사스 미혼모의 집은 원고에게 아기를 돌려줄 것을 명령했다.

이 책에서 다루는 내용은 텍사스 미혼모의 집 사건에서 적시된 사실들을 충분히 뒷받침한다. 앞서 소개한 판례 속 미혼모의 사례는 150만 명이 넘는 어리고 자신을 방어할 힘이 없었던 미혼모와, 자신의 어머니가 결혼하지 않았다는 이유만으로 입양 보내진 미혼모의 잃어버린 아이들이 겪은 곤경이 사실이었음을 뒷받침해 준다. 이 끔찍하고, 폭력적이고, 부적절하고, 비윤리적인 입양 관행으로 인해 미혼모와 그 자녀는 남은 생애 동안 부정적인 영향을 받고 있음을 역사는 보여준다.

거짓 정보에 의한 입양 관행은 계속되고 있다. 입양은 거대한 산업이다. 2001년 불임 클리닉 및 입양 서비스 산업에 대한 분석에 따르면, 입양 서비스 산업은 14억 달러 규모로 평가되었으며, 2001년부터 2004년까지 연간 성장률은 11.5%로 예상되었다. 이것은 지금까지 수행된 입양 서비스 사업 부문에 대한 유일한 분석이다(Ashe 2001).

여성과 어린이를 지원하는 국내법이나 국제법이 제정될까? 평등권 수정안이 미국에서 통과될 수 있을까? 인간을 사고파는 사업이 계속해서 아이를 갖지 못하는 사람들의 선택지가 될까?

강압적 입양, 내 삶에 영구적 상처를 남기다

1969년에 나는 임신을 했다. 결혼하지 않은 상태였고 낙태 합법화 이전[1]이었기 때문에 만약 가족이 지지하지 않는다면 입양외 다른 선택의 여지가 없었다. 부모님은 아기를 키워서는 안된다고 말했을 뿐 아니라 친척들에게도 절대 임신 사실을 말해서는 안 된다고 했다. 가족과 가까운 친구 몇 명 외에 나의 임신을 아는 사람은 아무도 없었다. 배가 불러오자 학교를 떠나야했고 미혼모 시설에 보내졌다. 미혼모를 위한 구세군부스기념병원 미혼모의 집Salvation Army Booth Memorial Hospital and Home이란 곳이었다. 당시 사회 분위기는 지금과 달랐다.

시설에서의 생활이 시작되었다. 마치 벌을 받기 위해 보내진 곳 같았다. 나이에 따라 입소자들을 분류했다. 나는 이인실에 배정되었는데, 그곳엔 화장실, 세면대, 샤워 시설이 있었다. 외출하기 위해서는 외출 허가증이 필요했고, 오후 8시 30분까지 돌아와야 했다. 오후 10시엔 각자 침대에 누워 모두 조용히있어야 했고, 밤에는 누군가 복도를 돌아다니며 침대를 빠져나간 사람이 있는지 확인했다. 다들 낮에는 허드렛일을 도왔고 매주 한 번 저녁 미사에 참석했다.

---

1 미국은 산모의 생명이 위험한 경우를 제외하고 낙태를 금지했다. 1973년 '로 대 웨이드'Roe v. Wade 판결 이후 임신 6개월까지 임신 중절을 선택할 권리가 인정되었다.

고등학교에 다니다 중단했기에 시설에 붙어 있는 에밀리 디킨슨 기회 학교Emily Dickinson Opportunity School라는 곳을 다녔다. 학교가 있는 건물에는 진통실과 분만실도 있었다. 담당 복지사와의 만남은 수치스러웠다. 상담은 받았다. 하지만 양육에 대한 정보도 나에게 어떤 권리가 있었는지도 전혀 알려 주지 않았다. 상담사는 내 성 경험에 더 관심이 있었다. 그녀와의 대화는 정말 끔찍했다.

1970년 3월 14일, 이른 아침이었다. 그날은 집에 머물고 있었다. 나는 아침으로 먹은 팬케이크 시럽이 묻어 끈적해진 팬을 씻고 있었다. 뭔가 이상했다. 진통이 시작된 것을 몰랐던 것이다. 엄마가 바로 알아차리고 나를 시설로 데려다주었다. 나는 겁에 질려 엄마가 함께 있으면 안 되냐고 물었는데 그들은 "안 돼"라고 했다. 엄마는 떠났고 나는 진통실로 실려 갔다. 그러고는 혼자 바퀴 달린 이동용 침대에 한참을 누워 있었다.

이후 분만실로 옮겨졌다. 거치대에 다리가 올려지고 양팔은 침대에 묶였다. 분만이 진행되었지만, 아기가 나오지 않자 다른 의사가 들어왔다. 근처 병원의 의사 같았다. 두 번째 의사는 분만에 문제가 있을 때 호출되는 의사였는데, 그는 집게를 사용해 마침내 아기를 꺼냈다. 아들이었다. 궁금해서 이것저것 물었는데 의사는 퉁명스럽고 무례하게 "닥쳐"라고 했다.

그럼에도 불구하고 나는 계속 물었다. 그렇지 않았다면 아무도 내게 아들인지 딸인지 말해 주지 않았을 것이다. 나는 아기를 안아 보지도, 어떻게 생겼는지 보지도 못했다. 다음 날 아침 아기를 보았다. 하지만 신생아실 유리 벽이 우리 사이를 갈라놓고 있었다. 출산 때 사용한 집게로 인해 아들의 왼쪽과 오른쪽 얼굴 부위는 멍들어 있었다.

1970년 3월 25일 나는 판사 앞에 섰다. 진정 내 생애 최악의 날이었다! 덴버 청소년 법정Denver Juvenile Court이었다. 이제는 고인이 된 필립 길리엄 판사는 누구로부터 강요받은 사실은 없었는지, 사회복지사와 나의 아빠가 법정 밖으로 나가 있기를 원하는지 물었다. 판사는 너무 울어 퉁퉁 부은 나의 눈을 분명히 봤다.

덴버 청소년 법정에 서기 전날 밤, 나는 부모님께 아이를 키우게 해 달라고 애원했다. 아들에게는 엄마인 내가 필요하다고 애원했다. 아이를 보내면 내 인생도 망가질 거라고도 말했다. 난 아들이 어떻게 자라는지 모를 것이고, 아들도 나를 모를 것이며, 내가 얼마나 자기를 사랑하는지도 모를 것이라고. 엄마는 어찌할 바를 모르고 있었고, 아빠가 내 방으로 들어왔다. 나는 아빠가 따듯한 말을 해줄 것이라 기대했다. 하지만 정반대였다.

아빠는 내게 '이기적'이라며 아들을 사랑한다면 엄마와 아빠 모두가 있는 집에 아이를 보내야 한다고 했다. 다음 날 법정에서 그렇게 하겠다고 말하지 않으면 눈보라 치는 허허벌판으로 아기와 나를 쫓아 버릴 것이라고 했다. 도대체 어떤 엄마가 자식에게 그렇게 할 수 있을까? 난 잠시 명해졌다. 방금 들은 아빠의 말을 믿을 수 없었다.

판사에게 강요와 협박이 있었다고 너무나도 말하고 싶었다. 하지만 아빠가 무서웠다. 그리고 내겐 의지할 곳이 없었다. 오리건에 친척들이 있지만 말했다시피 부모님은 혼외 임신 사실이 절대 알려지면 안 된다며 누구에게도 연락하지 말라 했으니 그들에게 도움을 요청할 수도 없는 노릇이었다.

판사는 친권 포기 각서를 낭독하지 않고, 대신 나에게 왼쪽에 있는 탁자로 가서 읽고 사인하라고 했다. 난 너무도 속상해서 읽지 않았다. 그냥 사인만 해서 제출했다. 사본은 받지 못했다. 2015년이 되어서야 예전에 사인했던 그 서류와 아들의 출생 증명서를 받아 볼 수 있었다. 그간 입양 기록 비공개 원칙을 고수하고 있던 콜로라도주가 그즈음 입양 기록을 공개하기 시작했기 때문이다.

서류에 서명한 지 약 2주가 지났을 즈음, 부모님이 집에 없는 사이에 나는 구세군부스기념병원에 전화해서 아들이 입양되었는지 물었다. 잠시 후 전화를 받은 한 여자는 내게 아들은 사랑이 넘치는 가정으로 입양 보내졌다고 했다. 내가 생모로서 어떤 권리가 있는지에 대한 언급은 전혀 없었다. 혹시 그런 권리가 있었을지 모르겠지만 말이다. 나는 아들이 입양 보내졌다는 말에 가슴이 무너졌고, 이후 우울의 나락으로 빠져들었다. 대부분의 시간을 거의 잠만 자며 지냈다.

몇 년이 지난 후, 내게 아들을 찾을 수 있는 권리가 있다는 사실을 알았고, 비식별 입양 정보non-identifying information[2]를 손에 넣었다. 서류에 따르면 아들은 6개월 때 입양 보내졌다. 그러니까 강압에 못 이겨 친권 포기 서류에 사인을 한 뒤 병원에 전화해서 아들의 입양 여부를 물었을 때, 아들은 여전히 임시 보호 상태에 있었던 것이다. 이 사실을 알고는 몸이 아프기 시작했다. 언제나 그랬고 지금까지도 나는 깊은 상실감과 채워지지 않는 공허함에 시달리고 있다.

---

2 미국의 경우 입양 관련 정보는 식별identifying과 비식별non-identifying로 구별된다. 식별 입양 정보는 입양 아동의 생물학적 부모 또는 형제자매의 이름과 생물학적 부모의 최근 주소를 포함하고, 비식별 입양 정보는 태어난 곳, 시간, 건강 상태 등 입양 아동에 관한 모든 상세한 정보를 포함한다.

입양 보낸 아들이 6살이 되었을 무렵, 남동생의 아내가 출산을 앞두고 있었다. 나는 동생 부부를 위해 내가 살던 아파트 공용 공간에 있던 '큰' 방을 빌려 베이비 샤워 파티를 열어 주었다. 방에 들어서자 부모님이 준비한 케이크가 눈에 띄었다. 케이크 위에는 "환영한다, 우리 첫 번째 손주"라는 글이 새겨져 있었다. 충격이었다. 첫 번째 손주라니! 파티는 끝나지 않았으나 나는 방에 올라와 내내 울었다. 어쩌면 저렇게 쉽게 내 아들의 존재를 잊을 수 있을까? 부모님에게 내 아들은 정말 아무것도 아니었나?

부모님은 지난 수년간 나에게 후회한다고 말했다. 그리고 아기를 입양 보낸 후 내가 완전히 딴사람이 되어 버렸다는 것도 인정했다. 만약 그때로 돌아간다면 상황은 달라졌을 거라고도 했다. 후회하며 미안해하는 부모님께 감사한다. 그러나 나는 이미 깊은 상처를 받았다. 아빠는 내게 '엄마는 네가 아이를 기를 수 있도록 돕자며 나를 설득하려 했기 때문에, 그리고 가족은 소중하니까, 엄마를 원망하지 말라'고 했다. 그런 아빠에게 나는 이렇게 대답했다. 내 아들도 가족이었는데요!

그런데 아빠의 말 중 하나는 맞다. 그것은 아들을 입양 보낸 후 나는 예전의 나로 결코 돌아갈 수 없다는 것이다.

글을 시작하며

엄마와 아이 사이에 만들어진 애착은 당연히 신성하다. 이것은 육체적, 심리적, 그리고 영적이다. 또한, 제자리로 돌아오는 강한 힘과 멀리까지 확장되는 유연함이 있다. 만약 이 '확장성'에 어떤 인공적 또는 폭력적 개입이 발생하면 엄마와 아기는 모두 트라우마를 경험하게 된다. 영구적으로. 이는 엄마에게는 아기가, 아기에게는 엄마가 필요하다는 뜻이다. 엄마가 결혼했든 아니든 말이다.

필리스 체슬러(Chesler 1986: 361)[1]

필자는 이 책을 통해 '아기 퍼가기 시대'Baby Scoop Era로 기록되는 제2차 세계대전 이후부터 1972년에 이르는 기간에 이루어진 비공개 영아 입양 관행, 미혼모의 경험 그리고 이와 관련된 역사적 자료를 검토한다. 당시 입양 전문가들의 신념은 어떠했는지, 그 신념을 어떻게 실천했는지, 그리고 그 신념과 실천 기준을 다른 사람들과 어떻게 공유했는지 살펴볼 것이다. 입양 산업에 종사한 사람들, 엄마와 아기의 분리를 통해 이익을 취한 개인과 기관들뿐 아니라, 이러한 비공개 입양 관행을 우려하고 경고했던 사람들의 견해에 대해서도 검토할 것이다. 안타깝게도 그들의 의견은 무시되었지만 말이다.

---

1 페미니스트, 정신분석학자. 1970년 뉴욕시립대 리치몬드칼리지에 최초로 여성학과를 개설했으며 『여성과 광기』*Women and Madness*, 1972의 저자이기도 하다.

입양 전문가들은 엄마와 아기를 위한 최선의 이익을 정말로 염두에 두었나? 전문가들이 사용한 방법은 취약한 어머니들, 특히 미혼모 시설에 수용되었던 엄마들에게 어떤 부정적인 영향을 주었나? 엄마와 아기는 분리된 이후 어떤 정서적 후유증을 경험하였나? 누가 이 일에 연루되어 있는가? 그들은 무엇을 말하고, 생각하고, 느꼈나? 그때 그들이 해야 했었던 그러나 하지 않았던 일은 무엇이었나? 어떻게, 그리고 왜 그토록 많은 신생아를 미혼모에게서 떼어 내어 입양 부모에게 줄 수 있었나? 만약 책임을 묻는다면 누구에게 그 책임이 있나?

필자는 '아기 퍼가기 시대'에 실제 말해졌던 이야기, 출간된 자료, 그리고 훗날 그 시대를 평가한 사람들의 이야기에 온전히 집중하기를 바라는 마음에서 의도적으로 가능한 자료들을 단순 명료하게 제시하고자 한다. 입양에 대한 신념, 원칙, 절차와 관행이 시간의 흐름에 따라 어떻게 전개되었는지 보여주기 위해 각 장은 주제별로 항목화한 뒤 연도별로 배열하였다. 또한 입양 종사자들과 긴밀하게 일했던 분야의 사람들의 관점과 의견도 담았다.

흥밋거리를 제공하기 위해 쓴 책은 아니다. 이 책을 통해 몰랐던 사실을 독자들이 알게 되기를 희망하고 많은 토론이 이어지길 바란다. 모성을 빼앗긴 어머니들(필자 포함)은 미국의 '아기 퍼가기 시대'에 개인과 기관이 미혼모들에게 자행했던 아기 입양이 합당하고 윤리적이며 합법적이었는지 조사할 수 있도록 연방정부 청문회가 열리는 데 이 책이 자극제가 되기를 희망한다.

이 책은 일종의 **폭로**이다.

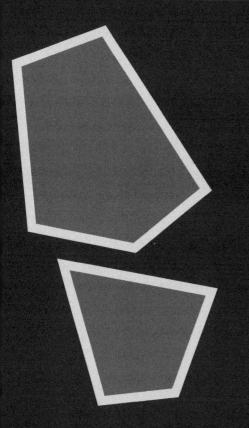

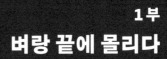

1부

벼랑 끝에 몰리다

1장

'아기 퍼가기 시대'

미국 사회에서 미혼모는 가장 멸시받는 소수자 계층일 것이다. 작정하고 처벌하려는 입법 관계자들의 권력 남용의 표적이 되며, 풍기문란을 개탄하는 도덕주의자들의 희생양이 된다. 학생이나 사회인들의 웃음거리가 되고 … 가시가 돋친 말들은 혼외 자녀 출산에 책임 있는 두 명 중 오직 한 명, 즉 미혼모에게만 향한다. 미혼부에 대한 비난은 거의 없다 … 그들은 미혼모보다 더 많은 혼외 아이를 만들어 낼 수 있음에도 말이다.

알렉스 포인세트(Poinset 1966: 48)

'아기 퍼가기 시대'는 대체로 제2차 세계대전이 끝난 이후부터 1973년까지의 기간을 말한다. 비공개 영아 입양이 시행되던 이 시대는 낙태가 합법화된 '로 대 웨이드' 판결이 난 해를 즈음하여 공식적으로 끝난 것으로 여겨진다.[1] 역사상 이토록 많은 미혼모가 갓 낳은 아이를 입양 보낸 전례는 없다.

　미국의 '아기 퍼가기 시대'는 솔린저Rickie Solinger의 『깨어나라, 수지!』Wake Up Little Suzie, 2000[1992], 페즐러Ann Fessler의 『사라진 소녀들』The Girls Who Went Away, 2006과 다큐멘터리 「그녀를 닮은 소녀」A Girl Like Her, 2012 등에서 다루고 있고, 호주의 경우는 다큐멘터리 「좋은 집으로 가다」Gone to a Good Home, 2006에

1　미혼모의 아기가 대거 입양 보내졌던 사건은 미국뿐 아니라 캐나다, 영국, 아일랜드, 호주, 뉴질랜드 등에서도 있었으며 이 시대에 대한 명칭과 공식 종료 시기는 국가에 따라 다소 차이가 있다.

기록되어 있다. 아일랜드의 사례는 2013년 아카데미상 후보에 오른 「필로미나의 기적」Philomena에 잘 나타난다. 이 작품은 아일랜드의 가톨릭 교회가 운영하는 세탁 공장이자 미혼모 시설이었던 곳에 수용된 미혼모 필로미나가 아들을 강압적 방식에 의해 비공개 입양을 보내야 했던 실화를 영화화한 것이다.

입양 역사 프로젝트Adoption History Project[2]에 따르면, 이 시기 미국에서 약 400만 명의 아이들이 입양 보내졌다. 여기에는 친족이나 다른 유형의 보호 상태에 있다 입양된 아이들도 포함되어 있어 미혼모의 아기는 약 200만 정도가 될 것으로 추정한다. 하지만 상당히 많은 미혼 임산부가 병원 이용 시 가짜 이름을 사용하거나, 결혼반지를 끼고 기혼처럼 행동했을 가능성이 있어 아마도 200만 명을 훨씬 상회할 것이다. 게다가 '아기 퍼가기 시대' 초기에는 기록과 기록 관리가 허술했는데 입양 기관, 병원 등 관련 기관들도 마찬가지였다. 과거 자료를 보면 사실 여부를 확인하기 어려운 경우가 많다.

미국의 '아기 퍼가기 시대'의 아기를 입양 보낸 미혼모 수가 정확하지 않은 또 다른 이유는 1950년대 출산율은 급격히 증가했고 그 가운데 혼외 자녀도 많이 태어났으나 이들에 대한 기록이 정확히 남아 있지 않기 때문이다. 가령 이 시기는 그 어느 때보다 15세에서 19세 사이 여성의 결혼율이 높았다. 통계에 따르면 7,830만 명의 아기가 태어났다. 1946년에서 1966년 사이 혼외 자녀 수도 크게 증가했다. 미국 생명통계청National Office of

---

2 입양 역사 관련 자료를 제공하는 오레곤대학 역사학과에서 운영하는 사이트(https://pages.uoregon.edu/adoption/).

Vital Statistics[3]은 1949년 최대 133,200명의 혼외 자녀가 태어났을 것으로 추정했다. 하지만 당시 혼외 출산은 종종 혼인 중의 출산으로 보고되었기 때문에 추정 수치는 실제보다 낮은 것으로 보인다(Cupp 2013).

한편, '아기 퍼가기 시대' 비혈연 가정으로의 입양 건수는 처음에는 증가하다 이후 감소하는 특징을 보이는데 이는 미혼모 아기가 대거 입양되다 '아기 퍼가기 시대'가 끝나며 감소했음을 보여준다.

1957년에서 1970년 사이 비친족 간 입양 건수를 보면, 1957년 47,000건에서 1970년 89,000건으로 지속해서 증가했다. 그러나 1970년에 가까워질수록 증가 폭은 둔해진다. 가령 1968년에서 1971년 사이 21세 이하 아동의 연간 입양률은 10,000명당 20~21명이었다. 1970년의 수치는 1969년과 거의 같고, 1971년을 기점으로 감소세로 전환한다. 1957년 이후 처음 있는 일이었다. 그리고 1975년까지 입양 수는 지속적으로 감소했는데 앞으로도 그럴 것으로 전망된다. (Tuner 1977: 199~120)

'아기 퍼가기 시대'에 결혼하지 않은 여성은 피임약이나 피임 도구를 구하는 것이 거의 불가능했다. 또한, 임신과 출산에 관한 정보도 알 길이 없었다. 오늘날도 그렇지만, 학교 성교육은 부재했다. 공공 도서관에 성에 관한 책들과 자료들은 접근이 어려운 곳에 따로 보관되어 있었다. 그때는 정말 그랬었다. 지

---

3 미국 생명통계시스템National Vital Statistics System의 옛 명칭임.

금처럼 인터넷 초고속망 같은 것은 없는 시절이었다.

2차 세계대전 이후 전쟁이 끝나고 군인들이 고향으로 돌아오자 미국은 아기 다산의 시대를 맞이하게 된다. 이들이 바로 오늘날 알려진 '베이비 부머'이다. 1945년 2,858명의 미혼모 자녀가 태어났다. 1946년에는 3,411명으로 증가했다. 이후 꾸준히 늘어 1965년 4,300명에 이른 후 점차 감소한다. 어떤 군인들은 성병에 걸려 돌아와 자신도 불임이 되었을 뿐 아니라 아내에게도 불임의 원인을 제공했다. 미혼의 젊은 여성들이 임신하면 입양 관계자들은 언론을 통해 미혼의 성에 위기가 도래했는데 이것은 전염병 같다고 선동했다. 그러나 베이비붐 시대 십대 인구역시 증가했기 때문에 십대 임신 증가의 문제는 전체 인구 증가의 문제였다(Vincent 1962).

한편, 1940년대에는 심리적 결함이 있는 미혼 여성이 사생아[4]를 임신한다는 관점이 등장한다. 당시는 매우 성애화된 사회였으나 피임에 대한 정보는 거의 없었고 피임 도구를 구하기도 어려웠다. 이러한 시대 미혼 임신은 더 증가했다. 심리학 및 사회복지 전문가들 사이에서 미혼모를 돕는 가장 좋은 방법은 출산 후 바로 그 아기를 입양 보내는 것이라는 관점이 지배적이 되었다.

쿤젤(Kunzel 1993)에 따르면, 이때가 사회복지 전문가들의 미혼모에 대한 관점이 "유혹당하고 버려진" 불쌍한 여자에서 "정신박약"이거나 "성적으로 방종한" 여자로 전환된 때이다.

---

4 '사생아'는 차별적인 용어라 최근 '혼외 자녀'로 대체되고 있으나, 과거 혼외 자녀를 차별했던 사회 분위기를 보여주는 맥락에서는 '사생아'로 사용한다.

사회복지 전문가들은 미혼모를 어려움에 놓인 어머니로 보지 않고, 위험한 여성으로 보았다. 정신박약과 성적 방종이란 두 개의 낙인을 사용하며 미혼모에게 입양에 치우친 서비스를 제공했다. 만약 어떤 미혼모가 "정신박약"으로 보기에 너무 똑똑하면 "성적으로 방종한 여성"으로 진단하고 어머니가 되기에 결함 있는 여성으로 만들어 손쉽게 아기를 엄마로부터 떼어 놓았다.

시간이 흐름에 따라, "성적으로 방종한 여성"이라는 관점은 미혼모와 범죄자 사이의 경계를 무너뜨렸고, 두 개의 신분은 마치 동의어처럼 여겨지게 되었다. 도움이 필요한 희생자로 보기보다 의도적으로 도덕 규범을 어긴 범법자로 간주한 것이다. 이러한 방식은 미혼 임신이 내포한 죄책감을 남성에서 여성으로 효과적으로 이동시켰다. 사회복지사들은 미혼모 문제를 객관적으로 다루었다고 하지만, 대중들은 결국 정상과 비정상이란 담론에 집중하게 되고 사회복지사들은 더 적극적으로 미혼모에게 아기 포기를 권하는 결과에 이르렀다.

제2차 세계대전 이후, 아기 입양을 위한 새로운 시장이 생겨났고, 입양 관계자들은 미혼모들에게 아이를 포기하고 입양 보낼 것을 강력히 권했다. 동시에 당시 사회와 사회복지사들은 가족의 가부장성을 영속화하기 위해 입양을 여성의 행동과 성을 통제하는 수단으로 여겼다(Wegar 2008[1997]: 52). 1950~60년대에는 미혼모 시설의 미션과 철학에 변화가 생겼다. 과거에는 미혼모 시설이 아기를 키울 수 있도록 도왔으나, '아기 퍼가기 시대'의 미혼모 시설은 임신한 여성이 출산할 때까지만 머무는 장소가 되었고, 시설 종사자들은 입양을 망설이거나 거부하는 미혼모들에게 한결같이 입양만이 가장 좋은 선택이고 유일한 선택임을 설득하기 위해 노력했다(Fessler 2006). 미혼모들이 아이를 선택하고 기를 수 있도록 도우려는 노력은 거의 없었다(Mandell 2007).

'아기 퍼가기 시대'는 백인 미혼모에게서 태어난 백인 아기를 결혼한 백인 부부에게 손쉽게 제공하기 위해 설계된 특별한 조건들, 사회 구조, 그리고 기준으로 특징지어진다. 당시 미혼모가 놓였던 사회적 조건들은 다음과 같다.

- 미국 사회복지 분야에서 사회복지사가 새로운 전문 직업군으로 등장했다. 과거 경력과 훈련 여부와 상관없이 이들은 신생아 입양이라는 특화된 분야를 규정하고 작동시키며 미혼모 전문가임을 자처했다.
- 미 전역 거의 모든 주요 도시에 구세군이나 플로렌스 크리텐튼 미혼모의 집과 같은 시설들이 생겼다.
- 종교적 신념에 입각하여 어머니가 아기를 키우도록 도움을 주던 시설 종사자들은 백인 신생아를 원하는 기혼 부부들이 증가함에 따라 미혼모를 압박하여 아기를 포기하도록 하는 '입양 복지사들'로 대체되었다.
- 미혼모와 아기를 함께 돌보는 시스템은 미혼모에게서 분리한 아기만을 돌보는 입양 중심 시스템으로 바뀌었다. 이러한 변화는 미혼모와 자녀를 효과적으로 떼어 놓았다.
- 2차 세계대전 이후 성병에 걸렸을 가능성이 높은 군인들의 귀환으로 불임률이 증가했다.
- 십대와 미혼 여성들이 콘돔이나 피임 약을 구하기가 어려웠다.
- 재생산 관련 정보는 없었고, 있어도 청소년이나 미혼 여성

들이 접근하기 힘들었다.

• 둘 또는 그 이상의 자녀가 있는 '완벽한 가정'에 대한 사회적 압박이 큰 가운데 무자녀 기혼 부부에 대한 낙인이 있었다.

• 1960년대는 소위 '성 혁명'의 시대로 성 개방적인 사회 분위기였다.

'아기 퍼가기 시대'는 미혼 어머니들이 자신이 낳은 첫아기를 입양으로 빼앗기고, 입양 보내진 아이들은 정체성 혼란에 빠지게 된 시대다. 입양 대유행이 낳은 파장은 오늘날까지 우리 사회에 여진을 남기고 있다. 상처 입은 어머니들은 수치심 속에 살고 있으며, 누구에게도 입양으로 잃어버린 아이를 말하지 못하고 수십 년을 살아가고 있기 때문이다(Cunningham 2010.5.26.).

2장
도움의 손길은 사라지고

너희가 비판하는 그 비판으로 너희가 비판을 받을 것이요, 너희가 헤아리는 그 헤아림으로 너희가 헤아림을 받을 것이니.

마태복음 7장 2-5절

너희 중에 죄 없는 자가 먼저 돌로 치라 하시고…

요한복음 8장 7절

'아기 퍼가기 시대' 이전은 달랐다. 그때는 시설 종사자도 일반인들도 미혼모와 아기를 분리해서는 안 된다는 믿음을 공유하고 있었다. 미국에서 가장 먼저 등장했으며 또한 최대 규모였던 구세군[1]과 전국 플로렌스 크리텐튼 미혼모의 집 정책은 이를 증명한다. 케이트 월러 배럿 박사와 찰스 크리텐튼은 도움이 필요한 어머니와 아이가 헤어지지 않도록 1895년 전국 플로렌스 크리텐튼 미혼모의 집을 설립하여 이들을 함께 돌보아 주었다. 1897년 전국적으로 51개의 미혼모의 집이 세워졌고 배럿 박사의 신념에는 변함이 없었는데 이는 다음과 같은 문장에서 잘 알 수 있다.

이 주제를 이야기하기 위해서 … 결혼식에 사용되는 성경 구절 "하나님이 짝지어 주신 것을 사람이 나누지 못할지니"라

---

1 1890년 설립.

는 말을 인용하겠다. 우리는 때로 결혼이 정말 신이 만든 것인지 매우 심각하게 의심할 수 있다. 하지만 신이 모든 인간관계 중 엄마와 아기를 가장 강력하게 연결했다는 점은 의심할 수 없다. (Wilson 1933: 172)

1920년 미국 아동국Children's Bureau 사회복지과 초대 과장 엠마 런드버그와 캐서린 렌루트 계장은 아동복지로서 사생아 문제를 언급하며, 어머니와 아기 사이에 자연스럽게 형성된 애착을 강조하고 충분히 예방할 수 있는 엄마와 아기의 분리에 대한 우려를 나타냈다.

최근 사람들은 엄마로부터 분리된 아기에게 아무리 최상의 돌봄을 제공해도 아기는 채울 수 없는 무언가를 빼앗긴 것은 아닌지, 그리고 우리는 이 점을 아기 돌봄에 필요한 다른 요소들보다 과소평가하고 있는 것은 아닌지 점점 더 많은 관심을 갖는다. (Children's Bureau, Lundberg & Lenroot 1974[1920]: 56)

종종 충분히 막을 수 있는 엄마와 아기의 분리가 발생한다. 그리고 그것은 엄마와 아기의 최선의 이익에 반할 때 발생한다. (같은 글: 63).

시설 종사자들의 신념에서도 이러한 철학이 확연히 드러난다.

1930년 한 사회복지사가 전국 플로렌스 크리텐튼 미션 산하의 한 미혼모의 집에 지원서를 보냈다. 사무국장이던 레바 배럿 스미스Reba Barrett Smith는 지원자에게 답장을 보냈는데 그것은 자신들의 신념에 대한 강한 헌신을 증명함과 동시에 그것을 지키려 애쓰는 불안한 방어를 동시에 보여주는 것이었다. 스미스는 다음과 같이 답했다. "당신은 어머니와 아이가 가능한 한 항상 함께해야 함을 믿는지 알고 싶습니다. 둘은 떨어져서는 안 되는 것이 신의 신성한 계획입니다. 용기를 북돋아 주고 필요한 교육을 제공해 주면 어린 어머니들도 거의 아이를 키우려고 합니다. … 결국 어머니와 아이를 함께 살도록 도와주는 것이 이 둘 모두에게 더 나은 일입니다. (Kunzel 1993: 127)

그러나 점차 규칙에서 벗어나는 일이 생기고, 개별 입양 사례가 확산되었다. 이에 대한 대응으로 미국아동복지연맹Child Welfare League of America은 1938년 첫 번째 입양 실천 지침서를 만들었다(Carp 1998: 26). 여기서 제시된 아동 보호 조치 항목들은 당시 구세군과 플로렌스 크리텐튼 미션 미혼모의 집 운영 철학과도 일치했다. 즉 원가족을 온전하게 유지하는 것의 중요성을 강조했다. 가령 "아동을 위한 첫 번째 안전장치는 … 친생부모이다. 아동은 불필요하게 혈연관계를 박탈당해서는 안 된다"와 같은 규칙이 포함되었다.

미국아동복지연맹의 지침서는 입양 기관이 준수해야 할 실천 방식을 제시했고, 당시 신종 직군에 속했던 입양 복지사들은 처음에는 이에 동의하는 분위기였다. 10년도 되지 않아 입양 정책은 급변하지만, 1940년대까지 엄마와 아기를 함께 돌봐 주는 것을 원칙으로 했음은 여러 자료를 통해 확인할 수 있다.

예를 들면, 유나이티드 웨이United Way의 전신인 공동모금회Community Chest는 1940년 단편 영화「앤디 하디의 딜레마」를 제작했다. 앤디와 그의 아버지가 자선에 대한 생각을 나누는 장면에서 구세군 미혼모의 집을 설명하는 내레이션이 나온다.

미혼모의 집 엄마들은 성은 감추고 이름만 공개하면 됩니다. 시설은 이들에게 필요한 모든 것을 제공합니다. 일단 엄마와 아기 모두 건강을 찾으면 시설은 엄마가 아기를 키우면서 일할 수 있는 곳을 찾아 줍니다. 아기를 곁에 두고 일하면 엄마는 똑같은 실수를 반복하지 않을 것이라는 믿음이 있기 때문입니다. … 아기가 태어난 후 엄마가 건강을 회복하면 아기를 기를 수 있도록 엄마에게 일자리를 찾아 주기 위해 모든 노력을 다하는 것이 이곳의 기본 원칙입니다. 이 위대한 관용과 이해를 원칙으로 삼는 것은 엄마 옆에서 아기가 자라야 한다는 믿음에 기초합니다. 그러면 엄마는 같은 실수를 하지 않을 것이기 때문입니다. … 참, 아기 아버지에 대해서는 언급하지는 않겠습니다.

2년 후인 1942년 발행된 워싱턴 D.C. 플로렌스 크리텐튼 미혼모의 집 홍보 책자에도 입소자는 6개월 또는 그 이상 머물며 아이를 키울 수 있다는 내용이 실려 있다.

질문 : 시설은 입소자에게 무엇을 제공하나요?
대답 : 아기 돌보기 교육을 받을 수 있습니다. 집으로 복귀할 수 없으면 사례관리자가 당신을 위한 일자리를 찾아 줍니다. 아기를 옆에 두고 일할 수 없으면 일하는 동안 아기를 돌봐 줍니다. … 시설에 있는 동안 [빅 시스터즈 그룹]이 의복, 유모차,

가구나 임시 탁아도 제공합니다. … 이들은 문제 해결을 위해 도와주고, 필요로 하는 한 곁에 있어 줄 것입니다. … 입소자에게 … 아기를 키우도록 격려합니다. 시설을 떠날 때는 계획 없이 무작정 세상 밖으로 내보내지 않습니다. 잘 적응하는지 못 하는지 … [시설은] 지켜보고 필요할 때까지, 때로는 수년에 거쳐 친구가 되어 줄 것입니다. … 보통 아기가 5주가 되면 엄마와 아기는 시설을 떠납니다. 그들이 떠나기 전 엄마와 아기를 위한 계획을 세웁니다. (플로렌스 크리텐튼 미혼모의 집 홍보 책자 1942)

그밖에도 홍보 책자에는 "엄마와 아기는 함께 있는 것이 둘 모두에게 최선이다. 엄마는 아기에게 사랑과 돌봄을 주며 강해질 것이다. 어떤 물질적 혜택도 엄마를 잃어버린 아이에게 보상이 되지 않는다는 사실은 사회복지사와 심리학자들에게 확인된 바가 있다. '엄마의 사랑이 있는 집이 부유한 입양 가정보다 낫다'"(이하 강조는 저자) 등과 같은 내용이 실려 있다.

한편 아동국 소속의 모드 모를로크는 미혼모와 아기가 함께할 수 있도록 결혼한 부부 가정에 미혼모와 아기를 같이 위탁하는 방법이 효과적일 것이라고 보았다. 이 방식은 위탁모는 숙식을 제공하며 미혼모에게 아기 돌보는 방법을 가르쳐 주고, 미혼모는 대가로 청소와 음식을 해주면서 지내는 것인데, 그는 특히 이미 양육 경험이 있는 위탁모가 이제 막 엄마가 된 미혼모에게 양육 방식을 알려주는 것은 매우 중요하다고 강조하며 입양 복지사들과 시설 관계자들에게 다음과 같이 제안했다. 필자에게는 이 방법이 가장 윤리적이고 엄마와 아이에게 가장 안전한 방법으로 보인다.

금전적 문제가 없어야 엄마들이 서둘러 아이를 포기하지 않을 것이다. 입양을 결정하기 전 엄마와 아기에게 6개월 정도의 위탁 돌봄 조치가 마련되어야 한다. … 특히 아기의 엄마와 아빠 모두 원할 경우에는 만나게 해주는 것도 좋을 것이다. (Morlock 1939: 53-54)

그러나 사회 개혁의 일환으로 복음주의 기독교 신앙에 기초해 미혼모 시설에서 일하며 어머니들이 아이를 키울 수 있도록 도움을 주었던 여성 종사자들을 대체하며, 입양 사회복지사라는 전문 직업인들이 등장함에 따라 미혼모 시설의 운영과 통제 방식에 변화가 일었다. 이러한 변화 속에 시카고 자선 연합 United Charities of Chicago[2]의 여성지원과 과장인 브로워는 '도움'을 중심으로 미혼모를 지원했던 때를 상기시키며 미혼모의 아기 양육을 지지했다.

미혼모 시설 프로그램은 엄마와 아기가 정서적 애착 관계를 형성할 수 있도록 기획되었다. 이에 따라 모유 수유의 의무화, 엄마가 아기를 돌보도록 하는 원칙의 고수, 출산 후 일정 기간 엄마와 아기가 함께 거주하는 조건 등이 발전되었다. … 오늘날 사회복지 분야에 있어서도, 또한 사회적으로도 미혼모가 아기를 키울 수 있도록 장려해야 한다고 생각한다. (Brower 1947: 166)

---

2 1910년에서 1995년까지 있었던 자선 기관이며, 현재는 Metropolitan Family Services로 명칭이 변경되었다.

크리텐튼 미혼모의 집 공동 창립자 케이트 윌러 배럿 박사의 아들 로버트 배럿 박사는 1925년 어머니 사망 후 미혼모 시설의 원장이 되었다. 그는 사회복지사들이 시설에 배치되는 것에 반대했으며, 미혼모 문제를 다루는 그들의 자격을 우려했다.

나는 대다수의 (특히 어리고 결혼하지 않은) 사회복지사가 미혼모와 그 자녀들의 문제를 잘 다룰 것이라고 … 생각하지 않는다. 이들이 소지한 사회복지 석사학위가 복잡한 사회 문제를 잘 다룰 수 있음을 의미하지 않는다. … 모든 수단과 방법을 알아보지도 않고 미혼모가 아기를 포기하겠다는 결심을 서둘러 하도록 해서는 안 된다. (Solinger 2000[1992]: 158 재인용)

하지만, 이후 비극적이게도 역사는 "모든 수단과 방법을 알아보지 않는" 방향으로 전개된다. 입양은 크리텐튼 미혼모의 집의 돌봄 철학이 아니었다. 하지만 전국적으로 산재해 있던 미혼모의 집 중 일부 시설들은 미혼모가 아기를 포기하게 하고, 그 아기를 입양 가정에 보내거나, 비공식적인 통로로 임시 위탁 가정에 맡겼다. 본부는 이런 방식을 선호하지 않았으나, 수년간의 논쟁을 거친 후 1943년 '엄마와 아기를 함께 돌본다'는 크리텐튼의 기본 신념을 변화시키는 길로 들어서게 되었다(McConnell & Dore 1983: 13-16).

가령, 앵커리지 크리텐튼 미혼모의 집 사회복지사는 미혼모가 출산 후 입양 보내도록 허락했지만 "운영진은 크리텐튼의 철학은 엄마와 아기를 함께 돌보는 것이라며 입양 결정을 철회했다. … 또한, 사우스 캐롤라이나 크리텐튼 미혼모의 집은 미혼모와 아기는 일 년간 함께 거주할 것을 요구했다. 아기가 확실히 건강해지고 엄마가 자기 자신과 아기를 돌볼 수 있도록 준비하는 시간이 필요하다는 이유에서였다. … 하지만 … 방향의 전환이 일어났다. … 이 전환은 1940년대 사례관리 서비스를 제공하기 시작한 것이 계기가 되었다. … 1954년이 되면 크리텐튼 미혼모의 집에 들어온 미혼모의 76%가 아기를 입양 보냈다.” (같은 글: 33).

1952년 로버트 배럿은 새롭게 조직된 플로렌스 크리텐튼 전미 연합Florence Crittenton Association of America[3] 초대 회장 버질 패인에게 보낸 편지에서 이러한 변화에 대한 불편한 심정을 드러냈다.

우리 시설에 있는 아기를 키우길 원하는 엄마들에게 모든 가능한 기회가 제공되지 않는 것이 매우 유감입니다. 아이를 포기하겠다고 생각한 엄마들도 일단 아기가 태어나고 엄마로서의 본성이 깨어나면 마음이 달라집니다. 그런 엄마들에게 기회를 주지 않는다는 것은 잔인하고 자연스럽지 않은 조치로 보입니다. (Solinger 2000[1992]: 254~255 재인용)

1955년 보건·교육·복지부Department of Health, Education and Welfare, 사회보장국Social Security Administration, 그리고 아동국이 개최한 회의 보고서인 『입양 아동 보호』*Protecting Children in*

---

3 1898년에 조직된 전국 플로렌스 크리텐튼 미션의 자율적 연합체로 1950년 새롭게 조직되었음(VUC Libraries Social Welfare History Project 참조).

*Adoption*에서도 아동복지 분야에 종사하는 사람들을 향하여 비판적이고 개탄스러워하는 언어로 미혼모 권리 보장의 필요성을 강조하고 있다. 이는 당시 미혼모의 아기 포기 관행이 우려스러운 정도로 진행되고 있었음을 보여준다.

> 혼외 관계에서 아이를 낳은 엄마는 혼인 후 출산한 부모와 똑같은 도덕적, 법적 권리를 갖는다. 경제적 압박감으로 아이를 포기하도록 강요받아서는 안 된다. 사례관리자는 엄마와 아이의 필요에 호응할 수 있도록 다른 전문가들이 사용하는 방법을 최대한 활용하여, 한 엄마의 평생을 좌우하게 될 결정을 신중히 내릴 수 있도록 도와주어야 한다. (U.S. Department of Health, Education and Welfare et al. 1955: 32)

> 입양은 … 사생아를 다른 가정에 배치하는 사회적으로 허용된 관행이다. 입양의 다른 대안은 미혼모가 자신의 아이를 키울 수 있도록 필요한 모든 지원을 제공하는 것이다. (같은 자료: 35)

1951년, 구세군의 제인 리든 사령관은 아기를 포기하도록 하는 당시 시설의 관행은 나중에 문제가 될지도 모른다고 경고하면서, 미혼모 시설은 "지역 사회에 거주하는 한 사람에게 제공하는 서비스"의 일환이고, 효율성은 거기서 일하는 사람들에게 달린 것이라는 점을 강조했다(Wrieden 1951).

국립정신건강연구소의 교육 전문가이자 사회학자인 클라크 빈센트 역시 그가 목격하고 또 미래에 발생할 일에 대해 놀랍도록 정확하고 진지한 경고를 했다.

만약 입양 수요가 지속해서 공급을 초과한다면, … 만약 법과 법원이 계속 '부모의 권리'보다 '아동의 권리'를 강조한다면, 가까운 장래에 미혼모는 출산 직후 아기를 빼앗기는 방식으로 '처벌'받을 것이다. 그런데 명시적으로 '처벌'이라는 꼬리표를 달고 실행되지는 않을 것이다. 오히려 '과학적 근거', '아이를 위한 최선의 선택', 그리고 '미혼모의 갱생'이라는 명목과 압박에 의한 입양이 실천될 것이다. (Vincent 1962)

이러한 경고와 우려에도 미혼모 시설은 점점 더 엄마들에게 아이를 포기하고 입양을 강요하는 곳으로 변화한다. 이는 크리텐튼 미혼모의 집 사례관리자가 작성한 다음과 같은 기록을 통해서도 알 수 있다. 지금까지는 "오랜 시간과 비용을 들여 어머니들에게 아이를 기르라고 강력히 권했는데, 이제는 아이를 포기하고 입양 보내라는 강력한 심리적 압박을 가하고 있다"(Morton 1993: 66).

시간이 지남에 따라 크리텐튼 미혼모의 집은 설립 초기의 철학에서 멀어지며 한 시대를 끝내고, "복음주의 기독교 여성들이 믿었던 신념을 압도하고, 사회복지사들의 직업 정신의 승리를 예고하는 또 다른 시대를 열었다. 사회복지사들은 스스로를 창조적 직업의 개척자로 자리매김하기 위해 전문성이라는 이념을 이용했다"(Kunzel 1993: 169). 사설이든, 종교기관 시설이든, 주정부 운영 시설이든 모든 미혼모 시설은 미혼모가 아이를 키울 수 있도록 돕던 정책을 미혼모가 아이를 포기하도록 압박하는 정책으로 전환해 감으로써 미혼모와 아이가 함께 있을 수 있도록 도움을 받던 시대는 막을 내렸다.

3장
'전문가'의 등장

남을 통제하려는 욕망은 타인을 조정 가능한 사람으로 만들고, 그의 의존성은 높이고, 스스로 생각할 능력을 퇴화시키고, 우연성과 독창성을 말살하여 순응 상태에 있도록 하는 것이다. … 악evil을 거꾸로 쓰면 생명live이다. 악은 생명의 반대인 것이다. 그것은 앞으로 나가는 생명을 역행시키려 한다. … 가장 현명하고 매우 안정적인 성인이라도 악마와 마주하면 혼란스럽다. 그럼 상상해 보라. 순수한 어린이가 가장 사랑하고 의지하던 사람에게서 악마를 보았을 때 어떤 느낌일지를. 악마와 같은 사람은 자신의 잘못을 인정하지 않고, 악을 다른 사람에게 투사하기에, 아이들은 이 과정을 이해하지 못하고 자신을 미워하게 될 것은 자명하다.

M. 스캇 펙(Peck 1983: 43, 46, 69)

1930년 전국 플로렌스 크리텐튼 미션 산하에는 약 62개의 시설이 있었는데, 당시 이들의 정책을 재평가하면서 미혼모의 집 정책도 시간이 흐르는 가운데 서서히 변화하기 시작한다. 합법적 입양 기관들이 등장함에 따라 입양은 더욱 실현 가능한 선택이 되었고 미혼모 시설은 아기를 기르려는 미혼모들을 지지하지 않는 방향으로 변하기 시작한다. 2차 세계대전 이후 대학 졸업장을 가진 사회복지사들이 더 많이 현장에 투입되었으며 그들은 기존에 있던 미혼모 시설 종사자들을 대체했다(Baumler 2003.8.2.).

앞서 언급했듯, 주요한 변화는 1940년대에 일어나기 시작했다. 미혼모와 아이가 함께 있도록 도움을 주던 복음주의 기독교 여성 종사자들은 미혼모 분야의 전문가이자 입양 전공자라고 주장하는 입양 사회복지사들이 미혼모 시설에 들어오며 현장에서 물러나게 된다. 구세군의 제인 리든은 시설에 들어온 입양 복지사들의 교육 부재에 대해 우려하였다. 그녀는 예전에 사례관리자가 시설에 들어오려면 "수준 있는 사례관리 기관에서 일한 경험"이 필요했는데 요즘은 전문적 교육이나 사례관리자로 일한 경험이 없는 사람들을 뽑고는 "전문가로서의 업무 수행을 기대한다"(Wrieden 1951)고 지적했다.

실제로, 1950년대 중반 사회복지사들은 아기에 대한 지식이 부족하고, 아이에게 공감하지 못하고, 아동이 낯선 환경과 상황을 경험할 때 느끼는 공포를 인식하지 못해 이들에게 필요 이상의 고통을 주었다(Charnley 1955: 4)는 비판이 있었다.

1964년 바브라 코스티갠의 논문 「미혼모의 입양 결정」을 보면, 입양 복지사들이 미혼모들의 아기 포기를 선호했다는 사실이 나타난다.

미혼모는 내적 심리적 장애 문제를 가지고 있는 점이 강조되는데, 사회복지사가 아기를 포기하도록 미혼모를 이끈 것이 분명해 보인다. … 사회복지사들이 대체로 미혼모의 아동 양육 포기를 선호한다는 결론은 1950년부터 최근까지의 문헌들이 뒷받침해 주고 있다. … 사람들은 사회복지사가 계획을 세우고 실행한다고 여긴다. … 대다수의 사회복지사들은 대부분의 경우 아기를 입양 보내는 것이 미혼모와 그 자녀를 위한 더 나은 해결책이라고 생각한다. (Costigan 1964)

1960년대에 들어서면, 입양 관련 사회복지 사업을 면밀하게 검토해야 할 필요성이 점점 더 분명해졌다. 특히 이 분야의 개선과 관행을 점검하지 않으려는 점에서 우려가 커졌다(Perlman 1971). 입양 복지사들의 대부분은 미혼모에 대한 경험과 지식이 부족했고, 계획을 세우는 과정에 미혼부를 참여시키지 않았다. 제한적 훈련으로 인해 친부의 욕구에 대한 이해가 부족하고 그들을 위한 계획 수립에 대한 고려는 거의 없었다. 미혼부에 대한 정보 부재와 미혼부 욕구의 간과는 1970년대 큰 문제로 남았다. 이는 임신에 이르기까지 미혼부가 한 역할이나 행동에는 수용적인 반면, 미혼모는 사회적 일탈자로 낙인찍는 문화적 태도가 그 배경에 있다(Klerman & Jekel 1973).

앞서 언급했듯, 전국 플로렌스 크리텐튼 미션 미혼모의 집은 엄마와 아이를 함께 돌보는 서비스를 제공했지만, 제2차 세계대전 이후 전문 사회복지사들이 현장에 투입되면서 미혼모의 양육 포기와 입양을 강제하는 관행으로 변했다. 이전처럼 "구원해야 할" "불행한 자매들"로 보는 복지사들은 거의 없었고, 전문가를 자처한 이들은 사생아와 미혼모에 대한 관점을 재구성하는 데 관심이 있었다(Kunzel 1993: 37).

선교적 열정과 종교적 자선에 뜻을 두고 미혼모의 아기 양육을 돕던 미혼모 시설 종사자들은 "전문적, 과학적 접근"을 표방하며 미혼모 시설의 관행을 입양 중심으로 바꾸려는 새로운 직업군인 사회복지사들의 등장으로 상당한 압박감을 느꼈다. 불과 몇 년 전만 해도 전국 플로렌스 크리텐튼 미션 운영진은 "입양을 원하는 미혼 임신 여성의 입소를 허락하라는 지역의 사회복지사들의 요청을 받아들이지 않았는데", 1943년부터는 중대한 변화의 조짐을 보이기 시작하더니 "1954년이 되면 … 입소자 중 76%의 미혼모가 입양을 선택한다"(McConnell & Dore 1983).

미혼모에게서 아이를 떼어놓는 것이 미혼모에게 "죗값을 치르게" 하는 행위라고 여기는 사회복지사들의 태도에 미혼모의 집 종사자들은 당황하기도 하고 또 그대로 인정하기도 했다. 그중 레이크 뷰 미혼모의 집에서 오랫동안 원장으로 근무했던 사라 에들린은 "많은 사회복지사들이 미혼모들에게 죄를 응징하는 듯한 태도를 보이고, 엄마와 아이의 삶에 도움이 되는 법 제정에는 저항하는 것에 상심했다"(Edlin 1954: 144)고 말했다.

한편, 많은 사회복지사는 엄마와 아기를 위한 최선이라며 입양을 권하는 자신들의 행동을 정당화했다. 하지만 과연 그것이 옳은 일인지 확신이 없는 사회복지사들도 있었다. 그들의 우려와 걱정에 리오틴 영Leontine Young[1]은 그것이 옳은 일임을 확신했다.

미혼모는 어떤 것에 대해 확신에 찬 행동을 할 능력이 없으므로 그 책임은 복지사에게 과중하게 전가될 것이다. … 복지사들은 미혼모에게 결정을 강요하는 것은 아닌지 … 거의 아기를 포기하도록, 그리고 자신을 위해 아기를 포기해야 한다고 밀어붙이고 있는 것은 아닌지 걱정하는 것 같다. 믿고 싶지 않은 것을, 믿으면 후

---

1 리오틴 영은 오하이오 주립대학 사회복지학과 교수이자 입양 부모이기도 하다. 케이스워크 분야의 전문가로 알려져 있으며 미혼모 자녀의 입양을 적극적으로 지지하는 입장을 취한다. 한국 전쟁이 끝나고 미네소타 대학 사회복지학과에 유학한 후 돌아와 서울대학교 사회복지학과를 설립한 세 명의 학자들에 의해 리오틴 영의 연구가 국내에 소개되었다. 이후 국내에도 '아기 퍼가기 시대' 실천되었던 미혼모의 시설 수용 및 입양 장려를 골자로 하는 사회복지 시스템이 갖추어지며 수많은 미혼모의 아기들이 전쟁 고아를 대체하며 입양 길에 오르게 된다. (권희정,『미혼모의 탄생: 추방된 어머니의 역사』, 안토니아스 2019 참조)

회할 일을 믿도록 사실상 '사기를 치고' 있는 것은 아닌지 두려워한다. … 복지사들은 '아기를 입양 보내고 나면 어떻게 되나요? 그 여자들은 아기를 입양 보내고 후회하지 않나요?'라고 질문할지 모르겠다. 그럴 수 있고, 또 그럴 가능성도 상당히 크다. … 그 불행한 여자는 아기를 보내지 않고 길렀다면 어땠을까 계속 몽상 속에 있겠지만, 그랬다면 겪었을 끝도 없는 좌절을 복지사가 사전에 모면하게 해 준 것이다. (Young 1954: 211-213)

게다가 1950년대가 되면 사회복지사들은 미혼모들이 "질병"을 앓고 있다고 보기 시작했다.

우리는 미혼모 또는 친모에 대해 상당히 많은 것을 알게 되었다. 그것은 그들은 나쁜 사람들이 아니라 아픈 사람들이란 것을 … 자신에게 닥친 다른 문제를 회피하는 방편으로 임신을 해버리고 미혼모가 된다. 그러한 그들을 그냥 내버려 두는 것이 아니라, 좀 더 성숙한 방법으로 도와야 한다. 미혼모가 출산한 아기를 포기하고 입양 보내도록 하는 것도 그들을 도와주는 하나의 방법이다. (Littner 1956: 31)

1950년대 말에 접어들면, 한 걸음 더 나아가 미혼모를 문젯거리이자 사회 부적응자이며 처벌이 필요한 존재라고 보는 시각이 출현한다.

시설 입소를 희망하는 미혼모 중 입양 기관이나 사례관리자 모두가 거부하려는 부류의 신청자들이 있다. 친밀감을 형성하기도, 마음을 나누기도, 심지어 인내심을 갖기도 매우 힘든 사람들이다. … 지역 사회의 평화를 깨뜨리는 존재는 바로 이런 클라이언트(예를 들면 미혼모)이다. … 사회복지는 왜 있는 것인가. … 만약 이렇게 불행한 **부적응자**를 교정하지 않고 그들의 공격으로부터 사회를 보호하지 않는다면? 한 곳에 수용하여 **처벌**하지 않으면, 그들은 어디서 도움을 받고 교정될 수 있을까? … 신뢰할 수 있는 심리학 방법을 사용하는 직업 중 사회복지사는 도움을 받지 않으려는 클라이언트 문제와 끊임없이 마주하게 된다. 사례관리자는 … 이 같은 사람들이 우리에게 관심을 갖고 협조하는 방법을 찾아낸다. (Perman 1957)

이러한 사회복지사들이 일정한 사람들을 일탈자로 규정하고, 프레임에 가두는 것은 그들을 통제하려는 의도가 다분히 있는 것이었다. 뉴욕 대학 사회학과 교수인 에드윈 슈어의 다음과 같은 주장은 이러한 사실을 뒷받침한다.

'도움을 주는' 전문가들의 … 일탈에 대한 정의는 통제권 행사를 위해 작동될 수 있다. … 후자의 행동을 일탈로 규정함으로써 … 여성들을 통제하에 두거나 계속 자신이 처한 '상황'에서 벗어날 수 없게 한다. (Schur 1983: 7-8)

우리는 사회를 통제하는 행위자의 역할을 좀 더 가까이 관찰하기 시작했다. … 문제 행동을 해결하기 위해 그들이 사용하는 해석과 범주화를 통해, 사회를 통제하고 '도움을 주는' 기관은 … 일탈자를 생산하는 데 중요한 역할을 하고 있다. …

이 과정은 특정한 개인을 '사례자'로 전환하는 역할도 포함한다. (같은 글: 187-188)

심지어 마운트시나이 의과대학의 정신의학과 임상교수인 마르셀 하이만 교수는 사회복지사에게 미혼 임산부가 아기 입양에 동의하지 않으면 그 여성의 어머니를 설득하여 딸이 아기를 확실히 포기하게 함으로써 "미혼모 문제의 건강한 해결책"을 찾는데 "단호하고 확고하며 일관적"이어야 한다고 권고했다. 또한 그는 미혼모에게 "'문제를 해결할 수 있도록 옆에서 도와주겠다'라는 식의 접근은 효과가 없을 것이다. 복지사가 미혼모에게 해야 하는 말은 미혼모의 부모가 딸에게 해야 했던, 그러나 하지 않았던 단호한 한마디 '안 돼!'이다"(Heiman 1960: 70-71)라고 말했다.

성인이며 권력을 가진 사회복지사가 취약한 미혼 임산부에게 가하는 이러한 종류의 압력과 강압은 빈번했고 대체로 매우 효과적이었다. 사회복지사 바브라 코스티갠의 1964년 연구를 보면, 사회복지사들은 당시 미혼모에게 영향력을 행사하여 아기를 입양 보내도록 하는 경향이 있다는 것과 미혼모가 입양 복지사와 더 많이 접촉할수록 아기를 포기할 가능성이 더 크다는 사실을 인지하고 있었다. 복지사와의 접촉 빈도가 떨어지는 것은 양육 결정과 관련성이 있었고, 입양 담당자는 미혼모가 궁극적으로 아기를 포기하지 않으면 그것을 '실패'로 간주했다.

만약 대다수의 사회복지사가 '미혼모와 아기 모두를 위한 최선의 해결책은 아기를 입양보내는 것'이라는 사회복지 분야의 보편적인 믿음을 받아들이면 이는 미혼모에게도 전달되었다. … 문헌이 보여주듯 사회복지 전문가들은 아기 포기를 선호하는 경향이 있다. 이를 분명히 알면 복지사들은 미혼모에게 입양을 권함에 있어 갈등을 덜 겪게 될 것이고, 입양 권유 '실패'로 인한 죄책감도 덜 느낄 것이다. (Costigan 1964)

반면에, 미국 연합 그리스도의 교회 목사이자 상담가인 헬렌 터클슨은 미혼모가 직면한 위험을 인지하고 그들에게 가해지는 압력을 우려했다.

미혼모들이 상담사 앞에 불려가면 이미 부모님께 했던 말을 다시 반복할 것이다. '제가 결정을 내릴 거예요.' … 불행하게도 미혼모의 적은 교회의 목사가 인정하는 것보다 훨씬 더 직접 관련된 사람들이다. (Terkelsen 1967: 84-85)

미혼모는 자신의 아기를 빼앗아 갈 준비가 된 자들, [또한] 자신을 집에서 쫓아낸 자들을 적으로 여길 것이다. … 미혼모들이 아기를 포기했다면, 그것은 아이를 포기하라는 충고와 압력을 받았기 때문이다. (같은 글: 95)

1960년대가 되면, 사회복지사, 입양 상담사, 법률 자문들은 미혼모가 아이를 포기하도록 압력을 가하는 직업인으로서의 사회복지사의 태도와 실천을 진단하기 시작한다. 미국의 대중들과 입양 기관은 백인 미혼모는 아이를 포기하고 입양 보내라는 단호한 입장이었다. 가령, 미혼모가 "아이를 포기하겠다면 액면 그대로 믿고, 아이를 기르고 싶다면 도전으로 받아들였다"(Issac & Spencer 1965: 56).

다음 연구에서는 사회복지사가 가진 권력은 "양날의 칼"과 같으므로 그 사용에 있어서 주의할 것을 경고했다.

권력자가 가진 양날의 칼은 사회복지사에게 유용했으며 때로는 바람직한 결과를 가져오는 데 필요하다는 것을 의미했지만, "… 사회복지사에 대한 클라이언트의 신뢰를 이용하는 것은 복지사의 행동을 영향력 있게 만들어 주는 데 매우 유용한 처방인 경우가 많았다 …", 잘못 사용하면 다른 사람의 인생에 큰 피해를 줄 수 있다. "클라이언트"(미혼모) 행동에 대해 입양 사례관리자가 가진 고유한 권력은 "감옥에 보내겠다는 법정의 엄포와 같이 효과적인 것"으로 설명된다. (Nicholds 1966)

1970년대에 들어서도 사회복지사들의 권력 오용에 대한 우려는 계속되었다. 어떤 사회복지사들은 다른 복지사들이 사용하는 방식에 의문을 갖기도 했다. 하지만 선구적 사회복지사였던 로즈 번스타인은 여전히 미혼모를 의존적인 존재로 보며 미혼모에게 다음과 같이 충고했다.

혼외 관계로 임신했다는 것은 여성이 삶의 중대한 측면을 통제할 권리를 박탈당했음을 의미한다. 따라서 미혼모는 다른 이들의 결정을 받아들여야 한다. (Bernstein 1971: 30)

한편 코스틴은 복지사들이 미혼모를 도왔지만, 미혼모를 위한 것이 아니라 다른 사람에게 줄 아이가 필요했기 때문에 그렇게 한 것으로 생각하고 있다(Costin 1972)는 점을 지적하기도 했다.

입양 복지사들이 어떤 가설과 도그마에 기초해 입양을 실천했는지 검토한 연구는 거의 없다. 하지만 배런과 팬너는 입양 과정에 참여한 "모든 사람들의 진실된 느낌과 경험을 부정하거나 무시하는" 경향이 복지사들에게 있음을 지적하며 "특정한 느낌과 욕망을 '비정상'으로 분류하고 입양인, 미혼모, 그리고 입양한 사람들의 경험과 욕구를 왜곡하는 사회복지사의 전통적인 가설과 실천에 도전할 것"(Baran & Pannor 1990)을 촉구했다.

한편, 사회복지사들이 수행한 "양면적" 역할과 더불어 사회복지사들이 주로 여성이었다는 직업의 젠더적 특징이 주목받기도 했다. 웨거는 입양 복지사들이 일반적으로 인도주의적 동기에 고무되었지만, "좋은 엄마" 만들기에 관한 사회적 가정에 기초하여 미혼모를 다루었고, 게다가 전통적으로 여성이 하는 일을 평가절하했던 사회에서 여성 직업인으로서의 지위, 권위 그리고 영향력을 확보하려는 의도에서 미혼모 관련 정책을 만들었다(Wegar 2008[1997])고 주장했다.

사회복지가 전문화됨에 따라 입양 중심으로 바뀐 관행을 비판적으로 바라본 비평가들은 일부 입양 복지사들의 행동은 사기와 다름없다고 규정했다. 자신들이 도입한 정책을 정당화하면서까지 말이다. 두 명의 호주 범죄학자에 따르면, 사기꾼들은 자신들의 행동을 뉘우치지 않고 상대가 "바보 같다거나 당해도 싸다"는 식으로 사기당한 사람들을 비난하며 얄팍한 방식으로 자신을 정당화한다. 또한, 사기꾼들은 자신들의 행동으로 인해 발생한 피해를 축소하거나 "오만한 무관심"으로 일관한다. 윤리적 접근은 이러한 요소들을 어느 정도 억제하겠지만 "옳고 그름 사이의 차이에 대한 완전한 이해로 무장한 강적들은 항상 오만하고 무관심함으로 일관하는 경향이 있다"(Duffield & Grabosky 2001)는 말이 그들에게 경종을 울리기 바란다.

4장

비합법적 모성

그 어머니를 성녀처럼 보이게 하라. 그리고 공격하라. 그러면 무엇이 자기를 쳤는지 모를 것이다. 그 소녀의 엄마에게 친절해야 했을 때 속으로는 거의 죽을 것 같았다. 하지만 일단 임신 중절이 끝나면 딸은 한낱 쓰레기 같았다고 말했다. 어떤 사정인지 모르겠지만 나는 당신이 그녀의 아기를 지켜 주기를 기도하겠다.

무명인, 인터넷에서

1950년대 아동 시설은 비행, 나태, 소동을 피운 아이들에게 벌을 주기보다 "교정" 처방을 내리는 방식으로 "개편"되었다. 그리고 복지 당국은 미혼모 시설 입소자들의 "완전히 치료"를 위해 기존의 미혼모 시설 운영 방식은 개편되어야 한다고 생각했다(Lourie 1956.5.29.).

1960년대에 들어서도 혼외 성관계를 터부시하는 인식이 발견된다. 예를 들면 당시 콜롬비아대학 사회복지학과 교수였던 칸은 한 사회복지 학회에서 "문화와 사회적 분위기에 고무되어 미국에서 혼외 성관계가 널리 퍼져 있고, 그 수도 증가하고 있다"고 지적했는데, 여기서 그는 혼외 성관계를 "비합법적 교미"라 불렀다(Kahn 1964.10.19.). 역사학자인 솔린저(Solinger 2000[1992])는 1960년대 후반까지 그리고 1973년 '로 대 웨이드' 판결 후 낙태가 합법화된 이후에도 백인 미혼 여성은 '성적 자유'를 누리지 못했다고 주장한 바 있다.

1970년대에 들어서면 과거 아기를 입양 보내야 했던 생모들이 자신의 경험을 이야기하며 강압적이었던 당시의 입양 관행을 비판하기 시작한다.

> 입양은 폭력적 행위이다. 다시 말해 입양은 성적 욕구를 억누르지 않고, 그리고 전통적 결혼을 통해 비로소 거래되어야 할 성을 지키지 못한 용서받을 수 없는 행위를 한 것으로 여겨지는 여성에 대한 정치적 공격 행위이다. 그 범죄는 바로 우리 사회의 근본을 위협했기 때문에 심각한 것으로 여겨진다. 대가는 가혹했다. 교묘한 또는 노골적 전략에 의해 아이를 빼앗기고, 그러고는 잔인하게 버려진다. (Shawyer 1979: 3)

심리학 교수이자 여성학자인 필리스 체슬러는 관습을 따르지 않는 것을 죄악시한 점을 지적하며 엄마로부터 아기를 빼앗은 것은 누구를 위한 것인지 질문한다.

> 만약 미혼모의 유일한 죄가 관습을 따르지 않은 것이라면, 엄마의 양육권을 박탈하고 아기를 빼앗아 가는 것은 국가, 가족, 또는 아동 중 누구를 위해서인가? 누구를 위한 이익이 작동하고 있나? 미혼모가 어머니로서의 권리를 박탈당하는 것은 양육 능력이 없기 때문이 아니라, 가부장적 질서를 위반했기 때문이다. 결국 '부모의 권리'란 사실 '남성'의 권리를 포장한 말이다. (Chesler 1986: 361)

입양 보낸 미혼모들의 경험에 대한 질적 연구에 따르면, "미혼 임신에 대한 도덕적 검열이 있는 상황에서 미혼모는 자신의 임신 사실을 누구에게도 알리지 못하게 됨으로써 더 심각하게 '죄의식'을 느끼게 된다. 미혼모는 처벌과 감시의 분위기 속에서"(Howe, Sawbridge & Hinings 1992: 31), "죗값을 치러야만 할 것 같은 생각을 하게 되고"(같은 글: 36) "미혼 임신에 대한 사람들의 반응으로 인해 스트레스, 트라우마, 수치심을 경험한다. 결국 점점 복잡해지는 이 상황에서 벗어나는 유일한 탈출구는 입양이라는 결론에 이르게 된다"(같은 글: 104).

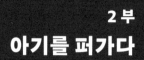

2 부
아기를 퍼가다

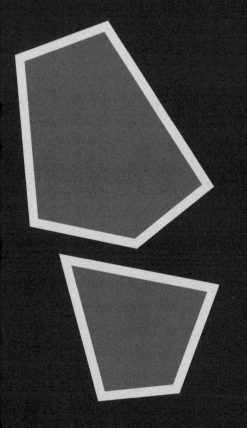

절대 있어서는 안 될 일이 남긴 고통과 슬픔

스킵과 나는 정말 서로를 사랑했다. 우리의 사랑은 결혼 전 임신으로 이어졌다. 당시 세인트 테레사 대학을 통해 가톨릭 자선 단체 인턴으로 일하고 있던 언니에게 이 사실을 털어놓자, 언니는 이 문제를 어떻게 해결할지 안다고 자신 있게 말했다. 그런데 그것은 불행의 시작이었다. 그때부터 가톨릭 자선 단체의 개입이 시작된 것이다.

미혼모(그때 사람들은 나를 이렇게 불렀다)로서 겪게 된 나의 경험은 당시 대부분의 다른 미혼모들과 다를 바 없었다. 손가락질당하고, 신경증 환자 취급을 당하고, 수용소 같은 세인트 폴 미혼모의 집으로 보내졌고, 홀로 남겨졌으며, 나를 추슬러야 했다. '아기 퍼가기 시대'의 미혼모들에게 일어났다고 기록된 모든 일이 나에게 일어났다.

옷가지들은 압수당했고, 이름은 가명으로 바뀌었으며, 외부 세계와는 단절되었다. 사이비 집단에 납치당한 것 같았다. 내 죄가 얼마나 깊은지 날마다 세뇌를 당했다. 마치 내가 지은 죄는 이런 취급을 당해도 싸다는 식으로 이등 시민 대접을 받았고, 임신 9개월 여성에게 누구도 시키지 않을 일, 가령 내가 벌을 받아야 한다며 내부 온도가 체온을 훌쩍 넘는 세탁실 일을 시키기도 했다.

수녀들은 내가 가치 없는 인간이란 생각을 주입했고 그런 나를 구해 주었으니 감사하라는 말을 했다. 사회복지사들이 몇 번 나를 찾아왔다. 하지만 그들은 가톨릭 자선 단체에 아이를 넘기지 않으려는 나의 의지는 꺾지 못했다. 내게 엄마로서 자격이 없다고 생각한 그들은 내 소중한 딸을 한 번도 나의 아이로 인정해 주지 않았다. 언젠가 준비가 되면 그땐 아이를 키울 수 있지만, 이번은 아니라고 했다. 아이는 잘 키워 줄 수 있는 엄마와 아빠가 있는 곳으로 보내야 한다는 것이다. 나는 아이에게 줄 수 있는 게 없다는 사실과 결혼한 부부는 많은 것을 가지고 있다는 사실을 끊임없이 상기시켰다.

마침내 분만일이 되었다. 냉담한 태도의 의사가 들어와 분만대 손잡이에 나를 묶으라고 했다. 너무 놀라 애원하듯 간호사를 보았는데 간호사는 나를 위해 하는 일이라고 했다. 아이가 태어났다. 그들은 안 보이는 구석으로 내 예쁜 아기를 데려갔다. 몸을 일으켜 조금이라도 아기를 보려 했던 순간이 기억난다. 하지만 내가 그렇게 할 줄 알았는지 미리 가림막을 쳐 놓아 아이를 볼 수 없었다. 그 누구와의 대화도, 교류도 없는 그런 시간을 병원에서 보냈다.

분만하기 며칠 전의 일이었다. 시설 담당자는 분만 후 퇴소할 때는 아빠가 나를 데리러 올 거라고 했다. 왜 엄마는 오지 않냐고 물었는데 아무 대답도 없었다. 퇴소 날이 되었다. 엄마는 시설 사람들의 말을 듣지 않고 아빠와 함께 나를 데리러 왔다. 두 분 모두 신생아실 유리 너머 있던 내 예쁜 아기를 보았다. 몇 년이 지난 후 그때 왜 시설에서 엄마는 오지 못하게 했는지 알 것 같았다. 아마 외할머니인 엄마가 손녀딸을 보면 낯선 가족에게 입양 보내는 것에 동의한 것을 후회할지 모르기 때문이었다.

과연 가톨릭 자선 단체의 우려는 정확했다. 엄마는 아기를 보고 생각을 바꾸어 스킵과 내가 결혼하면 아이를 기르게 하겠다고 했다. 우리는 결혼을 할 수 있을지 고민하기 시작했다. 이야기를 나누고, 가톨릭 단체 미팅에도 참석했다. 엄마와 같이 가기도, 또 각각 따로 가기도 했다. 충분한 정보를 가지고 결심을 할 때까지 우리에게는 시간이 필요했다. 물론 그동안 우리는 아기를 볼 수 없었고, 아기는 우리가 알지 못하는 위탁 가정으로 보내졌다(이것은 시민의 권리에 저촉되는 문제일 수 있다).

며칠 후 엄마는 위노나에 있는 가톨릭 자선 단체 대표인 마거릿 그리스콜의 전화를 받았다. 마거릿이 일방적으로 말하고 엄마는 가만히 듣고만 있는 식의 통화였다. 세인트 폴 미혼모의 집에 있을 때 내가 당했던 것처럼 엄마도 모욕을 당했다. 통화가 끝나고 엄마는 우리에게 결정할 시간이 하루 있다고 말했다.

내게 그랬던 것처럼 그들은 엄마에게도 "올바른 결정"을 내리도록 강요했다. 스킵과 나의 아기인데, 엄마에게 아기에 대한 결정권이 있다고 생각한 사람은 도대체 누구인가? 단체는 우리 가족 모두 아이를 기르겠다는 결정을 내리려는 것을 알면서도 우리의 의사와 상관없이 내 딸을 보낼 적당한 집을 이미 알아보았던 것 같다. 몇 년 전 내 사례에 대한 공식 기록을 입수했는데 거기에서 이런 사실을 확인할 수 있었다. 기록을 보니 정말 그들은 내게 했던 방식과 똑같이 엄마를 대했다. 재단은 자신들을 위해 내 아기가 필요했던 것이고, 아이를 주겠다고 약속한 가정으로 내 아기를 보냈다(물론 돈도 받게 되니 말이다!).

아기를 지키기 위해 의지할 곳이 없음을 알았을 때 마음이 무너져 내렸다. 마거릿의 전화 한 통으로 그나마 있던 나를 지지하려던 사람들을 모두 잃었다. 아직도 슬프냐고? 당연하다. 당신이 사랑한 사람이 없어졌을 때 그 누구도 잃어버린 그 사람을 대체할 수 없다(내 경우는 내 아기와 아기 아빠이다). 그때의 슬픔과 함께 매일 살고 있다. 벗어나려고 많은 것을 시도해 보았지만, 그렇다고 그때 일어났던 일이 없어지는 것은 아니다.

이런 종류의 트라우마를 겪어 보지 않은 사람들은 그냥 무시하라고 말한다. "털어 버려. 그땐 다 그랬잖아", "지금 네가 가진 것에 감사해", "넌 용감했어. 그런 네가 자랑스러워. 나 같으면 절대 못 했을 거야"와 같은 이야기를 한다. 왜 이런 말을 할까? 왜냐하면, 이렇게 말해야 당시 일어난 일을 그들이 감당할수 있기 때문이다.

5장

전지전능한 존재들

권력은 부패하는 경향이 있고, 절대 권력은 절대적으로 부패한다. 위대한 인간은 거의 항상 나쁘다. 심지어 권력이 아닌, 영향력만 행사할 때조차도 그렇다. 권력자에 의해 부패가 확실시되는 경향이 더해질 때면 더욱 그렇다.

액턴 경[1]

입양 복지사들은 미혼모에게서 아기를 빼앗아 대부분 불임이었던 부유한 부부들의 품에 안기면서 자신들의 권력과 "전지전능한 존재"처럼 행동할 수 있었던 기회를 즐겼을까? 어떤 이들은 복지사들이 특화된 교육을 받지 않았다고 주장했다. 그래서 그렇게 행동했던 것일까? '아기 퍼가기 시대'의 사회복지 전문가들이 남긴 진술을 연대순으로 살펴보면, 그들은 입양 과정에서 자신들이 휘두른 권력이 무엇인지 잘 이해하고 있었음을 알수 있다.

　가령 1955년 한 사회복지사는 아기 입양 결정에 책임 있는 사람은 누구든 "전지전능한 역할을 한다"고 말했으며, 1962년 한 연구는 권력과 입양 복지사의 관계에 대해 논의하며, 누군가를 "구원하려는" 사회복지사의 "열정"은 타인에게 일어난 곤란할 일을 처리하고 만족감을 느끼는 숨겨진 권력에 대한 욕망을 반영하는 것일 수 있다(Ferard & Hunnybun 1962: 57)고

　1　존 달버그 액턴John Dalberg-Acton. 영국의 정치가이자 역사가이다.

지적했다. 한편, 플로렌스 크리텐튼 전미 연합 조지아 지역 입양 대회에 참가한 한 발표자는 입양 복지사들이 자신들을 마치 "전지전능한 존재"처럼 여기고 있고, 타인의 삶에 영향력과 권력을 행사하는 아동복지사들은 경험과 훈련이 부족하다(Roberts 1964)는 점을 우려했다.

1960년대 내내, 사회복지 전문가들은 입양 복지사가 실질적이고 자명한 권력을 가진 사람들이라고 믿었다. 또한 사례 관리자는 아기를 제공하거나 제공하지 않을 수 있는 권력을 가지고 있음을 자랑스러워했다(Rowe 1966). 1964년 한 시설 관계자는 무엇이든 다 할 수 있냐는 질문을 받았을 때 "그렇다"(Burgess 2013.8.21.)고 대답할 정도로 사회복지 사업은 합법적 권력과 강제권을 주장할 수 있는 일로 여겨졌다.

워렌 베니스Warren Bennis[2]는 「변화하는 조직」Changing Organizations에서 권력의 종류를 두 가지로 나누고 다음과 같이 정의했다.

사회운동가social actionist의 출발 지점은 전문가적 권력을 기반으로 한다. 여기서 전문가적 권력은 사회 제도적으로 중요하다고 여겨지는 특정 분야에서 지식을 개발하거나 그 지식을 소유하는 능력을 의미한다. … 사회운동가의 역할과 지위, 그리고 어떤 문제를 다루느냐에 따라 두 종류의 권력이 있다. 하나는 정당한 권력으로 "조직 규범과 관행에 의해 부여된 지

---

2 서던캘리포니아대학교의 경영학 교수이자 세계 최고 리더십 전문가로 알려진 인물이다.

위권을 행사하는 능력", 또 다른 하나는 강제적 권력을 사용하여 "보상하거나 처벌하는 능력"이다. (Craigen 1972: 159 재인용)

이 정의에 따르면 사회복지 전문가들이 누린 권력은 후자에 해당할 것이다.

1970년 초반 입양 지침서에 따르면, 미혼모의 친권이 자발적으로 포기되었든, 법적으로 박탈되었든, 입양 기관은 미혼모 자녀의 친권을 이전할 권리를 가지고 있었다. 단 아동에 대한 권리를 이전할 때 친부모의 동의가 필요했다(Child Welfare League of America 1971). 하지만 현실은 달랐다. 아동에 대한 권리 이전 과정에는 권력이 작동하고 있었다. 즉 미혼모에게 막대한 영향력을 행사하는 입양 기관은 사회적 힘을 표상했다. 입양 전문가들인 펄먼은 이 점을 잘 인식하고 있었다.

핵심은 … 조력자여야 하는 사회복지사는 변화를 주도하는 주체가 되고, 자기 결정권을 가져야 하는 클라이언트는 변화되는 대상이 되고, 둘 사이에 마땅히 있어야 할 타협은 권력의 조작으로 변했다는 점이다. (Perlman 1971: 100)

지역의 사회복지사들은 그들의 지위와 불안한 인식 안에 사회적 힘으로서의 권력을 안치시켰다. 권력 구조, 권력 갈등, 권력 행사는 정치·경제·사회를 불문하고 모든 지역 사회에 대한 개입 전략을 짜는 데 있어서 중점적으로 고려할 사항이다. (같은 글: 114)

1970년대 후반에 이르면 입양 상담사와 미혼모 사이에 생길 수 있는 긴장감을 다룬 연구가 등장한다. 예를 들면 치담은 미혼모의 의존 정도와 입양 복지사가 가진 권력, 권한과 영향력에 의해 긴장은 심화될 수 있는 점을 지적하며, 상담사들은 선입견과 편견에 솔직해질 것과 모든 결정을 미혼모 스스로가 내릴 수 있도록 돕는 것이 중요하다고 주장했다.

위기에 처한 사람은 평소보다 더 의존적인 경향이 있으므로 외부의 영향에 더욱 취약하다. 이는 상담사가 클라이언트에게 어떤 행동 방침을 제안할 때 신중해야 함을 의미한다. 클라이언트는 상담사의 제안이 무엇을 의미하는 것인지 심각하게 생각할 경황이 없으므로 최선이라고 하니 그냥 받아들이자고 생각하기 쉽기 때문이다. … 일시적으로 의존하고 있는 상황을 부당하게 이용하는 것은 비윤리적이다. … 왜냐하면, 사람들은 쫓기듯 내린 결정을 후회하는 경향이 있으며, 자신이 어떤 결정도 할 수 없는 상황에 모욕감을 느끼기 때문이다. 그리고 결정은 클라이언트의 전 생애 동안 영향을 끼칠 것이기 때문에 입양 상담사는 반드시 클라이언트가 스스로 결정을 내리도록 도와야 한다. (Cheetham 1977)

1980년대에 접어들면, 권력에 대한 논의는 주변화된 집단이 자신들이 갖지 못한 것을 누리는 더 크고 더 힘 있는 집단의 사람들에 대해서, 그리고 그들의 권력이 어떻게 주변화된 사람의 문제의 근원이 되는지를 거론했다(Inglis 1984). 복지사와 클라이언트 사이의 권력 남용의 가능성은 전문가들도 알고 있었다. 전문가들은 "입양은 그것을 실천하는 사람에게 이양된 힘의 크기로 인해 권력 남용이란 유혹에 빠지기 쉽다"(Triseliotis 1989)는 경고를 하기도 하고, "무한한 권력을 가진 자 중 그 권력을 휘두르지 않는 것을 본 적이 있는가?"(Chesler 1986)와 같은 질문을 던지기도 했다.

1990년대가 되면, '아기 퍼가기 시대'를 살았던 여성들이 입양 복지사, 입양 및 관련 기관들에 대한 경험을 증언하기 시작한다. 하지만 입양이란 복잡한 역동성을 바라보는 전통적인 관점을 바꾸어 놓지 못했다. 미혼 여성의 임신을 낙인적으로 바라보는 지배적 서사를 바꾸는데도 거의 영향을 주지 못했다. 입양기관 사람들은 친생모들은 "믿을 수 없는 이야기를 하는 사람들"이나 거짓말쟁이로 여겼고, 입양 전문가들은 친생모들의 경험에 "타당성"이 있다고 보지 않았다(Kunzel 1995: 113). 또한, 가난한 미혼모에게 "도덕적으로 검증된" 도움을 주어야 할 사회복지 사례관리 관계자들은 여전히 미혼모는 엄마가 되기에 부적합한 사람들이라고 단정하고 미혼모의 아이들을 엄마로부터 분리하라는 청원을 하는 등 마치 법처럼 군림했다(Armstrong 1995: 10).

21세기 초에도 미혼모의 모성권은 완전히 인정받지 못하고 있다. 예를 들어 한 목사는 입양은 미혼모와 아이를 고통의 삶에서 "구원"하는 "은혜로운 행위"에 해당하는 "구원 선교"의 일부로 보라고 상담사들을 격려했다. 만약 입양에서 신의 손길을 본다면, 입양을 선택한 미혼모는 사랑이 많은 엄마로 여겨질 것이며, 상담사는 미혼모에게 입양을 제안함으로써 신앙이 깊은 유능한 자로 여겨질 것(Young 2000: 19)이라고 말했다.

이런 주장에 대한 대응으로 더필드와 그라보스키의 "속임수의 심리학"을 인용하겠다. 연구자들에 따르면, "일부 또는 모든 속임수의 동기는 에고와 권력이며 이것은 상황과 사람을 통제하는 힘과 연관된다"(Duffield & Grobosky 2001: 2). 그리고 "사회적 양심과 전통적 도덕성의 부재, … 사적으로 권력을 쟁취하려는 욕구는 매우 자주 상대방을 속이고, 착취하고, 조정한다"(같은 글: 5).

오늘날 소셜 미디어는 과거 입양 상담사들과 사회복지사들이 취했던 권위적 태도가 오늘날까지 이어지고 있음을 보여준다. 2014년 한 기사(Levy 2014.9.14.)에 따르면, "모든 사람이 볼 수 있는 페이스북 페이지에 어떤 사회복지사는 세 명의 아이를 양육 시설에 보내고 흡족해하는 글을 올렸으며, 41살의 시본 콘돈이란 사람은 가족을 헤어지게 하는 힘이 자신에게 있음을 자랑하며, 판사 앞에서 '호된 꾸지람'을 듣는 부모의 모습을 보는 것을 즐기고 있었다."

6장
돈 되는 입양 산업

입양으로 인한 상실은 트라우마이다. 그리고 사회 전체가 희생자에게 감사해야 한다고 요구하는 세상에서 유일한 트라우마이다.

키스 C. 그리피스 목사Keith C. Griffith, MBE

대부분의 사람들은 입양을 이타적이고 성스러운 일로 여긴다. 그러나 사실 이것은 아주 큰 규모의 사업이다. 시장 조사 회사인 마켓데이터 엔터프라이즈에 따르면, 입양 산업은 연간 "14억 이상의" 수입을 올린 것으로 추산된다(Marketdata Enterprises 2000). 입양은 어느 모로 보나, 브로커와 구매자의 거래로 완성되는 시장이다. 브로커는 입양을 부추기는 사람들인데 입양 기관과 관련 변호사들이 여기에 포함된다. 구매자는 입양하기를 원하는 사람들이다. 브로커는 상품(신생아 또는 영아)을 찾아 확보한다. 상품 제공자는 (대부분) 어리고, 취약하며, 보호받지 못하는 미혼모들이다.

1955년 미국 보건·교육·복지부 아동국의 특별자문위원은 사설 미혼모 시설이 막대한 광고를 하고 있다는 사실을 지적했다. 또한 사회서비스국의 아널드는 백인 아기들을 입양하고자 하는 가족을 찾는 데는 어려움이 없으나, "현재 '시장'은 입양 가정에 대한 조사를 비롯해 적합한 가정을 선택하는 데 필수적인 안전장치 없이 아기들이 사적으로 입양되고 있어 심각한 문제를 일으키고 있는데, 이는 선의를 가진 사람들이 아기를 위한 좋은 집을 찾아 줄 것이라는 생각, 미혼모를 돕지 않으려는 풍조, 그리고 때때로 아기 거래에서 생기는 수익으로 인해 … 발생한다"(Arnold 1957.5.19.: 116)고 진단했다.

1950년대 말, 일부 사회복지사, 가령 보스턴 크리텐튼 헤이스팅스 미혼모의 집 사무국장인 릴리안 바이와 같은 사람은 사회복지사들이 열심히, 자신들이 생각하기에 가장 친절한 방식으로, 미혼모들에게 "임신이란 생물학적 경험을 정서적으로 거부하도록 하고, 여성의 몸에서 일어나는 생체적 변화에 따라 감정이 충만해지는 것을 막으려"(Bye 1959.1.1.) 한 것이 미혼모에게 부정적 영향을 끼치는 일임을 알고 있었다. 임신을 해 봤던 사람이라면 누구도 임신 중 몸에서 일어나는 변화를 부정할 수 없음을 알고 있다. 하지만 사회복지 전문가들은 입양 시장의 수요와 공급, 즉 불임 부부와 미혼모가 낳은 신생아를 연결하는 것이 미혼모에 대한 "처벌을 최소화"하고 미혼모를 돕는 일이라고 판단했다. 그런데 그것은 자신들에게도 도움이 되는 것이었다.

사회복지사로서 우리는 양심의 가책을 덜 느낄 수 있고, 미혼모는 사회적 낙인을 피할 수 있는 도움을 받는다. 우리는 그들을 한 사람의 시민으로서 집으로, 학교로, 회사로, 일했던 곳으로, 아무 일 없었던 것처럼 다시 돌려보낸다. 그런데 이러한 과정을 거치는 동안 우리는 미혼모들이 심리적 미성숙 상태에 있도록 방치하고, 사회적으로는 완전히 고립된 상태로 내버려 두었는데, 이러한 사실은 아직 잘 인지되지 않고 있다. (같은 글)

사람들은 일반적으로 사생아와 관련된 문제에 대한 진지

한 해결책을 찾기보다 백인 미혼모가 낳은 백인 신생아를 지속해서 백인 부부에게 공급하는 방식을 그대로 유지하는 것을 선호하는 것 같았다. 사생아 발생의 원인으로 가령 가난, 무지, 미성숙, 또는 심리적 "장애"와 같은 것을 강조하며 문제 해결에는 소극적이었다. 문제의 근원을 파악하고 사생아에 대한 태도와 관행을 바꾸기보다, 혼외 출산 발생 원인에만 관심을 가졌는데 이는 근본적으로 효과가 없는 접근 방식이었다. 이러한 현상에 대해 "우리는 적어도 사생아를 없애고 싶다고 믿는 자기기만은 중단해야 할 것이다. … 결과(혼외 임신)에 대해서는 낙인을 찍으면서 원인(혼전 또는 혼외 성적 관계)은 부추기는 현재의 모순적 상황들"(Vincent 1962)이라는 비판의 목소리도 있었다.

1971년 유엔 여성지위위원회United Nations Commission on the Status of Women는 현재 방안들이 "전혀 적절하지 않다"며 미혼모를 위한 보호 방안들을 마련할 것을 요청했다. 미혼모가 처한 특수한 상황을 고려하여 그들의 욕구에 맞는 지원 방안을 마련하기 위해 모든 노력을 기울여야 하며, 의사, 사회복지사, 변호사와 같은 전문직 종사자는 미혼모가 건강을 유지하고 사회적, 법적으로 보호받을 수 있도록 함께 협력할 것을 명시하며 다음과 같이 미래를 전망했다.

(미혼모를 돕는 일이) 혼외 출산을 조장하는 일로 여겨져서는 안 되며, 또한 (미혼모와 그 자녀가) 사회적 악으로 여겨져서도 안 된다. 만약 미혼모들에 대한 도움이 성공적이라면 엄마와 아이 모두 사회적으로 따돌림당하지 않고 지역 사회에 유용하고도 활동적인 구성원이 될 것이다. (United Nations Secretary-General 1971)

하지만 백인 미혼모는 입양 산업의 주요 상품 공급원이 되었고, 미혼모가 입양 시장을 피해 갈 수 있도록 돕는 양육 지원 정책은 성과가 없는 것으로 폄하되거나 폐지되었다. 가령 수십만 명의 부부들이 원하는 건강한 백인 아이가 미혼모에게서 나오는 것임을 알고 있기에 '부양 아동이 있는 가정 지원'Aid to Dependent Children 같은 정책이 표적이 되고 폄하되었다(Vincent 1962).

입양 기관은 기본적으로 사업체였기에, 미국아동복지연맹은 입양 기관이 제공하는 서비스가 "수익 보존과 이윤 증진"을 목적으로 하지 않도록 보호장치를 마련할 것을 요구했다(Child Welfare League of America 1971). 당시 미국 내 상황은 다음 『뉴스위크』 기사가 잘 보여준다.

"활발한 상업 국가"라는 명성대로 미국은 1970년대 초 아기들을 "상품화"하기 시작한다. 신문 광고, 입양 칼럼, '이번 주 입양 가능한 아기들' 코너에 아기 사진을 실으며 불임 부부에게 아기를 공급하는 시장을 키웠다. 입양 시장에서 유색 아동 입양은 크게 증가하지 않았지만, 수요가 많았던 백인 아동들은 부족했다. 미국 일부 지역에서는 백인 아이를 입양하기 위해 2년을 기다리기도 하고, 아예 백인 아이 입양 서비스를 중지한 곳도 생겼다. 이로 인해 입양 암시장이 활성화되기도 했다. "미시간에서는 백인 아이 한 명을 입양하는 데 지불하는 수수료가 천 달러까지 오르는가 하면, 캘리포니아에서는 의사와 변호사에게 최대 1만 달러를 줬다는 부부들의 이야기도 등장했다." (Morgenstern 1971.9.13.)

1980년대가 되면 입양 시장은 더욱 무르익어 "판매자 우위의 시장"이 되었다. 즉, 백인 아이 공급은 줄고 수요는 많아진 것이다(Kirk 1984). 물론 입양 기관은 입양 과정에 있어서 아기 판매의 불미스러운 면을 덮으려 했다. 어떤 복지사들은 무슨 일이 벌어지고 있는지 경각심을 가졌지만, 많은 입양 기관들은 그렇지 않았다. 당시의 상황은 다음 인용문이 잘 말해 준다.

> 여러 주에서 우후죽순처럼 설립된 자칭 더욱 새로워진 '입양' 기관들은 고립되고 겁에 질린 미혼모들에게 제공하는 재정적 지원과 대부분 주에서 법적으로 금지된 '아기 판매' 사이의 경계에 대해 모호한 태도를 취했다. 많은 변호사들은 입양 기관보다 관리가 허술한 사설 입양으로 관심을 돌렸다. … 한편, 마음이 급해진 불임 부부들은 광고를 통해 위기에 처한 어린 미혼모들을 공개적으로 찾아 나섰다. 종종 이들은 기관의 감시를 피할 수 있는 다른 주로 이동하기도 했다. (Boston Women's Health Book Collective 1992)

솔린저는 "백인/미혼 여성의 임신에 대한 정신의학적 설명은 여성을 처벌함으로써 남성을 구원하고, … 사생아의 … 명예는 회복시켜 입양 가능한 아이로 만들어 입양 시장에 공급한 것"(Solinger 2000[1992]: 99)이라고 주장하며, 1960년 정부 통계를 인용해 "전체 결혼 10건 중 1건 이상이 자연 불임이었다 … 이들 대부분은 아이의 입양을 원했으나 입양하기까지 1년에서 3년까지 기다렸다." 이러한 가운데 "백인 미혼 임산부와 그 아기는 시장의 상품이 되었다"(같은 글: 154)고 지적했다.

미혼모가 양육을 선택할 가능성을 남기고 끝나는 "끔찍한 시련"[1] 이야기를 분석한 쿤젤도 당시 커지는 입양 시장을 언급한 바 있다.

> "끔찍한 시련" 이야기는 2차 세계대전 이후 백인 미혼 여성의 정당한 권리로서의 출산을 부정했던 사회적 합의를 따르지 않았다. … 미혼모의 선택이란 개념을 이야기에 도입한 것은 백인 미혼모의 명예 회복과 정신건강이 아기 포기에 달려 있다는 점점 더 강해지고 있던 신념에 역행하는 것이었다. (그리고 미혼모의 아기 포기는 점점 커지는 입양 시장을 위해서 가장 중요한 것이었다). (Kunzel 1995: 1482)

입양 산업을 규제하려는 시도는 거의 없는 가운데, 가족연구위원회Family Research Council는 일명 임신 센터와 상담사들에게 취약한 미혼 산모들이 입양에 대해 긍정적으로 생각할 수 있도록 설득하고, 입양 선택에 장애가 되는 요인을 최소화하고, 입양을 선택하도록 동기를 부여할 인력을 최대화할 것을 제안했다. 그러나 이해의 충돌이 생기지 않도록, 어떤 행동으로부터도 이윤을 취하는 것처럼 보이지 않도록 주의를 주었다.

1921년에서 1969년까지의 입양을 연구한 체임버스 박사에 따르면, 미국에서 건강한 백인 아이에 대한 수요는 엄청났다. 그 규모만으로도 권력 남용이 충분히 있었음을 짐작할 수 있는

---

1 이 이야기는 잡지『진실한 고백』*True Confession* 54, 1949년 11월호에 실린 "미혼모의 끔찍한 시련"The Terrifying Ordeal of an Unwed Mothers을 말한다. 이 글은 미혼모 노마가 양육을 선택할 가능성을 남기며 끝난다.

데, 1950년대에는 백인 아이 입양 주선으로 높은 수익을 올리는 지하 시장이 광범위하게 퍼져 있었음을 보여주는 증거도 있다. 또한 체임버스 박사는 보육 기관 종사자들은 미혼모가 아기를 양도하기까지 심각한 권력 남용이 있었다는 사실을 인정했다는 사실을 지적하며 미국에서 최악의 권력 남용 중 일부는 아동 복지 기관과 관련되어 있음이 확실하다(Chambers 2006: 176)고 주장했다.

입양 산업은 발전했고 상당한 양의 수상하고 기만적인 거래를 양성했다. 기만적 행위를 한 자들은 자신들의 행동을 합리화하거나 정당화하려 한다. 그렇게 행동해야 했던 이유와 정상 참작 상황을 만드는 동시에 죄책감을 덜기 위한 "조정 언어"를 사용한다. 그리고 피해자가 "초래한 일"이라고 치부하고, 무슨 일이 있어도 유책 당사자인 자신이 피해자라고 생각하기 시작한다. 피해자에 대한 존중을 결여하고 노골적 혐오를 불러일으킴으로써 기만적 행위를 하는 자들은 피해자들을 아무렇지도 않게 함부로 대한다. 일단 이렇게 되고 나면, 기만적인 범죄 행위를 억제할 방법은 거의 없게 된다.

입양과 입양 실천을 둘러싼 쟁점에는 빈곤, 권력, 사회 계층 및 인종 문제와 같은 불편한 요인들이 관련된다. 이러한 변수들이 미혼모에게 영향을 끼치고 있음에도 불구하고, 정신건강을 다룬 문헌에서 입양은 주요하게 다루어지지 않고 있다. 그 밖에도 나쁜 행동, 수치심, 은밀함과 같은 문화적이고 도덕적인 가치, 원가족의 사회적 지위, 입양 산업, 입양 아동을 확보하는 데 드는 비용과 같은 경제적 요인도 관련된다. "나쁜 여자애들"만이 혼전 임신을 한다고 믿던 시절에는 입양 가능한 백인 아이들은 많았다. 그러나 헨더슨에 따르면,

입양이 점점 더 큰 사업이 되어 감에 따라 수수료도 비싸졌다. … 건강한 백인 미국 아기의 공급이 줄어들면서 아기가 없는 부모의 욕구는 충족되기 힘들어졌다. 그러자 입양 기관들은 처음에는 가난한 사람들(주로 소수자 계층에 속한)이 사는 곳으로, 이후에는 해외로 가서 아기를 구했고, 이에 따라 일정 금액의 추가 비용도 발생하게 되었다. 어떤 경우 합법화된 금액은 상당했다. 입양에 수익이란 문제가 연관되자 '아기를 구매한다'는 불편한 질문이 제기되었다. 이 질문을 둘러싼 불편함은 사람들은 인정하고 싶지 않겠지만 입양에 관련된 여러 쟁점을 제기할 것이다. (Henderson 2002)

7장

누구를 위한 "최선의 이익"인가?

문명 세계에서 아동에 대한 야만적이고 비인간적인 관행이 계속될
여지는 없다. 아무리 '아동을 위한 최선의 이익'이라는 말로 잘 위장
하더라도 말이다.

마린 다바Maureen Dabbagh[1]

1960년대 중반, 입양 전문가들의 관점에 주요한 변화가 있었다.
아동이 필요로 하는 것, 즉 "아동을 위한 최선" 대신 입양 부모
의 욕구와 희망 사항에 초점을 맞추는 방향으로 관점이 변한 것
이다. 아동을 위한 좋은 가정을 찾으려 했던 것에서 입양 부모
에게 공급할 아기를 찾는 것이 우선순위가 되었다.

> "입양 관행에 있어서 눈에 띄게 달라진 점은 입양 부모의 요
> 구와 희망에 상당한 무게 중심이 실리게 되었다는 것이다."
> (Canada 1964.11.6.)

입양 분야가 성장하며 입양 부모와 입양 복지사의 최선의
이익이 입양 실천에 있어서 우선시되었음은 점점 더 자명해
진다. 입양은 아동의 최선의 이익을 위해서가 아닌 외부적 요

---

1 버지니아 대법원 가족 중재자. 초국가적 아동 양육권 분쟁 문제 전문가.
『미국 내 부모에 의한 납치: 문화적·역사적 분석』*Parental Kidnapping in
America: An Historical and Cultural Analysis*, 2011의 저자.

인, 즉 입양을 원하는 무자녀 부부 수요에 부응하며, 사회복지사들의 직업적 출세를 추구하며 발전한 경향이 있었다(Wegar 2008[1997]).

이러한 변화와 함께 사생아 출산은 상대적으로 덜 문제시되는 상황이 되었다. 미혼모 아기를 원하는 "불임 가정이 상당한 규모의 입양 시장"을 형성하고 있었고, 미혼모의 아기는 입양 산업에 "재정적 안정을 확실하게 가져다주는 유효한 사회적 기능"을 했기 때문이다. 이렇게 미혼모와 그 자녀가 처한 조건이 달라지면서 이들 가치는 올라갔다. 즉 "미혼모에게는 희소가치가 붙고, 그들의 아기는 귀중한 소유물"이 되었다(Roberts 1966: 35).

입양 복지사의 동기 뒤에는 항상 불편한 진실이 있었다. 하지만 입양 부모와 복지사들은 그것에 대해 전혀 아는 바가 없다고 주장한다. 입양 가능한 아기들 뒤에는 그 아기의 엄마인 미혼모가 있다는 사실이다. 입양 부모와 복지사들은 최선을 다해 이 사실을 무시하려 한다. 하지만 그들은 안다.

아이리스 굿에이커의 연구에 따르면, 사람들은 입양할 아이를 인계받기 위해 미혼모 시설에 가는 것을 꺼린다고 한다. 이는 "친생모의 극심한 고통을 목격하면 그토록 오래 기다려 왔던 날의 기쁨을 망치기 때문"(Rowe 1966: 231 재인용)이다 일반적으로 사람들은 자기 아이를 포기하는 미혼모를 '비정상적'이라고 생각하고 미혼모가 처한 환경을 이해하려는 노력은 거의 하지 않는다. 입양한 부모들도 마찬가지다. "누구보다 입양할 아이를 기다려 왔기에 아마도 입양 부모들이 가장 미혼모의 입장을 이해하기 힘들 것이다. … '딱한 여자애들이 있는 건 알지만 자세히 알고 싶지는 않아'라고 해 버린다"(Benet 1976).

1960년대 '아기 퍼가기 시대'의 입양 복지사들 중 일부는 당시 입양 실천이 아이가 없는 부부에게 아이를 찾아 주는 일이었음을 인정한다. '너무 많은' 미혼모들이 상담 후 아기를 키우겠다고 하면 상담이 실패했다고 여겼다. 입양 복지사이자 전 캘리포니아 비스타 델 마 아동복지서비스 원장이었던 루벤 패너의 경우 과거 자신이 했던 일을 떠올리며, "우리는 우리의 가장 주요 고객이라고 여긴 입양 부모의 욕구에 맞추기 위한 서비스를 제공했다"(Pannor 1987.8.1.)고 말한 바 있다.

　　신생아 입양 관행이 입양 부모의 요구 충족에 더 무게 중심을 둠에 따라 입양은 입양 부모를 구원자로 특징짓는 자선적이고 이타적이며 긍정적인 행위로 일반인들에게 인식되었다. 결과적으로 사람들은 구원된 입양 아동은 감사해야 한다고 믿었다. 만약 입양된 아이들이 친부모에 관해 묻거나 친부모를 찾으려 하면 나쁜 아이이거나 은혜를 모르는 아이라는 말을 들었다. 입양인들은 과거에 대해 알 권리가 없고, "부도덕한" 미혼모와 살았다면 누리지 못했을 훨씬 나은 삶을 살고 있다는 이야기도 들어야 했다. 그러나 이러한 인식은 양부모도 자신들의 욕구를 충족시키는 혜택을 받았다는 사실을 인지하지 못해 생긴 것이다(Marshall & McDonald 2001).

　　입양 부모는 이타적 구원자로 여겨지지만, 미혼모는 아이를 낳은 후 딜레마에 빠진 자신의 모습을 본다. 많은 사람들은 미혼모에게 그녀와 아기에게 입양이 가장 좋은 선택이라고 기꺼이 충고하고 종종 그것이 아기를 위한 유일한 옳은 일이라고 말한다. 가령, 미혼모의 집에 막 입소한 미혼모는 원장으로부터 다음과 같은 말을 들었다.

'네 입장만 생각하지 말고, 아기를 위해 생각해야지. 엄마와 아빠가 있는 집에서 아기가 자라야지. 너의 아기를 입양하고 싶어하는 부부에게 너의 아기가 줄 기쁨을 생각해. 그분들은 아이를 낳을 수 없어. 넌 앞으로 얼마든 갖겠지만.' (Shawyer 1979: 110)

이와 같은 기록은 상담사들이 미혼모에게 아기를 키우는 데 필요한 어떤 도움도 제공하지 않았음을 분명히 보여준다. 앞서 언급했던 입양 보낸 미혼모들의 경험을 인터뷰한 연구에서도 이러한 사실을 확인할 수 있다.

미혼모는 자신의 상황을 돌아봤지만, 아이와 함께 살아갈 길은 없었다. 아무 도움을 주지 않음으로써 세상은 다른 어떤 선택의 여지도 남겨 두지 않았다. (Howe, Sawbridge & Hinings 1992: 67)

게다가 이들은 '엄마 자격이 없다는 말'까지 들어야 했다.

이러한 말은 엄마를 참담하게 만들고 자존감까지 훼손한다. … 아기를 포기하겠다고 일단 결심하고 나면, 엄마들 대부분은 입양 복지사가 더는 자신들에게 관심을 두지 않고 아기에게만 관심을 집중하고 있음을 느낀다. … 미혼모와 '전문가' 사이의 수많은 대화의 표면 아래에는 치명적인 딜레마가 숨어 있다. 만약 아기를 정말 사랑한다면 입양 보내야 한다. 만약 아기를 키우려 한다면 아기의 이익에는 관심을 두지 않는다는 증거이므로 아기를 키울 자격이 없다. (같은 책: 64-65)

입양 관행에 일어난 또 다른 특징적 변화는 입양 종사자들이 입양 여부를 판단함에 있어서 물질적 측면을 매우 중요한 요소로 보게 되었다는 것이다. 일부 전문가들은 입양 부모가 여러 이유를 대며 아이 키우는 것을 허락하지 않았던 미혼모보다 반드시 더 낫지 않다는 사실을 알고 있었다. "미혼모에게 입양을 설득하는 유일한 논리는 아기가 물질적으로 더 나은 삶을 산다는 것이다. 냉정하게 말해서 입양은 자신의 아이를 사랑할 수 있는 미혼모의 역량보다 금전적 가치에 더 무게를 두었음을 의미한다"(Luker 1996: 163).

8장
아기 넘겨주기 의례

역사를 배경으로, 외면하려 해도 확연히 눈에 들어오는 한 여인이 있다. 다른 사람에게 보일까 몸을 움츠리고 아무 말 없이 서 있다. 비통하고도 너무도 슬픈 모습이다. 축복이자 무거운 짐이기도 한 여자아이를 안고 있는데 엄마로서의 기쁨이나 자긍심은 얼굴에 나타나지 않는다. 너무도 가련한, 그러나 손가락질당하는 이 여자는 누구인가? 바로 사생아를 낳은 여인이다. 엄마가 되는 축복을 누렸으나 금지된 길로 들어서 그 축복은 말할 수 없는 수치가 되었다.

알버트 레핑웰(Leffingwell 1892: 1)

'아기 퍼가기 시대'의 많은 입양 복지사들은 미혼모의 친엄마 역할을 자처하며 미혼모가 자신이 낳은 아기를 복지사에게 넘기는 일을 일종의 의례로 생각했다. 아직 어린 미혼 여성들이 자기 엄마에게 아기를 선물로 주기 위해 일부러 임신한다는 믿음이 전문가들 사이에 있었다고 한다. 리오틴 영은 미혼모가 사회복지사들에게 아기를 확실히 넘기도록 다양한 심리적 유인 기술을 포함한 방법에 대해 다음과 같이 제안했다.

우리는 미혼모가 복지사를 신뢰하고 그들이 주는 도움을 받아들일 때 아이를 넘긴다는 사실을 알아야 한다. 우리가 해야 할 가장 중요한 일은 미혼모를 있는 그대로 보고, 그것을 그들의 삶과 현실적으로 연결하는 것이다. 과거에 미혼모의 행동을 처벌하려 했을 때는 아기를 빼앗았다. 하지만 이제는 그렇게 해서는 안 된다는 것을 알아야 한다. 반대로 미혼모가 우리에게 아기를 주도록 해야 한다. 우리가 어떤 관계를 맺었냐에 따라 미혼모는 그렇게 할 것이다. (Young 1947: 33)

'아기 퍼가기 시대'의 사회복지사들은 마치 미혼모의 친엄마 같은 역할을 하려 했으며, 미혼모 스스로 아기를 포기하도록 유도했다. 이러한 사실은 다음 인용문에도 잘 나타난다.

이런 자료들은 미혼모들이 자신과 아기를 위해 올바른 결정을 내리도록 사례관자들이 적극적으로 '이끄는' 역할을 했음을 알려준다. … 미혼 임산부가 입양 기관에 와서 임신 사실을 털어놓은 뒤 충격과 트라우마를 경험한 사례는 많다. 미혼 임산부는 이성적으로 자신의 문제를 판단하기까지 사례관리자에게 의존하는 일정 기간이 필요하다. 이 새로운 유형의 엄마인 사례관리자는 미혼모 클라이언트가 결정을 내리고, 결정을 번복하지 않도록 돕고, 아기를 포기하고, 그 아기를 자신에게 넘기도록 하는 역할을 한다. … 이 글에서 인용한 실례들은 사례관리자들이 미혼모가 아이를 포기하도록 하는 '쪽'으로 더 기울어 있었음을 보여준다. (Scherz 1947: 57-58)

영은 1954년 연구에서 미혼모가 사회복지사에게 아기를 "넘기는" 것을 "선물"이라고 묘사했다. 그리고 미혼모로부터 아기를 넘겨받는 일이 힘들어지거나 불가능해질 수 있으므로 아기를 넘겨받는 과정에서 생길 수 있는 두려움을 극복해야 한다고 했다.

복지사가 자신이 느끼는 두려움이 망상일 뿐이라고 생각하지 않으면, 미혼모는 아기를 포기하는 일을 더 어려워하거나 아예 포기하지 않으려 할 것이다. 그 선물이 미혼모를 해방시켜 줄 유일한 길임에도 불구하고 말이다. 누군가로부터 무엇을 빼앗는 것과 누군가가 당신에게 무언가를 주도록 하는 것 사이의 심리적인 간극은 매우 크다. 그리고 그 무언가가 아기일 경우 심리적으로 받게 될 파장은 엄청나다(Young 1954: 211).

마이클 샤피로는 이 의례의 특이한 점은 "아기라는 선물"의 수령자가 결국 복지사와 입양 기관이라는 점을 지적했다(Shapiro 1955). 입양 종사자들의 이러한 생각은 1950년대 유행했던 미혼 임신과 신경증을 연관 지어 설명하는 심리학 이론을 수용한 것이다. 가령 1955년 한 잡지에는 미혼모 엘렌의 심리를 다음과 같이 서술했다.

사회복지사와 심리학자들은 엘렌의 임신에 대한 신경증적 충동을 조금 다르게 분석했다. 하지만 근본적으로 정서적 딜레마에 대한 무의식적 해결책으로 임신 충동을 느낀 건 동일하다고 보았다. 엘렌은 엄마에 대한 복수심에서가 아니라 자신과 어머니 사이의 균열을 치유하기 위한 수단으로 아기를 갖고자 했다. 그리고 그 아기를 어머니에게 주고 싶어 했다. (Erichsen 1955)

복지사들의 권력과 영향력은 모성적 인물, 즉 신뢰할 수 있는 자신들과 같은 존재에게 인정받고 싶은 욕구 때문에 미혼 여성들이 임신한다는 생각에 뿌리를 두고 있다. 미혼모의 입양 결정에 대해 연구한 코스티건은 미혼모의 인정 욕구를 그들이 일찍이 경험했던 '박탈된 사랑' 때문이라고 진단한다.

> 사례관리자가 미혼모와 친밀한 관계를 형성하게 되면, 미혼모가 아기를 주고 싶어 할 확률이 높아진다. … 사례관리자와의 관계가 밀접하고 만족스러울수록 미혼모의 아기 포기 가능성은 커진다. … [폴락에 따르면] 이는 미혼모가 어머니 역할을 자처하는 사회복지사에게 아이를 주고 싶어 하기 때문이 아니라, 사회복지사와 입양 기관과의 친밀한 관계는 일찍이 사랑의 박탈을 경험한 미혼모의 결핍감을 충족시켜 주었기 때문이다. (Costigan 1964)

1960년대에 들어서도 미혼모 아기 넘겨받기 의례는 미혼모를 위해 필요한 것이라는 믿음이 계속되었다. 예를 들면 로우는 "입양을 결정하며 아기를 포기하는 많은 소녀들은 감정적인 어려움을 겪는데 그것을 극복하기 위해서는 실제로든 또는 상징적으로든 아기를 사례관리자에게 넘겨주는 행위가 필요하다"(Rowe 1966: 74)고 주장했다.

1969년 한 연구는 아기 넘겨주기 의례에 대한 상세한 설명과 함께 미혼모, 입양 부부 및 사회복지사의 상호작용과 관련된 심리적 요소들을 묘사하고 있다.

> 통상 미혼모와 사례관리자는 같은 방에, 입양을 원하는 부부는 다른 방에 있다. 사례관리자는 미혼모에게 아기를 달라고 요청한다. 미혼모가 아기를 넘기면 사례관리자는 아기를 받아 다

른 동료에게 준다. 동료는 입양할 부부에게 아기를 데려가 보여준다. 그 사이 사례관리자와 미혼모는 계속 함께 있다. … 만약 미혼모가 입양할 부부를 만나고 싶다고 하면 입양할 부부가 있는 방으로 갈 수 있다. 그러나 미혼모가 그 방에 들어가기 전 아기는 다른 곳으로 옮겨진다. 입양할 부부와 미혼모의 만남은 짧다. 입양 부부가 미혼모의 결심을 확인하고, 감사의 말을 할 정도밖에 되지 않는다. … 특히 마지막 단계에 미혼모에게 마음을 바꿔 아기를 양육하고 싶은지 물어서는 안 된다. 만약 전 단계에서 사례관리가 잘 되었다면 그럴 필요는 없다. … 특히 이 단계에서 복지사는 일생에 거쳐 가장 중대한 결정을 내린 미혼모가 그 결정을 잘 지켜 나가도록 지지하고 격려하는 데 집중해야 한다. (Pochin 1969: 122)

9장

입양 부모 평가?

비록 사회복지사들은 아기가 성숙하고 훌륭한 부모의 가정에 입양될 것이라고 미혼모에게 약속했지만, 관련 자료를 보면 많은 경우 입양 기관이 입양 부모 자격을 철저히 조사하지 않았음을 알 수 있다. 이것은 오랫동안 알려진 사실이기도 하다. 입양 종사자들은 한 여성의 아이를 다른 여성에게 주는 일에서 기쁨을 느끼고 싶었다. 자신들의 행동을 정당화하기 위해 입양 부부는 '훌륭한 부모'로, 반면에 미혼모는 '나쁜 엄마'로 보여야 했다. 2002년 한 연구자는 이를 '행복' 입양 모델이라고 칭했다.

'행복' 입양 모델에서, 준비되지 않은 부모라는 말을 (매우 자주) 들었던 친생 부모들은 아기 양육의 책임에서 벗어나게 된다는 점에서 '승자'이다. 입양은 … 미혼 임신에 대한 '나쁜' 평판을 줄여 주거나 없앤다. 일반적으로 친생 부모는 아기를 입양 보낸 후 임신하기 전의 삶으로 돌아갈 수 있고, 어떤 영향도 … 받지 않을 것이라는 말을 듣는다. 주로 '원치 않는' 아이로, 또 '사생아'로 살았을 입양인들도 (아마도) 더 좋은 가정에 보내진다는 점에서 '승자'이다. … 또한 '행복' 입양 모델에서 '운 좋은 사생아'로 여겨지는 입양아는 … 친생 부모가 저지른 죄에서 … 보호받게 되므로 '승자'이다. … '나쁜 행동'의 결과로 나온 '나쁜 씨앗'인 입양아는 '제대로 된 가정'에서 새롭게 출발하는 이익을 본다고 여겨진다. 입양 부모는 … 아이를 키울 수 있게 되니 '승자'이다. … 불임이 아닌데도 아이를 입양한 부모들은 불행한 아이를 '구원'했다는 칭찬과 주변의 관심을 받는다. … 입양 부모는 … 마치 '훌륭한 부모'인 양 존경을 받는다. (Henderson 2002)

하지만, 입양 부모에 대해 이상적으로 말하면서도 정작 입양 부모의 자격 검증에는 소홀했다. 아동정신과 의사인 아일린 조슬린은 다음과 같이 말했다.

입양 부모가 인간적으로 어떤 사람인지 알아보지 않고 지역 사회에서 바람직한 모습으로 살고 있으면 입양 부모 자격이 있다고 평가했다. 그리고 경제적·사회적으로 그럴 듯한 곳, 입양 기관에 보상할 능력이 있는 가정에 아동이 배치되면 그들은 성공적으로 임무를 완수했다고 평가했다. (Josselyn 1955)

여기에서 "보상"이란 높은 수수료나 기부금의 형태의 금전적 대가를 의미한다는 것은 쉽게 짐작할 수 있다.

한편, 사회복지사는 기혼모와 미혼모에게 이중잣대를 적용했다. 미혼모에게 문제시했던 자질 문제는 입양을 원하는 기혼모에게는 적용되지 않았다. 미혼모가 아기를 원하는 심리적 욕구를 보이거나 약간의 신경증적 반응을 보이면 그것은 아기를 포기해야 하는 이유가 되었다. 한편 입양 부모는 자신이 원하는 아기를 입양하려는 것만으로도 고귀한 모성을 가진 것으로 여겨졌다.

입양 가능한 아이는 무료한 여성에게 뭔가를 제공하는 수단으로 이용되었다. 가령 어른들이 가지고 노는 새로운 장난감으로, 아이 없는 여성의 신경증을 위한 치료제로, 사업으로 너무 바쁘거나 술에 빠진 남편의 관심을 받기 위해, 또는 파탄에 이른 결혼 생활의 결핍을 채워 주는 수단으로 이용되었다.(Josselyn 1955)

입양 부모 기준에 못 미치는 가정으로 아동이 보내진 사례도 있었다. 로우에 따르면 당시 상당수의 입양 부모들이 부적절했음을 알 수 있다. 로우는 "추가 조사를 통해 아동을 애초에 부적절한 곳으로 보냈거나, 입양처 선정 문제가 드러나거나, 입양 아동에 대한 부적절한 보호가 드러나면 입양 자체를 비난하기 쉬운데"(Rowe 1966: 2), 입양 복지사들은 입양을 신청한 부부들이 훌륭한 시민인 경우가 거의 없고 … 대체로 무자녀라는 문제를 가지고 있는 사람들이란 것을 알게 되었다. 전국정신건강협회National Association for Mental Health에 따르면, 두 곳의 병원에서 27개의 비혈연 입양 사례를 조사한 결과 16건에서 아이에게 적대적이거나 따듯한 태도가 결여된 명백하고도 심각한 문제가 입양 부모에게 있는 것으로 나타났다(같은 글: 154).

입양 부모에 대한 충분한 조사가 이루어지지 않으면, 입양은 실패로 이어질 수 있다. 하지만 사회복지부는 문제 있는 입양에 대해 제대로 기록을 하지 않아 복지사들은 책임에서 면제되었다.

사회복지부는 입양에 관한 상세 기록을 하지 않아서 몇 건의 파양이 있었는지 파악하기 어렵다. 기록을 남기지 않은 실수는 그들이 한 일에 대한 책임을 회피할 기발한 방법이었고, 계

속 같은 실수를 저지르기 위한 교묘한 방법이었다. (Shawyer 1979: 49)

이처럼 공식적으로 승인된 입양 기관에서 훈련받은 복지사들은 다음과 같은 미국 아동국의 가이드라인이 있었음에도 입양 가정에 대한 사전 조사를 제대로 하지 않아 불필요한 가족 해체가 초래되었다.

미국 아동국 사람들은 아동 입양에 있어서 복지사가 절대 해서는 안 되는 통상적인 관행에 대해 다음과 같이 설명한다. 예를 들어, 미혼모가 신체적·심리적 안정을 찾기 전 아이를 포기하도록 압력을 넣는 일, 입양 보내기 전 아동과 입양 부모의 육체적·정신적 병력과 입양 가족의 사회적 배경과 가족력을 조사하지 않고 입양을 보내는 일 등이다(Carp 1998: 23).

'아기 퍼가기 시대'를 경험했던 호주에서도 과거 입양 희망 부부의 적합성을 포함한 사전 조사를 적절하게 수행하지 못했음을 다음 인용문에서 알 수 있다.

입양을 승인할 때 대다수는 조잡한 평가 방식이라고 할 수밖에 없는 평가 관행을 따랐다. 대게 신청자가 기혼이고, 적당한 집에 살고 있고, 직업이 있고, 범죄 경력이 없으면 입양이 승인되었다. 은밀하게 이루어진 입양은 아마도 모든 주에서 마찬가지로 마구잡이로 이루어진 경우가 많았다. (Marchall & McDonald 2001: 5)

모든 입양 부모가 아동을 중심으로 생각하는 건강한 입양 동기를 가졌다고 추측하기는 어렵다. 불임에 대한 빠른 해결책으로, 또는 출산 시 사망한 아이에 대한 보상으로 의사와 다른 사람들을 통해 서둘러 미혼모에게 입양을 제안한 성급함은 많은 경우 슬픔에 잠긴 부모가 여전히 비탄에 잠겨 있을 때 입양을 신청하도록 만들었다. (같은 글 7)

10장

"사내들은 다 그렇지 뭐"

'부친 미상'PATER IGNOTUS … 세례 기록에는 특이한 가족 사항, 예를 들면 사생아 출산에 관한 사항이 적혀 있거나 암시되어 있다. 교회법은 사생아인 경우, 특별한 표기를 못 하도록 엄격히 금지하고 있지만, 이 나라 본당 신부들은 한결같이 사생아임을 표기하는 것 같다. … '페이터 이그너터스'pater ignotus 즉 '부친 미상' 혹은 '사생'이라고 간단히 적힌 출산 기록이 간혹 목격된다.

미혼 임신을 한 여성과 그 상대 남성에 대한 사회적 인식차가 존재한다는 데는 의문의 여지가 없다. 특히 십대가 임신하면 더욱 그렇다. 임신한 여학생은 학교에서 퇴학당할 것을 알기에 임신 사실을 숨기는 경향이 있다. 그리고 아무에게도 말하지 않고 배가 불러오는 것을 더 숨길 수 없을 때까지 학교에 다닌다. 이러한 사실을 언급한 1960~70년대 기록들은 많다.

십대가 임신 사실을 알게 되면, 공포와 무지로 부모님과 학교 관계자에게 말하는 것이 두려워서 될 수 있는 한 끝까지 말하려 하지 않는다. (비밀이 발각되면 즉각 퇴학 조치가 취해진다.) (Allen 1963.11.1.)

대부분의 학교[1]에서는 '일단 임신이 확인되면, 그 학생이 결

---

1 여기서 '학교'는 의미상 중고등학교뿐 아니라 대학까지 포함한다.

혼했든 하지 않았든 학교에 다니는 것을 허락'하지 않았다. (Lipke & Bateman 1971)

임신이 밝혀지면 학교를 그만두어야 하는 규칙으로 인해 많은 학교에서 누가 임신했는지 알아내는 일은 더욱 어려웠다. … 학교에서 쫓겨난 학생은 따로 교과 과정을 수료하고 미혼모 시설에서 거행하는 졸업식에 참여함으로써 고교 과정을 마친다. (Kelly 1963: 61-62)

소수의 교육자를 대상으로 미혼모에게 공립학교 교육을 제공하는 문제에 대해 설문 조사를 했을 때 이런 대답이 있었다. "사회적으로 물의를 일으키고 스스로 어려움을 초래한 학생에게 왜 그런 보상을 해야 하나요? 전 그 애들이 우리 딸과 함께 학교에 다니는 것을 원치 않아요." (Nelson 1960)

일부 학교는 임신한 여학생을 퇴학시킬 때 가정에서 교육을 받을 수 있도록 계획을 세우지도, 다른 곳에서 교육을 받을 기회도 제공하지도 않았다. 제한된 교육 기회는 아마도 … 재정 부족, 지역 사회의 압력이나 가치관, 학생 임신에 대한 낙인 또는 임신을 경험했던 학생들이 학교로 돌아오지 못하게 하려는 징벌적 정책 때문일 것이다. 학생들의 잠재력이 훌륭해도 이러한 관행은 부분적 또는 전체적으로 청소년 미혼모의 교육 중단을 초래한다. (Gallagher 1963: 403)

미혼모 시설에 보내진 미혼모들의 상황은 더 나빴다.

시설에 수용됨으로써 가족과 친구와 분리되고, 학교와 직장, 의미 있는 활동에서 배제되고, 다시 임신할 경우 시설과의 연락도 금지되는 상황에 놓이면, 미혼모는 도움을 주는 사람들의 심정도, 회개하고 깨끗해져 나가기를 바라는 그들의 바람도 이해할 것이다. (Osofsky 1968: 55)

여기서 "회개하고 깨끗해져서 나가기를"이라는 말은 아기를 입양 보내고, 아무 일 없던 것처럼, 죄를 씻은 순결한 처녀가 되어 사회로 복귀함을 의미한다. 다른 말로 결혼하기 적합한 신붓감이 된다는 뜻이다.

루커에 따르면, 1970년 『리더스 다이제스트』에는 다음과 같은 글이 실렸다. "전통적으로 미국 공립학교는 임신한 여학생은 1) 나머지 학생들을 '오염'시키지 않기 위해, 2) 죄의 대가를 치르는 본보기로 삼아야 한다는 이유에서 학교에서 쫓아내야 한다"(Luker 1996: 96). 또한 1975년 두 명의 의사가 수행한 연구는 미혼 임신이 발각되었을 때 어떤 대접을 받게 되는지 다음과 같이 밝히고 있다.

역사적으로 임신한 학령기 소녀들은 사회로부터 거의 또는 아무 도움을 받지 못하고, 방치되거나 처벌을 받았다. … 가족과 학교의 태도는 가혹하거나 무대응이 대부분이었다. … 임신한 여학생은 학교를 그만두라는 압력을 받았으나 … 임신의 원인을 제공한 남학생은 학교를 계속 다녀도 되었다. … 사람들은 이것을 '사내들은 다 그렇지 뭐'라는 식으로 말해, 마치 남학생의 성적 방탕을 칭찬하는 듯했다. … 하지만 여학생은 불명예스럽고, 수치스럽고, 부적절한 행동을 한 것으로 여겼

다. (Zackler & Brandstadt 1974)

임신한 십대 소녀를 학교에서 퇴학시키거나 격리하는 것이 일반적인 관행이었지만, 미혼부가 된 남학생은 거의 영향을 받지 않았다.

여학생이 처한 곤경에 대해 사람들이 반사적으로 반응했음에는 의심의 여지가 없다. 즉시 외면해 버리고, … 학교에서 쫓아낼 것이다. 이러한 즉각적인 반응은 미혼부인 남학생에게는 적용되지 않았다. … 전 미국 교육청장인 로렌스 더르딕은 다음과 같이 말했다. "대부분의 학교에서는 제도상 … 공적 자금을 사용해 미혼모를 위해 별도로 교사를 파견하거나 … 가정에서 교육받을 수 있도록 하는 것이 법으로 금지되어 있다. … 임신 중 학업 이수를 위해 성적을 받을 길은 없다. … 미혼모 시설에서 교육을 받았다면 거기서 받은 성적이란 사실을 숨길 길이 없다." (Rinehart 1963.3.23.)

이처럼 "미혼부에게는 관심이 없었고, 미혼부에게 자발적 또는 강제적으로 책임지게 할 방법을 심각하게 고민하지 않았다"(Children's Bureau, Lundberg & Lenroot 1974: 228). 또한 사회는 아버지 없는 아이들이 "큰 어려움"을 겪게 될 것이라고 믿었지만, 결혼하지 않고 엄마가 된 여성을 보호하거나, 그들의 부족함을 충족시켜 주는 일은 보류하는 경향이 있었다. "아이 아빠의 부재는 엄마 역할 수행에 어려움을 더하는 요소로 작용"(Greenleigh 1961: 94)하지만, 미혼부는 떠나 버리면 그만이었다. 예전에도 그리고 지금도 그들은 비가시적 존재다.

1962년 사회학자 빈센트는 사회복지 연례회의에서 다음과 같이 미혼부에 대한 통찰력 있는 의견을 개진했다.

사생아 출산에 절반의 책임은 남자에게 있다. … 그럼에도 불구하고 미혼모와 미혼부에 관한 연구 건수의 비율은 30:1 정도이다. … 미혼모를 대상으로 한 연구만으로는 사생아에 대한 이해는 물론 문제를 해결할 수 없다. 그런데 미혼모에 대한 연구와 동등한 수준으로 미혼부를 연구하고, 관찰하고, 질책한다면 딜레마를 초래할 것이다. 왜냐하면, 이것은 남녀의 성적 행위를 판단할 때 우리가 사용하는 전통적인 이중잣대의 변화를 요구하기 때문이다. '몸을 버린 여자'에 상응하는 남성을 묘사하는 표현은 없다. 우리는 미혼부보다 미혼모를 더 비난하고 낙인화한다. … 무죄 추정의 관행에 있어서도 미혼모는 불리하다. … 왜냐하면, 배가 불러오며 그 죄를 스스로 입증하게 되니까 … 반면, 미혼부에게는 어떤 증거도 남지 않는다. … 미혼모는 자신이 누구인지 그리고 성적으로 어떤 잘못을 했는지 반드시 밝혀야 한다. … 미혼모는 임신과 출산이라는 눈에 띄는 문제들을 제기하지만, 미혼부는 그렇지 않다. 산전 돌봄, 산모를 위한 시설, 그리고 양육에 대한 재정적 지원이 필요한 사람은 미혼모이다. … 미혼부에게는 자신의 행위로 인해 납세자들이 낸 세금을 쓰게 된다는 증거도, 관습에서 벗어난 성적 행위를 했다는 증거도 없다. (Vincent 1962)

레이놀즈에 따르면, 사회복지사들에게는 "추정 아버지"라 불리던 미혼부를 찾는 책임이 있었다.

미혼모를 상대로 한 업무는 … 더 많은 사회적 문제를 일으키지 않기 위해 고안된 몇 가지 원칙을 따랐다. 그 원칙에는 … 재정적 지원을 확보하기 위해 추정된 아버지를 찾는 것이 포함되어 있었다. (Reynolds 1963: 47)

하지만 법원은 생물학적 아버지에게 양육 지원 명령을 내리기는 하지만, 국가에서 친부를 찾아 책임을 지우려는 적극적인 노력은 하지 않았던 것으로 보인다.

'추정 아버지'로서 남자에게 권리는 없다. … 만약 친자관계가 성립되면 법원은 '추정 아버지'에게 아이와 아이 엄마에 대한 지원을 명령하지만, 아이 장래에 관한 결정은 할 수 없다. … 이 나라에서 아버지에게 재정적 책임을 지우려는 노력은 거의 이루어지지 않고 있다. (Issac & Spencer 1965: 51)

국가는 엄마가 아기를 키우도록 지원해야 하지만 대부분 책임지지 않았다. 대신 미혼모는 너무 자주 아이를 포기하라는 압박을 받았다.

너무 많은 전문가들이 미혼모 문제만 언급한 반면 미혼부에게는 거의 관심이 없었다. 1993년 몰튼은, "사회복지사나 응급구조 복지사 업무의 우선순위는 다를 수 있지만, 한결같이 임신시킨 미혼부나 문제의 배경이 되는 사회경제적 조건을 바꾸기보다 미혼모를 바꾸는 데 더 관심이 있었고, 미혼모를 처벌했다"(Morton 1993: 70)고 비판했다. 또한 "여성은 혼자 임신하지 않는다. 여성에겐 가용할 수 있는 경제적 또는 정치적 자원이 없다. 이는 성관계를 한 남성 파트너가 처벌받지 않고 여성을 버릴 수 있음을 의미했다. 여성이 임신으로 인해 공적 또는 사적 지원이 필요할 때, 성관계를 한 남성 파트너가 그랬듯 정책 입안자들도 미혼모에게 관심을 기울이지 않는다"(같은 책: 125)고 개탄했다.

쿤젤은 '비행 소녀'와 '미혼모'라는 용어에 젠더 차별이 있었음을 지적했다.

> "'몸을 버린 남자'란 소리를 들어본 적이 있나요?" 한 사회복지사가 물었다. … 복지사들은 "비행 소녀라 할 때와 비행 소년이라 할 때 같은 말이 다른 의미로 사용되는 것 같아요", 그리고 "우리가 비행 소녀라고 할 때는 보통 성적으로 나쁜 짓을 했다고 생각해요"라고 대답했다. 이러한 사회복지사들과 달리 과거 미혼모가 아기를 돌볼 수 있도록 도움을 주었던 복음주의 기독교 여성들은 미혼모를 비행 소녀와 구별하기 위해 언제나 신중했다. (Kunzel 1993: 55)

그리고 윌리엄 베넷은 미혼부의 무책임한 행동에 대해 다음과 같이 비판했다.

> 요즘 혼외 출산에 대한 비판이 쏟아지고 있는데, 대부분은 이러한 아이를 낳은 여성을 향한다. … 거의 모든 경우 미혼모는 자신의 아기를 버리려 하지 않는다. … 여자를 임신시키고 도망간 이기적인 미혼부는 통계 기록에 잡히지 않는다. 비난하고, 불명예스럽게 여길 사람은 바로 비가시화된 남자들이다. (Bennett 2001: 93)

11장
'아이보리 스노우'처럼 하얀 백인 아기

기텔만이란 사람은 아이가 없는 사람들에게 아이를 구해 주는 브로
커다. 금발과 푸른 눈을 가진 건강한 백인 여자아이의 경우 최대 25만
달러를 요구한다. 높은 가격을 받고 백인 아이를 부자에게 제공하는
일에 관하여 아무도 … 뭐라고 하지 않는다.

짐 디피디Jim Defede[1]

2차 세계대전이 끝나고 '아기 퍼가기 시대'가 시작되던 미국 사
회에서 무자녀 부부는 불완전하고 그 삶은 무의미하고 무가치
하다고 여기는 완벽한 가족 신화에 대한 믿음이 있었다. 자녀가
많은 가족은 부러움의 대상이 되고, 자녀가 없는 가족은 사회적
으로 용납되지 않는 분위기였다. 이러한 가운데 아이가 없는 부
부는 여러 가지 다양한 압박에 노출되었다(Reid 1956). 기혼 부
부의 욕구와 미혼모 자녀 입양의 역학 관계를 하트먼은 다음과
같이 통찰했다.

출산장려주의pronatalism는 사회적으로 또 역사적으로, 자녀
가 없는 여성을 저평가하고 불완전한 존재로 정의했으며, 아
이 없는 가족을 결핍으로 규정해 왔다. 결과적으로 부부와 자
녀로 구성된 가족 형태가 표준이 되었고, 표준에서 벗어난 형

---

1   잡지 『토크』*Talk*에 실린 "백인 아기는 얼마예요?"How Much for a White
    Baby?(1999.12./2000.1.: 115) 기사 중 일부이다.

태의 가족이나 표준적 방식이 아닌 다른 방식으로 구성된 가족은 '결핍된', '일탈적인', 심지어는 '부적절한' 또는 '잘못된' 것으로 정의되었다. … 가임 연령 남녀 6쌍 중 1쌍은 불임이고, 지난 20년간 100% 증가했다. … 누구나 어떻게든 가정을 꾸리려는 사회에서 불임 부부 수의 증가와 입양 가능한 신생아 수의 감소 사이의 긴장은 명백하다. (Hatman 1988: 1-3)

무자녀 부부는 낙인에서 벗어나고 사회적으로 인정받는 "완벽한" 가족을 만들기 위한 방법을 찾는다. 결과적으로 "순순하게 아이를 넘겨 줄" 여성을 필요로 하는 이상한 상황에 놓이게 된다. 그 여성은 아이를 넘겨준 뒤 그들에게 폐를 끼치지 않고 "홀연히" 사라져 준다. 아이를 넘겨받은 부부는 자신들이 친부모라는 환상 속에 산다(Shawyer 1979).

아이가 없으면 정신적이고 심리적인 문제가 있는 것으로도 간주되었다. 사회학자 슈어는 다음과 같이 주장했다.

일반적 병명으로 진단되지 않는 여성들의 모든 행동은 정신 질환 용어로 설명될 가능성이 크다. 만약 너무 뚱뚱하거나 말랐거나, 너무 공격적이거나 수동적이거나, 미혼모이거나 자발적으로 아이를 갖지 않으면, … 그 여성의 행동이나 상태를 설명하기 위해 정신과 이론이 동원될 것이다. (Schur 1983: 200)

심리학자 헨더슨에 따르면 결혼 후 일정 기간이 지나도 아이가 없는 부부들은 "어떤 문제를 가진 것"으로 간주되었다. 따라서 사회복지사는 입양의 "주요한" 측면들, 가령 입양이 입양 아동에게 미칠 문제들은 대수롭지 않게 여기고 입양 부모에게 아이들에게 입양 사실을 알리지 말라고 했다.

입양 사실을 숨기면, 입양 부모는 사적 관계에서 발생한 매우 수치스러운 일을 다른 사람에게 공개하지 않아도 된다. 정신 건강 전문가들은 입양이 아동의 양육 과정과 아동 발달에 미치는 영향을 과소평가함으로써 입양 부모가 아동의 입양 사실을 비밀리에 부치고 사생활을 유지하도록 협력할 가능성이 크다. (Henderson 2002)

무자녀 부부는 사회적으로 인정받고 "정상성"을 확보하기 위해 자녀가 있어야 한다고 생각했다. 이는 미혼모 시설의 입양 복지사와 의사들의 생각과도 잘 맞아떨어졌다.

일단 아이가 태어나면, 중산층 부부에게 입양된다. 그래야 아기는 '정상' 가정(양부모가 있는 가정)에서 자랄 것이다. 그리고 미혼모는 미혼 여성으로서의 '정상적' 삶(아이 없는)을 살 것이다. 물론 이 '처방'은 1960년대 백인, 중산층 여성 중에 미혼모가 된 여성들에 한한 것이다. (Luker 1996: 24)

1940년대에 들어서 건강한 백인 아이를 입양하고자 하는 불임 부부의 수요는 증가하기 시작했다. 이에 따라, 입양은 정말로 집 없는 아이, 즉 부모를 잃고 고아가 된 아이들에게 집을 제공하는 것에서 아이 없는 부부에게 아이를 제공하는 일로 변화했다. 그리고 다양한 이유로 미혼모의 아기를 데려다 입양보내는 것을 정당화했다. 미혼모는 벌을 받아야 한다는 논리로 '부양 아동이 있는 가족 지원'Aid to Families with Dependent Children 제도의 혜택을 주어서는 안 된다고 주장하는가 하면, 주로 '신경증 환자'로 취급되던 백인 미혼모에게 무슨 이유이든 갖다 대서 엄마로서 부적합하다며 아기를 엄마로부터 떼어내려 했다.

1940년대 말 백인 신생아 입양을 원하는 불임 백인 부부의 수가 눈에 띄게 증가했다. "신생아를 빨리 입양하고자 하는 엄청난 수요"와 입양할 아이를 빨리 확보하려는 사람들로 인해 "미혼모를 번식 기계로 여기는 경향이 점차 커졌다"(Young 1953).

높은 수요와 백인 아기의 낮은 공급은 미혼모에게 아기를 포기하라는 압박을 가했다. 아동국 특별자문위원이었던 손힐은 다음과 같이 증언했다.

입양에 대한 인기는 수요와 공급의 불균형 문제를 가져 왔다. 백인 어린 아기들을 원하는 엄청난 수요가 형성되고 있기에 아동국은 이런 아이들을 조사하고 있다. 최근 몇 년 동안 입양 가능한 영아의 수는 늘었으나 그 증가율이 수요를 따라가지 못하고 있다. … 한편 엄마들이 아동 포기를 하는 과정에서 권력 남용을 경험한다는 보고가 있다. (Thornhill 1955: 179)

리드는 입양 시장에 나와 있는 백인 아기, 특히 파란 눈의 백인 여자 아기가 부족하다고 보는 관점의 문제점을 다음과 같이 지적했다.

입양할 아이가 부족한 것이 아니라 입양을 원하는 부부의 과

잉이다. 매년 입양할 수 있는 아기들은 9만 명 정도인데, 70만 에 가까운 부부가 입양을 원한다. 게다가 이들 부부의 95%가 백인 아기를 원한다. … 입양할 수 있는 아기들은 거의 혼외 출산 아동들로 이루어졌다. 하지만 매해 출생하는 백인 사생 아는 단지 54,100건 정도이다. 우리 기관에 있는 입양 가능한 아이 중 너무도 많은 사람이 원하는 '푸른 눈의 여자 아기'는 거 의 없다는 것을 기억해야 한다. (Reid 1956)

백인 미혼모는 점차 공급자로 인식되었고, 그들이 출산한 아기는 시장의 상품으로, 나아가 증가하는 수요 충족에 필요한 백인 아기를 공급하는 귀중한 자원으로 여겨졌다. 당시 저명한 사회학자 중 한 명인 빈센트는 다음과 같이 말했다.

백인 미혼모에 대한 비난은 그들이 입양 가능한 유아들을 공 급하는 가장 크고 유일한 원천으로 표상될 때 완화될 것이다. 아이 없는 부부들의 가족 만들기라는 소중한 목표 성취에 도 움을 줌으로써 백인 미혼모는 유용한 사회적 기능을 수행한 다. 의사, 변호사, 사례관리자 들이 증언하듯 보수적으로 보았 을 때 약 백만 명의 비자발적 무자녀 부부가 있고, 이 나라의 백인 부부들은 입양 가능한 백인 영아 공급의 주요 원천이 사 라지면 그리 행복하지 않을 것이다. 이러한 문제는 공개적으 로 논의되지 않았으나 … 사생아를 계속 태어나게 하느냐, 아 니면 입양 가능한 유아 공급을 줄이느냐, 이것은 딜레마이다. (Vincent 1962)

한편 입양에 대한 낙인이 완화되면서 적합한 아이를 입양하려는 수요는 더욱 증가했다. 미국아동복지연맹의 마요와 리드는 "아동 양육에서 환경적 요소가 유전적 요소보다 더 중요하다는 이론이 일반에게 알려지며, 입양은 사람들에게 더 수용적인 일로 여겨졌으며, 결국 건강한 백인 아이에 대한 압도적인 수요를 형성하였다"(Mayo & Reid 1962: 69)고 지적했다. 하지만 아기의 인종에 따라 차이는 있었다. 빈센트에 따르면, 당시 백인 신생아에 대한 수요는 있었지만, 같은 시기 아프리카계 미국인 미혼모의 아기를 원하는 사람은 거의 없었다. 따라서 이때는 설사 흑인 미혼모가 아이를 포기하려 해도 그 아기는 입양 보낼 길이 없었다(Vincent 1962).

그런데 신생아 입양은 미혼모, 입양 기관, 아동 중 누구에게 가장 큰 이익이 되는 것일까?

미국의 사회복지사는 백인 미혼모와 유색인 미혼모를 차별화하는 경향이 있었다. 건강한 백인 아동 시장은 탄탄했지만, 그에 상응하는 흑인 아동 입양 시장은 없었다. 유색인 아기를 출산한 미혼모에게는 양육이, 백인 아기를 출산한 미혼모에게는 입양이 권장되었다. 이러한 사실을 보여주는 과거 자료는 많다. 가령, 오소프스키는 전통적으로 사회복지사들은 미혼모가 백인이 아닌 경우, 그냥 아이를 키우라고 했지만 "백인 십대 미혼모에게는 이러한 조언은 하지 않는다 …"(Osofsky 1968: 58)라고 지적했고, 실러는 1969년 미혼모에게서 태어난 백인 아기 중 70%가 입양 보내졌지만, 비백인 아기 중 입양 보내진 아이는 5~10%에 그친다는 통계를 제시했다(Shiller 1969).

한 연구는 미혼모들에게 다음과 같이 충고하였다. "미혼모의 인종은 출산한 아이의 입양 여부를 결정하는 데 영향을 끼쳤다. 백인 아이를 입양하려고 대기하는 부부들이 많기 때문에 백인 미혼모는 아기 포기 압력을 받을 것이다. … 미혼모는 자신에게 충고하는 사람들이 어쩌면 자신을 위한 최선의 이익을 염두에 두고 있지 않을 수 있다는 것을 알아야 한다"(Lipke 1973).

사회복지사들은 미혼모가 백인 중산층 부부에게 아기를 제공하기 위해 유용한 기능을 할 수 있음을 서서히 깨달았다. 하지만 1970년대에 접어들면 이를 비판하는 관점이 등장한다.

미혼모성은 일탈과 성적 도착이 아닌 희생의 표식이다. 또한, 주요자원 접근에 대한 불평등함의 전체를 보여주는 뚜렷한 징후이자 결과이며, 가난한 사람들의 삶을 힘들게 함으로써 그들을 그냥 그 자리에 있게 하려는 지배적인 다수의 의도를 반영한다. … 혼외 임신은 이러한 사회에 유용하다. 혼외 임신을 통제하면 입양에 필요한 원자재가 공급되지 않기 때문에 중산층 무자녀 부부가 원하는 상품이 사라지게 된다. … 사람들은 일반적으로 혼전 성관계를 부추기기 때문에 사생아가 태어난다고 생각하지만, 책임감 있는 부모 역할을 하도록 격려하지 않기 때문에 사생아가 생기는 것이다. (Ryan 2010[1971]: 114-115)

건강한 푸른 눈의 백인 아이를 입양하면 굉장한 일로 여겼다. 하지만 입양 부모가 될 사람들은 장차 친모가 나타나 양육권을 주장할 것을 두려워했다. 『뉴스위크』의 한 기사는 당시 입양 기관과 입양을 원하는 부모의 행태를 다음과 같이 전한다.

입양 기관은 완벽한 아기를 확보하려 했다. "… 푸른 눈을 가진 ⋯ '아이보리 스노우'처럼 하얀 피부를 가진" 그런 아이를 찾았다. 그리고 "건강함과 똑똑함에 대해서는 ⋯ 환불 보장"을 장담하며 입양을 원하는 부모의 걱정을 덜어 주었다. [한 입양 부부는 이렇게 말했다.] "혹시 친모가 알면 안 되니까 이 아이를 어디서 데려왔는지, 기관 이름이나 위치는 절대 말하지 않을 거예요. 입양에 대한 두려움은 동네에 만연해 있어요. ⋯ 입양은 복권 같은데, 우리는 가장 큰 상금인 일등에 당첨됐죠. 당첨된 복권을 잃는다면 참을 수 없을 거예요."(Morgenstern 1971.9.13.: 8)

입양 가능한 건강한 백인 아이 수가 줄어듦에 따라, 입양 부모가 내야 할 비용은 올랐다. 그리고 아기를 포기할 잠재적 가능성이 있는 미혼모의 관심을 끌기 위해 기획된 신문과 잡지 광고가 덩달아 늘었다.

백인 신생아 신청자는 ⋯ 2년 정도 기다려야 하고 ⋯ 기관은 백인 신생아 신청을 더 받지 않는다. ⋯ 미시간에서 백인 아기를 입양하려면 한 명에 천 불은 족히 내야 한다. 캘리포니아에서는 의사와 변호사들에게 만 불이나 되는 돈을 현금으로 준다고 한다. ⋯ 미국은 매우 상업적인 국가인데 이제는 아기를 상품화하고 있다. 신문은 입양 코너까지 만들어 '이번 주 입양 가능한 아기들' 사진을 싣고 있다. (같은 글)

일부 사회복지사와 심리학 전문가들은 미혼모가 정서적 스트레스 상황에 있을 때 중요한 선택을 하게 해서는 안 된다는 충고를 했음에도 불구하고 백인 미혼모에 대한 아이 포기 압력은 강력했다.

> 만약 미혼모가 백인이고, 가난한 계층 출신이 아니라면, 아이
> 를 입양 보내야 한다고 생각한다. … 심리적으로 스트레스가
> 심한 상태에서 중요한 결정을 내려서는 안 된다는 권고가 있
> 지만, 미혼모에게 결정하라고 요구한다 … 위기 상태에 있는
> 미혼모에게도 마찬가지다. 자발적으로 결정할 권리를 부정
> 하는 이런 행위는 미혼모에게 … 징벌적 의미로 받아들여질
> 수 있다. (Bernstein 1971: 13)

2차 세계대전 이후 수십 년에 걸쳐 건강한 백인 아기들을 찾
는 시장이 커지면서 입양 복지사, 입양을 원하는 부부, 그리고
일반 대중들의 인식은 바뀌었다. 그리고 입양 복지사들은 시장
의 욕구를 충족하기 위해 백인 미혼모들에게 출산한 아기를 제
공할 것을 강요했다. 그러나 유색 미혼모는 그러한 강요를 당하
지 않았다(Wegar 2008[1997]).

12장
처벌과 강압

미혼모는 상황에 맞추어 전략을 수정하는 주요한 실험의 장을 사회복지사에게 제공한다. 복지사는 왜 주저하고 있을까? 내심 처벌해야겠다고 생각하며 너무 봐주는 것 같다고 느끼기 때문일까? 아니면 어린 미혼모가 마음을 바꾸고 아기를 돌려달라고 할까 봐 두려운 걸까? … 오래된 두려움과 분노의 흔적이 우리의 감정에 남아 있는 것처럼, 과거의 징벌적 태도의 흔적은 법과 사회적 조항에 여전히 존재한다.

진 포친(Pochin 1969: 112, 143)

'아기 퍼가기 시대' 사회복지사가 미혼모와 자녀의 영구적 분리를 선호한 이유 중 하나는 혼외 임신을 죄로 보고 그에 대한 처벌을 해야 한다고 생각했기 때문이다. 2차 세계대전 이전에도 미혼모와 사생아에 대한 낙인은 존재했다. 예를 들어 하버드대 박사이자 성공회 교회 목사인 피터 캐머러는 1918년 500건의 데이터를 수집하여 미국의 혼외 출산에 대한 최초의 종합적 연구를 발표했다. 연구에 따르면 사회복지사와 일반 대중의 혼외 출산에 대한 태도는 두 가지 범주로 나뉘는데, 그중 하나는 혼외 출산을 '가정'과 '일부일처제'를 위협하는 요소로 간주하는 것이었다.

미혼모에 대한 그들의 태도는 거의 항상 사적이다. 그들에게 미혼모는 자신이 저지른 행동에 대해 죄책감을 느껴 마땅한 죄인이다. … 이런 종류의 사람들은 … 사생아도 다른 아이들처럼 똑같은 도움이 필요하고 미혼모도 아기를 잘 키울 수 있다는 사실을 무시하고 미혼모에게 양육보조금을 지원하는 것에 반대한다. (Kammerer 1918: 307-308)

이러한 차별적 인식이 존재했지만, 앞서 언급한 바와 같이 2차 세계대전 이전의 미혼모 시설은 미혼모와 아기가 헤어져서는 안 된다는 철학을 가지고 엄마가 아기를 키울 수 있도록 도왔다. 하지만 1940년대부터 1970년대까지 사회는 규정된 모성의 경계를 벗어나면 어떤 식으로든 '고통받아' 마땅하다는 의견이 팽배했다. 이런 징벌적 태도에 더하여, 입양 복지사들은 아기 포기를 미혼모의 갱생 과정의 일부로 보았다. 이는 모든 미혼모들에게 심리적 혼란을 초래했다.

리브스의 연구를 보면 과거 미혼모의 아기는 입양 보내는 것이 최선이라는 생각이 존재했음을 보여주는 문헌들이 다수 있다. 가령 조지프 리드는 "미혼모와 자녀가 가정을 이룬다는 개념은 … 지지받지 못한다. 그들은 가족이 아니다"(Reeves 1993: 420 재인용)라고 했으며, 제인 로우와 램버트는 아이를 키우겠다는 미혼모는 "신경증 치료가 필요한 사람"(같은 글)으로 보았다. 한편 리오틴 영은 미혼모는 기혼모만큼 아이에 대한 애착이 없으므로 사회복지사들은 미혼모에게서 아기를 데려올 때 감정적으로 반응하지 말라(같은 글: 420-421)[1]고 경고

---

1 이 글에서 인용된 세 개의 출처는 각각 다음과 같다. J.H. Reid, "Principles, Values and Assumptions Underlying Adoption Practice: Social Work in Adoption", *Social Work*, 7, 1961, p. 2.; J. Rowe & L. Lambert, *Children Who Wait*, Association of British Adoption Agencies, 1973.; L. Young, *Out of Wedlock*, McGraw-Hill, 1954, p.36.

했다. 한편 법 또한 "엄마와 아기의 분리를 지지했다"(같은 글: 421).

이와 같은 상황을 리브스는 다음과 같이 비판했다.

[입양은] ⋯ 미혼모가 자신이 놓인 환경을 결정하고 통제할 수단(주로 경제적인 수단)에 접근하지 못하게 하고 도덕적 책임을 묻는 고통스러운 상황에 몰아넣음으로써 일탈적 가족을 재정렬하는 유일하고도 최종적인 수단이다. 입양 부모와 입양아라는 수요와 공급은 사회 통제의 도구이여, 입양의 중요성과 지속적 발전에 핵심적 요소이다." (Reeves 1993: 421)

'아기 퍼가기 시대'를 연구한 역사가 매리언 모턴에 따르면, "사회복지사들은 엄마와 아기를 함께 있도록 돕는 것보다 입양을 선호했고 ⋯ 모든 어머니가 아이를 기르기에 적합한 어머니라는 생각을 거부했기에, ⋯ 어떤 미혼모가 아이를 포기해야 하는지 상황에 따라 결정했다(Morton 1993: 64). 이같이 미혼모 시설은 20세기 초 엄마와 아이를 함께 살도록 도와야 한다는 과거의 신념을 지키기보다 입양을 선호하는 사회복지사들의 권유를 따랐다. 미혼모들은 안에서 무슨 일이 일어나고 있는지 외부 사람들은 전혀 알 수 없는 장소가 되어 버린 시설에 살면서, 시설 종사자로부터 아기를 포기하라는 말을 주문처럼 듣거나, 외부에서 찾아오는 전문가들로부터 아이를 포기하라고 설득당했다.

아동입양위원회의 루스 브레너는 당시 상황을 다음과 같이 설명했다.

우리가 보이는 최초의 반응은 방어적이고 전문가답지 못하다. 그들을 미천하게 보고, 배척하며, 마침내 사악함을 응징하는 듯한 태도를 보이는데 우리 모두는 이를 아주 정상적이라고 생각한다. 우리 중 누구도 미혼모에게 보이는 그러한 … 무의식적이고 비전문적 반응이 무엇을 의미하는지 직면하고 싶어 하지 않는다. … 그 태도는 … 사회가 미혼모에 대해 보이는 태도이며, 따라서 그런 사회에 사는 복지사들 역시 그런 특징을 갖게 된다. 시설 종사자들은 이런 복지사들로 구성된다. (Brenner 1942.5.10.)

그렇다면 미혼모 시설에 있었던 미혼모의 경험은 어떠했을까. 1947년 미혼모 시설에 있는 어린 미혼모들의 이야기를 취재한 잡지 『레이디스 홈 저널』*Ladies Home Journal* 기사에 따르면 그곳은 마치 감옥과도 같았다.

모두 저마다 맡은 일을 했는데, 저는 시설 바닥과 여러 개의 욕실을 깨끗이 닦는 일을 했어요. 25명 정도가 함께 살고 있었는데 … 마치 죄인 취급을 받는 느낌이었어요. 감옥에 갇힌 죄수 같았죠. … 한 미혼모는 달아났어요, 아기는 두고. 데리고 가고 싶었어도 그럴 수 없었죠. 신생아실은 아기를 먹이고 목욕시킬 때 외에는 우리가 접근할 수 없었어요. 달아난 그 애는 3킬로미터를 넘게 걸었어요. … 눈 속을 외투도 없이, 왜냐하면 외투는 우리에게는 출입이 금지된 창고에 모두 보관되어 있었기 때문이에요. 결국 그 앤 넘어졌고, 누군가에게 발견되어 이곳으로 다시 오게 되었어요. 다음 날 담당 직원이 우리에게 말했어요 … '정말 질이 나쁜 아이야. 그렇지 않다면 이런 일을 절대 하지 않았을 테니. ⋯ 제정신이라고 할 수 없지. 결혼 증명서도 없이 아이를 갖다니.' (Younger 1947.6.1: 103)

1960년대까지 미혼모 시설의 감옥 같은 강압적 분위기는 지속되었다.

화장 금지, 입소자 소지품 및 편지 검열 등에 관한 규칙은 개인의 자유와 사생활에 대한 참을 수 없는 개입으로 보이는데 ⋯ 어떤 경우는 문을 잠그고, 모든 편지를 열어 보고, 주머니에 돈이나 쪽지 등이 발견되면 압수했다. [시설은] 감옥이나 다름없었다 ⋯ 통상적으로 [출산에 관한] 어떤 지침도 주지 않았고, 입소자에게 ⋯ 그런 주제에 대해 거론하지 않는 것 같았다. ⋯ 입소자들은 하나같이 누군가가 분만하는 순간 무슨 일이 일어나는지 알려 주길 바랐다. 출산이 임박하면 대부분 겁을 먹고 혼란스러워했다. ⋯ 곧 닥칠 일에 대해 알고 싶은 욕구는 너무도 분명했지만 ⋯ 엄마가 될 준비는 전혀 시켜 주지 않았다. 일부는 입양 결정을 번복하기도 하고, 또 다른 일부의 미혼 임산부는 거의 불가능하다는 것을 알면서도 감히 아기를 키우겠다는 계획을 세우며 '거의 미쳐 갔다'. (Nicholson 1968)

리오틴 영은 사회복지사들에게 아기 포기를 앞둔 미혼모들이 "지나치게 신경증적으로" 반응하니 이들을 잘 인도하기 위해 적극적인 노력을 하라고 충고한다.

대부분의 미혼모들은 심각한 신경증을 앓고 있다. ⋯ 만약 우리가 이 문제에 대한 책임을 미혼모에게만 지도록 한다면, 어떻게 신경증 환자인 그들이 이성적 판단을 하길 기대할 수 있을까? … 사례관리자들은 미혼모의 의사 결정에 적극적으로 개입할 의무에서 벗어날 수 없다.(Young 1947: 28)

미혼모는 부모 자격이 없다고 믿은 리오틴 영은 모든 수단을 동원하여 아기를 포기하도록 해야 한다고 입양 종사자들을 격려하며 아기를 포기한 사실이 법적으로도 문제가 없도록 확실히 하는 것이 매우 중요함을 강조했다. 아울러 만약 미혼모가 사례관리자에게 친근감을 느끼면 복지사의 말을 더 잘 따를 것이라며 미혼모와 신뢰 관계를 형성할 것을 권했다(Young 1954).

그러나 그는 미혼모들은 취약하며, 사회의 비난과 자신의 아이를 입양하려는 사람들의 "비양심적 착취와 선의의 실수"(같은 책: 169)에 노출되어 있음을 인지하고 있었다. 따라서, 복지사들에게 처음 엄마가 된 이들과 아이를 두고 밀고 당기는 줄다리기를 하지 말 것을 경고하며, "미혼모가 아이를 포기하도록 하는 것은 언제나 쉬운 일이 아니다"(같은 책: 196)라고 주의를 주었다.

영이 생각한 "처벌"은 다음과 같다. 그는 미혼모의 아기를 빼앗기 위해 "가학적이고, 분노하는 태도"를 보이는 것은 "과거나 그 당시에도 존재"했는데, 이런 각본은 선의의 복지사들에게 혼란을 주는 일이라고 보았다. 대신 "만약 미혼모를 처벌하려면 모두 경쟁하듯 아기를 키우도록 해서 죗값을 치르는 고통의 삶을 살도록 똑같이 벌을 주어야 할 것"이라고 했다. 즉, 영은 미혼모가 아기를 키우도록 상담해 주는 것이 미혼모를 손쉽게 처벌하는 것이고, 입양을 선택하도록 하는 것이 미혼모를 구원하는 길(같은 책: 210-211)이라고 본 것이다. 이 같은 영리한 이중구속적인 논거는 미혼모에게 입양을 권하는 사회복지사들의 죄책감을 덜어 주었겠지만, 미혼모의 입장에서는 어떤 결정을 해도 스트레스를 받을 수밖에 없는 상황에 놓이게 하는 것이다.

한편 1950~60년대 당시의 입양 중심 관행에 대한 비판적 관점도 다수 발견된다. 예를 들면, 정신과 의사 존 볼비는 사례관리자들에게 "나쁜 부모에게 방치된 아이를 구한다는 감상적 사치"를 접고, "그 부모를 도와준다며 충동적인 행동"하지 말 것이며, "다른 사람들이 친생 부모보다 더 아이를 잘 돌볼 수 있다는 믿음을 주지 말라"(Bowlby 1952: 115)는 경고를 했다. 또한, 사회복지사와 사례관리자들은 "부정한 어머니"를 처벌하려는 태도 대신 아기와 엄마에게 최선이 무엇인지 집중하라(Bowlby et al. 1965: 121)고 제안했다. 한편, 1912년 뉴욕 스태튼 아일랜드 소재 미혼모 시설 '레이크 뷰'에 입사한 후 원장을 역임한 사라 B. 에들린은 1954년 미국 노동부 아동국이 개최한 회의에 참석하여 "징벌적 태도를 보이는 사회복지사들"과 "미혼모와 아기의 삶을 더욱 편하게 만드는 법안 마련에 저항적인 사회복지사들에게 낙담했다"(Edlin 1954: 144)고 말했다. 일곱 명의 아이를 입양하고, 1955년 '생모'birth mother라는 용어를 처음 사용한 것으로 알려진 퓰리처상 수상 소설가 펄 벅 역시 미혼모에 대한 태도를 우려했다. 특히 사회복지사들이 미혼모와 그 아기를 이해하려 하지 않고, 비난하고, 조롱하고, 재단한다면 이들이 행복한 가정과 지역 사회 생활을 할 기회를 과연 찾을 수 있을지에 대한 의문을 던졌다(Buck 1956).

그러나 여전히 미혼모에 대한 구원, 갱생, 처벌이란 관점은 강하게 작동했다. 예를 들면, 1950년대 사회복지사들은 "아기를 위해 아기를 포기하는 것"은 미혼모에게 교훈이 될 것이라고 보았는데 이는 "자신이 저지른 비행에 대가를 치르는 법을 배웠고 이것만으로도 충분한 처벌"이 될 것이라 여겼기 때문이다. 1947년부터 1956년까지 토론토 '위민스 칼리지 병원' 산부인과 과장이었던 매리언 힐리어드 박사나 당대의 사회복지사들은 모두 미혼모가 이러한 "갱생"의 과정을 거치는 동안 미혼부가 할 역할은 없다고 생각했다(Howarth 1956.11.22.).

또 다른 한편에서는 미혼모가 잘못된 선택을 하지 않도록 세심한 지도를 해야 한다는 주장도 있었다. 예를 들면, 뉴욕 최초의 여성 판사 저스틴 와이즈 폴리에는 "혼외 관계에서 출산한 여성은 자신의 미래를 결정하도록 강요받는 순간 대체로 어리고, 겁을 먹고 있으며, 혼자이다. 이들에게 병원 치료, 사례관리 서비스, 아이에 대한 계획, 법적 권리와 아기 포기 후 벌어질 일에 대해 온전하고도 정직한 정보를 제공하는 것은 매우 중요하다. … 올바른 결정을 내릴 수 있는 도움 없이 강압 속에 내려진 결정은 종종 그 엄마의 삶에 그늘을 드리우는 해결되지 않은 고통으로 이어질 수 있다(Polier 1957)고 주장했다.

그런가 하면, 사례관리자의 지나친 개입을 우려하는 지적도 있다. 예를 들어, 사회복지 박사이자 목사인 펠릭스 비에스텍에 따르면, "사례관리자들은 확실한 결정을 내리기 위해 … 미혼모의 역량에 대한 의견을 달리한다. 어떤 관리자는 미혼모가 마음의 상처가 너무 커서 판단을 제대로 할 수 없으리라는 생각에 자신들이 결정에 이르도록 '안내하고', '이끌고', '협력해야 한다'는 확고한 믿음을 가지고 있었다"(Biestek 1957: 110-111).

그럼에도 불구하고 백인 미혼모에 대한 아기 포기 압력은 자명했다. 릴리안 바이의 말이 이를 방증해 준다.

> 미혼모가 나이가 어리고, 백인이며, 사회적으로 괜찮은 집안이면, 관습을 어겼다는 사실을 부정할 수 없을지라도 우리는 대놓고 노여움을 표출하지는 않는다. … 남성들은 여성이 자신들의 사회적, 법적 질서를 벗어나서 임신하는 것을 허락하지 않는다 … 우리는 남성 질서를 벗어난 여성들이 처녀성을 잃음으로써 그 죗값을 치른다는 가정을 내심 받아들인다. 심지어 우리는 그들의 아기도 받아들인다. 만약 그 엄마가 입양 보낸 후 다시 찾지 않겠다고 약속하면 말이다. 아기를 입양 보내고 임신하기 전과 '똑같이 행동'하겠다고 하면, 우리도 '임신한 적이 없던' 그때처럼 그녀를 대한다. 이러한 사실은 미혼모를 대하는 기본 철학에 반영되어 있다. (Bye 1959.1.1.)

미혼모에게서 태어난 거의 모든 아이가 입양 보내지는 것을 안타까워하며 바이는 전문가들에게 "지금 우리는 어린 미혼모들에게 아이를 포기하라고 압박하는데 … 우리는 올바른 일을 하고 있는 걸까요?"라며 다시 생각해 볼 것을 호소했다 (Solinger 2000[1992]: 254, 재인용).

하지만 1960년대 이후에도 미혼모 아기는 입양 보내야 한다는 신념이 여전히 강했음을 다양한 문헌에서 확인할 수 있다. 미국과 같이 '아기 퍼가기 시대'를 경험한 호주에서도 마찬가지였다. 호주의 의사 로손은 현실적인 이유로 미혼모가 입양을 선택하도록 격려해야 한다고 주장했다.

현실적으로 미혼모나 미혼모의 가족이 아기를 잘 보살피고 정상적인 환경에서 키울 가능성은 거의 없으므로 미혼모가 아기를 키울 가능성은 무시해도 될 것이다. 따라서 의사들은 전적으로 미혼모의 아기는 입양 보낼 것을 권장해야 한다. … '의심스러울 때는 하지 말라'는 말은 삶의 지혜의 일부이다. 하지만 입양에 관해서는 '의심스러울 때는 행하라'는 규칙에 따를 것을 제안한다. … 산부인과 의사는 입양 관련 법에 대해서는 신경 쓰지 않아도 된다. (Lawson 1960: 166)

미국도 상황은 같았다. 1960년 전국사회복지회의National Conference on Social Welfare에 발표된 크로켓의 논문은 입양 중심 서비스에서 미혼모가 어떻게 소외되는지 보여준다. 크로켓에 따르면, 미혼모들은 아기를 인수하는 인테이크 복지사나 기다리라는 말만 반복하는 복지사들만 만날 뿐 출산 전까지 도움을 주는 복지사는 거의 만나지 못한다. 이러한 과정을 겪으면, 미혼모들은 복지사들이 정말 자신의 안녕에 관심이 있는 것인지, 아니면 "저 사람들은 내 아기에게만 관심이 있는 것 아닌가?"하는 의문을 갖게 된다(Crockett 1960: 81).

한편, 영향력 있는 상담 칼럼니스트였던 앤 랜더스는 미혼모란 "일종의 상사병"과 "자기 파괴와 약간의 순교적 태도가 혼합된 자기 연민의 불쾌한 혼합체"와 같다며 "아기에게 매달리는 미혼 여성"(Landers 1961.4.25.)으로 규정했다. 심지어 미혼모가 출산한 아기를 안아 보지 못하게 하는 미혼모 시설도 있었다.

마거릿이 아기를 낳았다[1963년 8월 26일]. 이 예쁜 아기를 키워야겠다는 생각이 잠시 들었다. "간호사는 규칙에는 어긋나지만 안아 보라고 했어요"라고 마거릿이 말했다. 당시 플로렌스 크리텐튼 시설이나 다른 곳에서도 입양을 고려하는 미혼모가 신생아와 애착 관계를 형성하지 못하도록 아이와의 접촉을 금지했다. (Cupp 2013)

이론의 여지는 있지만 1960년대 사회는 좀 더 진보했다. 하지만 미혼모는 고난을 겪고 처벌받아야 한다는 생각은 사라지지 않았다. 미혼모를 돕는 행위를 혼외 출산을 부추기는 일로 여기기도 했다. 이들은 "대체로 입양은 미혼모와 그 아이 둘 모두에게 최선이다"(Pinson 1964)라고 생각했다

1964년 전국사회복지사협회National Association of Social Workers에서 발표한 논문을 보면 백인 미혼모는 건강한 백인 아이를 낳는 매우 소중한 상품으로 여겨졌음을 알 수 있다. 이는 전문 사회복지사들의 관점이 전환되었음을 보여주는 것이다. 즉 백인 미혼모를 "더 이상 사회 문제가 아니라 사회적으로 필요한 존재"이며 자산으로 여긴 것이다. 사회복지사 헬렌 펄먼이 "현재 있는 백인 신생아보다 입양하려는 부부의 수가 더 많아서 이제 그들이 오히려 사회적 문제라고 할 정도이다(사회복지사들은 장난삼아 '아이 번식'을 위해 보조금을 책정하자고 제안하기도 했다)"(Perlman 1964: 274). 더 나아가 펄먼은 아기를 포기한 백인 미혼모가 복지 지원을 받으면 사회적으로 문제될 것이 없지만 아이를 양육하는 미혼모는 죄를 충분히 씻지 못하였으므로, "'죄'와 '실수'의 살아 있는 증거인 아기를 포기하면 … 그때는 사회적으로 문제가 되지 않을 것"이라고 했다. 그리고 "… 만약 아기를 키우며 경제적 지원을 받지 않으면 사람들이 손가

락질하지 않을 것이다. … 왜냐하면, 그들은 미혼모가 죗값을 치르고 있다고 여길 것이고, 이런 생각은 사람들의 도덕심을 만족시켜 주기 때문이다. 만약 … 아이를 키우면서 경제적 지원을 요구하면 이때 미혼모는 자신의 '죗값을 치르지 않는 것'"(같은 글)이라고 주장했다.

또한, 목회 상담을 하던 사회복지사이자 입양인인 터켈슨은 미혼모에 대한 사회적 억압으로 인해 목회 상담가의 대부분은 "결혼할 계획이 없는 미혼모에게 아기를 입양 보내라고 충고했는데, 이는 미혼모가 사회적 물의를 일으키지 않고 지역 사회에서 아이를 성공적으로 잘 키울 수 있다는 증거가 거의 없었기 때문"(Terkelson 1964: 95)이라고 진단하기도 했다.

일부 입양 기관은 입양을 최선이며 유일한 선택으로 미혼모에게 권할 권리가 없다고 생각하기도 했고 가족법 분야에서는 "포획 상태에 있는 클라이언트"에게 입양이 최선의 선택이라며 아기 포기를 요구하는 것에 의문을 제기하기도 했다. 정신과 의사였던 헤이먼은, "만약, 미혼모가 아기를 포기하는 것이 자신에게 해가 된다고 판단하고 입양 권유에 저항하고, 우리는 그들의 존엄성을 존중한다면, 아무리 선의라도 그들에게 아기를 입양 보내라고 강요할 수 없다"(Levy 1964: 91 재인용)고 주장했다. 하지만 대부분은 미혼모 아기의 입양을 정당화했다. 입양 전문가 영은 "신경증을 앓고 있는 미혼모"로 하여금 아기를 포기하게 하는 방법을 설명하며 "복지사는 … 정상적인 여성이 아기에게 느끼는 감정과 신경증을 앓고 있는 미혼모가 아이에 대해 갖는 환상 사이의 차이를 구별해야 한다"(같은 글: 재인용)고 주장했다. 또한, 1963년 미국아동복지연맹이 전문 사회복지사를 대상으로 실시한 미혼모 "집중" 사례관리 교육에는 미혼모가 아기를 포기하도록 "설득"하는 일이 포함되어 있었는데, 블랫은 미혼모에게 아기를 포기하도록 하는 일은 "가장 중대한 단계 중 하나"라고 하며 "미혼모 아기를 생각하는 마음에 서둘러 아기 포기를 부추기면 이는 또 다른 임신을 불러올 수 있다는 것을 알아야 한다"(Blatt 1963: 8-9)며 신중하게 설득할 것을 강조했다.

수십 년 동안 복지사들은 미혼모에게 아기를 포기하고 입양 보내라는 압박을 가했다. 아기를 포기하면, 아기는 미혼 엄마가 줄 수 없는 '정상' 가정생활을 누리게 되고, 엄마들은 임신으로 인해 모든 것이 뒤바뀌게 되기 전의 '정상' 생활로 돌아갈 수 있다는 것이 가장 흔한 설명이었다. 미혼모는 "사회가 그렇게 하기를 바라기에 아기를 포기한다. … 아이에게 정상 가정을 제공하지 않고, 아이가 더 행복한 삶을 살지 않기를 바라기 때문이 아니라, 대부분은 아기의 미래를 위한 최선의 선택이라는 말을 들었기 때문에 입양을 수용한다"(Issac & Spencer 1965: 54).

입양 신청자가 줄면, 아기를 키우기 원하는 미혼모를 좌절시키는 현재의 태도에 변화가 있을 것이다. … 보스턴 미혼모 시설 원장은 아기를 포기하라는 압박을 느낀 한 미혼모가 한 말을 인용했다. "K 원장님이 정확히 말한 건 아니에요. 내가 베스를 키우겠다고 했을 땐 안 그랬는데, 입양 이야기를 꺼내니 그냥 얼굴이 밝아졌어요." (같은 글: 56-57)

따라서 만약 입양 수요가 줄면 미혼모는 '정상'(기혼 부부) 가정에 아이를 보내라는 압력 대신 아기를 키우라는 격려를 받았을 것이다.

입양 복지사를 위한 지침서는 감정에 압도된 상황에서 일하는 대부분 결혼과 출산 경험이 없는 여성 사회복지사들은 미혼모에 대한 관용과 이해하려는 태도를 경계하라고 조언한다.

미혼모를 상대하는 사례관리자들은 성, 사랑, 결혼, 아기, 부모에 대한 인간의 원초적인 감정과 사회적·도덕적 행동 규범을 어긴 여성들을 통상적으로 다루기 때문에 깨어 있어야 한다. 이는 깊은 감정을 건드리는 주제이며, 편견을 갖지 않기란 어렵다 … 많은 여성 사회복지사들은 미혼이므로 아직 아이들에 대한 여성으로서의 자연스러운 욕망을 실현하지 못하고 있다. … 만약 내심 이 여성들이 사악하고, 죗값을 치르기 위해 처벌받아야 한다고 은밀하게, 무의식적으로 느낀다면 '직업적으로' 관용을 베풀고 이해하려는 태도를 갖는 것은 좋지 않다. (Rowe 1966: 31-32)

더 나아가, 정작 관심은 미혼모의 아기라는 사실을 드러내서는 안 되며 또한 그들의 태도가 미혼모의 "결정"에 영향을 미칠 수 있다는 사실을 강조했다.

미혼모와 그 부모는 직접 도움을 받는 것은 꺼리지만, 아이를 어떻게 할지 계획을 세우기 위한 도움은 받으려 한다. … 이것이 사례관리자에게 기회다. … 복지사는 아이에게만 관심이 있다는 인상을 주어서는 안 된다. (같은 글: 46)

간섭해서는 안 되고, 엄마 스스로가 결정하도록 그냥 두는 것이 좋다고 생각할지 모르겠다. 그러나 그것은 가장 도움이 필요한 순간에 있는 클라이언트를 망치는 길이다. 모든 사례관리자들은 … 미혼모의 결정에 개입할 책임이 있으며, 그 책임을 회피할 수 없다는 것을 가장 먼저 알아야 한다. 우리는 의도적이든 비의도적이든 결정의 일부이다. (같은 글: 49)

또한, 지침서는 "정서적으로 불안한" 미혼모의 아이는 실망스럽게 자랄 것이며, 미혼모에게 필요한 사람은 복지사들임을 확신하고 있다. 이러한 방식으로 사례관리자들은 미혼모들이 아기를 포기하도록 더욱 쉽게 설득했을 것이다.

지나친 동정심은 이 불행한 여성들이 아이를 통해 만족과 행복을 찾을 것이라는 잘못된 희망을 품게 할 수 있다. 그러나 아이는 결국 엄마에게 실망을 안겨 줄 것이다. 미혼모에게 필요한 건 기댈 수 있는 강한 팔과 의지할 수 있는 꾸준한 애정이지, 끝없는 아기의 요구가 아니다. … 도와줄 남편도 없으므로 … 부적절하고 불안한 엄마에게 길러진 아이들은 거의 부적응자나 문제아가 된다. (같은 글: 54)

이어서 복지사는 미혼모가 혼란스러워하는 순간을 이용하면 "결실을 맺는" 순간이 올 것이라고 안내한다. 즉 미혼모가 아기를 포기하기까지 인내심이 필요하다는 말이다.

아기를 바로 입양시키겠다고 말했던 … 그런 미혼모들이 이제는 둘 다 실패할지라도 아이를 키우겠다고 주장하는 일이 너무 많다. … 갑자기 혼란스러워하거나 결정하지 못하고 머뭇거릴 때 노련한 사례관리자는 미혼모가 자신의 양면적인 감정을 탐구할 수 있도록 도와주는 큰 역할을 할 수 있다. 인내심을 갖고 가꾸어 온 관계가 결실을 맺는 것은 바로 이 순간이다. (같은 글: 59-60)

1960년대 사회는 "미혼모가 일탈적 상황에 놓이게 된 사회적, 경제적, 심리적 동력을 이해하는 것보다" 그들을 "처벌하는 데 더 관심이 있어 보였다"(Roberts 1966: 5). 대부분의 미혼모 시설에서 입소자를 죄인이나 범죄자처럼 취급했다는 것은 분명하다. 미혼모들은 죄인이나 범죄자와 같은 취급을 받았고 아기와 헤어지는 형벌과 같은 경험을 했다.

임신 중 시설에서 할 수 있는 활동이나 교육은 거의 없다. … 출산 후 아이를 포기하고 … 퇴원할 때까지 아이와 어떤 접촉도 할 수 없다. 이제 실수는 만회되었다는 말을 들었다. … 다시 순결해지고, '죄'의 사함을 받았다며 집으로 돌려 보내졌다. 대부분의 미혼모 시설은 미혼모들에게 다시는 연락하는 일이 있어서는 안 된다고 충고한다. 이런 종사자들의 태도는 판단하고, 비난하고, 마침내 상습범을 용서하는 판사들의 태도와 구별하기 어렵다. (Osofsky 1968: 54)

또한 오소프스키는 미혼모를 처벌하려는 입양 복지사의 욕구가 적절하지 못한 상담이나 양육 상담의 부재로 이어졌다고 보았다.

상담은 … 중산층 백인 미혼모들을 대상으로 한다. 우리는 십대 임산부에 대한 사회복지 서비스의 심각한 불균형을 목격한다. … 사람들은 적절한 상담이 충분히 이루어지지 않는 이유에 대해 의문을 가질 것이다. … 거기에는 … 미혼모의 '부도덕함'을 비난하는 감정이 분명히 작동하기 때문이고, 더 나아가 … 혼외 임신자들을 처벌하는 일을 '돕는' 종사자의 욕구가 있다고 나는 확신한다. 종종 그런 감정은 얄팍하게 위장되어 있다. (같은 글: 53-54)

때때로 미혼모들은 아기를 되찾기 위해 복지사를 찾아갔지만 거절당했다.

입양에 대한 기록을 보면, 입양 보낸 아기 백 명당 세 명은 친모가 돌려받기를 원했다. … 매우 신중하고 철저하게 사례관리를 했다 하더라도 이러한 결과를 막을 수 있는 것은 아니다. … 사례관리자는 … 만약 미혼모가 아기를 돌려받으면 직면하게 될 모든 실질적인 어려움과 함께, 아기를 돌려받기를 원하게 된 더 깊은 동기를 탐색해야 한다. 이것은 부모가 아이를 '소유'한다는 법적 개념이 항상 아이의 이익을 위해 작용하는 것이 아니라는 또 다른 예가 될 것이다. (Pochin 1969: 126-127)

미혼모들은 입양 복지사, 미혼모 시설 종사자, 부모를 포함한 수많은 사람들의 이와 같은 태도로 인해 아이를 입양으로 잃었다. 1970년대에 접어들면 미혼모 자녀의 입양 중심 서비스를 비판적으로 검토하는 관점이 등장한다. 예를 들면 번스타인은 미혼모가 매우 제한적인 환경에서 입양 결정을 하고 있음을 강조한다.

미혼모는 제한된 가능성과 비정상적인 압박하에 결정을 내린다. 즉, 건전한 의사결정에 필수적인 실험과 탐색 그리고 그 외 절차를 거치는 과정이 허락되지 않은 시간적·정서적 압박하에 결정을 내리는 것이다. (Bernstein 1971: 25)

위기에 처한 여성은 죄책감과 자기비하적 감정을 갖기 쉽다. 만약 사람들의 태도가 특히 중간자적 역할을 하는 사람들의 태도가 미혼모의 자존감에 상처를 주면 미혼모 스스로도 자신을 가치 없다고 생각하기 쉽다. 우리 사회에서 가치 없다고 평가된 사람들의 특징 중 하나는 선택과 의사결정의 제한을 경험한다는 점이다. (같은 글: 30)

무엇보다 미혼모에게는 중요한 결정을 내릴 권리가 주어지지 않는다. 원하는 도움을 받기 위해서 입양 기관이나 지역 사회는 미혼모에게 선택하라고 한다. … 그런데 대체로 아기의 양육과 입양, 두 개의 선택 중 결정은 이미 내려져 있다. 대체로 미혼모 자신의 욕구를 말할 기회는 주어지지 않는다. (같은 글: 35)

위기의 순간 내려진 예측으로 서비스 제공 여부를 결정하는 것에 대해 의문을 가져야 한다. … 왜냐하면 그 결정은 미혼모와 그 자녀에게 광범위한 영향을 끼칠 것이기 때문이다. (같은 글: 43)

미혼 임신에 대한 사회적 인식도 부정적이었다.

미혼모는 임신 중 반감에 직면하게 된다. 출산 후 아이를 키워도 마찬가지다. 일반적으로 사회는 미혼으로 부모가 되거나 사생아에 대해 거부감을 가진다. (Lipke & Bateman 1971)

이러한 가운데 미혼 임산부는 심리적으로 부정적 영향을 받았다. 그럼에도 불구하고 임신했다는 사실을 드러낼 수 없어 미혼 임신과 심리적 영향 관계에 관한 연구는 없다.

사회적 요인들의 압도적인 무게로 인해서, 임신 초기가 미혼모와 태아의 심리적 건강에 미치는 영향에 대한 명확한 증거는 확보하기 어렵다. 확실히 높은 비율의 미혼모들이 부정적인 심리 상태를 보이지만 원인에 대해서 알려진 바가 거의 없다. (Klerman & Jekel 1973: 2)

사회, 의료 종사자, 학교 그리고 다른 관련 기관들의 미혼모에 대한 징벌적 태도는 계속되었고, 재학 중 임신하게 된 소녀들은 거의 아무런 도움을 받지 못했다. 가족과 학교는 그들을 가혹하게 다루거나, 방치하거나, 학교를 떠나게 했다. 의료진들은 임신과 출산의 무섭고 혼란스러운 경험을 더욱 악화시켰다. 사실, 의료 종사자들은 "만약 [미혼 임산부가] 충분히 고통을 받으면 다시 임신해서는 안 된다는 것을 깨달을 것"이라는 믿음에서 산전, 출산, 산후 돌봄에 "냉정한" 태도로 임하는 경향이 있었다(Zackler & Brandstadt 1974).

게다가 베네트의 주장처럼, "입법자들과 납세자들은 미혼모에게 적절한 지원을 제공하는 것을 그들의 부도덕함을 묵인하는 것으로 여기고 여전히 꺼리고", "입양 장려는 아기에게 가혹하다는 비난은 피하면서 미혼모를 처벌하는 수단으로 사용"(Benet 1976: 172)되었다. '아기 퍼가기 시대'의 많은 엄마들은 아기를 포기하고 입양 보낸 후 사회로 돌아와 직장을 찾아 일을 했고 사회보장제도 연금을 납부했다. 필요할 때 복지 부조를 사용할 권리의 침해가 있었다는 주장이 제기될 수 있다. 그것은 그때나 지금이나 모든 미국 시민의 권리이기 때문이다. 그러나 보호받거나 존중받을 권리를 '아기 퍼가기 시대' 미혼모들은 누릴 수 없었다.

1980년대 미국에서는 미혼모들이 결혼하지 않았다는 이유로 아이를 키울 권리를 빼앗겼다는 사실을 명확히 인식하기 시작한다. 필리스 체슬러는 만약 아이를 낳을 권리가 있다면, 기꺼이 아이를 갖고자 하는 부모는 그 아이를 키울 권리도 있다는 점을 강조했다.

> 이것은 너무 어려서, 미혼이어서, 가난해서, 실업자거나 저임금이어서, 또는 기본적인 가족 지원 서비스에 접근하지 못한다는 이유로 누구도 (남녀 모두) 자신의 의사에 반하여, 또는 스스로 인지하지 못한 채 불임 수술을 당하거나, 낙태를 강요당하거나, 출산 후 아기를 포기하도록 강요당해서는 안 된다는 것을 의미한다. (Chesler 1986: 521)

모성을 거부당하고, 입양을 강요당했던 미혼모의 경험에 주목하는 문헌들이 1990년대에도 다수 발견된다. 아이 포기 이후 미혼모가 경험하는 후유증은 심각하다. 출산 이후 축하를 받기는커녕 수치심을 느끼고, 아기를 입양 보낸 후에는 마치 아무 일도 일어나지 않은 것처럼 일상으로 돌아가기를 사람들은 기대한다. "모든 수단과 방법을 통해 미혼 여성의 임신은 전혀 '눈에 보이지 않는' 사건이 된다"(Howe et al. 1992: 50).

또한 미혼모를 돌봐야 할 병원이 오히려 처벌적인 태도를 취했다.

> 병원에는 입양 보낼 엄마들은 아기를 보면 안 된다는 규칙이 있었다. 아기는 다른 방으로 옮겨지고, 엄마의 돌봄을 받지 못했다. 헬렌이 아기를 봐도 되냐고 물었을 때 허락할 수 없다는 말을 들었다. … 아이 출산 전후 뭔가 처벌받는 듯한 분위기를 느끼는 엄마들이 더 많았다. 의료진은 미혼 엄마들을 거칠게 비난하듯 다루었는데 이것은 육체적으로도 정서적으로도 깊은 상처가 되었다. (같은 글: 60-61)

1990년대를 지나 최근에 이르기까지 '아기 퍼가기 시대'의 미혼 임신을 한 딸의 부모의 태도와 미혼모에 대한 사회복지사업 전반을 비판적으로 검토하는 연구들이 상당수 발견된다.

딸이 미혼으로 아기를 낳으면, 그 가족은 딸이 출산한 사실을 아예 지워 버리고자 했다. 미혼 산모에게는 어떤 정서적 지원도 제공되지 않았다. 어떤 준비도 안 된 그들에게 입양 "결정"을 하라는 압박이 가해졌다. 오늘날 당시의 경험을 말하는 미혼모들은 입양을 선택하도록 "강요당하는 것" 같았다고 이야기한다(McColm 1993).

사회복지사업과 입양 논의에서는 일반적으로 복지사들을 중립적이고 식견이 풍부하며 부모 없는 아동, 아이 없는 부부, 그리고 "양육의 어려움을 겪는 친생모"에게 혜택을 주도록 설계된 서비스를 전달하는 사람이라고 정의한다. 하지만 사회복지사들은 문제를 전혀 인식하지 못하고 미혼모에 대한 모순적인 이해와 태도를 유지했다. "사회복지사들이 친생모의 이익을 자녀의 이익에 종속되고 모순된 것으로(따라서 소모적인 것) 보아 왔다는 사실을 전문가들은 거의 인정하지 않았다"(O'Shaughnessy 1994: 22).

소위 상담이란 대체로 아이를 위해 희생하도록 압박하는 것이었다. 즉 아이를 빼앗아 입양 보냄으로써 미혼모를 처벌하고, 임신 기간 중에는 '훈육'을 하여 "기혼 부인(남편의 통제와 관할 하에 있는)이 아니더라도 행실이 바른 여성이 되도록 하고, 성, 사회, 문화, 경제적 사회구조에 덜 위협적 존재로 만드는 데 기능한다"(같은 글: 95).

역사학자이자 사회학 교수인 카타리나 웨거는 "연구자들은 십대 임신이 산모들에게 심각한 경제적, 심리적 결과를 초래하기 때문에 아기 포기를 강요하는 것은 사회복지사의 직업적 의무라고 주장해 왔다"(Wegar 2008[1997]: 54)는 사실을 강조했다.

2차 세계대전이 끝날 무렵부터 1970년대 초까지 미혼모는 아기를 포기하라는 말을 듣거나 압박과 강요를 받았음은 의심의 여지가 없다. 사회복지사와 입양 기관은 "미혼 양육에 대한 사회적 낙인과 미혼모가 아이를 키우도록 지원하는 것보다 낯선 사람에게 입양 보내는 추세에 따라 미혼모는 통상적으로 아이를 포기해야 하는 것이 원칙"(Burgess 2013.8.21.)이라고 믿었다.

오늘날 전문가들은 과거 입양 관행에 문제가 있었다는 사실에 대체로 동의한다. 예를 들면, 심리학 박사이자 아동 보호 전문가 히진스는 다음과 같이 말했다.

20세기 중반에서 후반까지(1940년대에서 1980년대), 미혼모의 아기가 기혼 부부에게 입양되는 일은 흔했다. 많은 아기들이 출산 후 바로 입양이 보내졌는데 이는 가족과 사회복지사 그리고 병원 종사자들로부터 미혼모가 경험한 심한 압박, 강요로 인한 결과였다. … 이러한 방식으로 이루어진 입양을 강압에 의한 입양forced adoption이라고 부른다. … 오늘날 우리는 이런 방식으로 어머니로부터 아이를 분리하는 것은 도덕적이지도 합법적이지도 않다는 것을 안다. (Higgins 2014)

13장
도살장에 끌려가는 양들처럼

미혼모들은 아이를 선택할지 문화를 따를지 양자 중 하나를 선택하라는 강요를 받는다. 그런데 그 문화는 혐오스러울 정도로 잔인하고 사려 깊지 못하다. 미혼 임신과 양육을 금기시하는 문화를 따르도록 요구하며 한 사람의 영혼에 상처를 낸다면 그 문화는 정말 역겨운 것이다.

클래리사 핀콜라 에스테스Clarissa Pinkola Estes[1]

'아기 퍼가기 시대'의 많은 미혼모들은 결혼하지 않았고 나이가 어리다는 이유로 부모와 사회의 지시를 따라야 했다. 직업이 없거나, 대부분 재학 중이었기에 수입이 없었다. 연방정부나 주정부를 통해 복지 수당이나 아동 양육 수당을 받을 수 있는지 알려 주는 사람들은 많지 않았다. 경제적, 정서적 지원도 거의 없었다. 도덕적 죄인이란 생각이 너무 강해 미혼모에 대한 경제적, 사회적, 정서적 측면을 고려할 여지는 없었다.

혼외 임신에 열악한 경제 상황이 영향을 미친다는 논의는 있었지만, 경제적 어려움이 무엇인지, 어떤 지원이 필요한지는 우선적 고려 사항이 아니었다. 과거 미혼모 시설은 미혼모가 아기를 키울 수 있도록 생계 수단이 될 직업 훈련이 필요함을 알리려고 노력했으나 점차 사회복지 영역이 전문화됨에 따라 미

---

1 시인이자 분석심리학자. 『늑대와 함께 달리는 여인들』*Women Who Run with the Wolves*의 저자.

혼모에 대한 관점은 달라졌다.

미혼모 시설은 아기를 낳을 곳을 찾아야 하는 미혼모에게 해결책을 제공했다. 1947년 당시 미국 내 약 200개의 미혼모 시설이 있었다. 대부분 사설 입양 기관과 연계되어 있었다. 어떤 시설은 최신 사회복지 이론을 따르는 프로그램을 운영했고, 어떤 곳은 '주홍 글씨' 시절로 거슬러 올라갈 만큼 오래된 종교적 교리에 따라 운영되었다. 당시 가장 대표적인 두 개의 미혼모 시설은 플로렌스 크리튼튼과 구세군이었다. 이들 시설의 계보는 19세기 선교 활동의 일환으로 소위 '타락한 여자'를 구원하던 시절로 거슬러 올라간다. 『레이디스 홈 저널』 기자 조안 영거는 1947년 당시 미혼모 시설에 대해 다음과 같이 썼다.

미혼 여성의 출산이 도덕적으로뿐만 아니라 경제적, 사회적, 정서적 문제로 여겨진 것은 최근의 일이다. 그리고 아기의 문제가 엄마의 '실수'와 무관하게 독립된 개인의 삶의 문제로서 여겨진 것 역시 최근의 일이다. 이러한 관점의 변화에도 불구하고, 대부분의 미혼모 시설은 숙련된 종사자의 부족, 지리적으로 고립된 지역에 위치한 노후화된 건물로 인해 어려움을 겪었다. 이로 인해 입소자들을 '담장 뒤의 은둔자'가 되었다. (Younger 1947.6.1.)

다음은 1963년 인기 잡지 『선데이 이브닝 포스트』*Sunday Evening Post*에 실린 미국 미혼모의 현실에 대한 묘사이다.

아이를 입양 보낸 미혼모는 자신을 내쫓은 사회로 다시 돌아가기 위해 만만치 않은 과제를 안고 있다. … 청소년 자립 시설 인우드 하우스Inwood House의 유능한 이사 샬롯 안드레스 Charlotte Andress가 말하듯, 미국의 미혼모는 임신한 순간부터 사회로 돌아올 때까지 자아 상실의 여정을 지난다 … '익명성을 보호한다'는 차원에서 미혼모들의 성은 이니셜로 표기하고 통상 이름만으로 호명되었다. … 우리 사회는 범법자를 고립시키고, 복역을 마치고 '죄'에서 벗어났다고 판단되면 그들에게 관심조차 없다. 또한 혼외 출산 원인을 알기 위한 연구에도 거의 투자한 바가 없다. 클라크 빈센트가 지적하듯, '아무도 10년 후 미혼모는 어떤 문제에 봉착하게 될 것인지 질문할 생각조차 하지 않는다'. (Rinehart 1963.3.23.)

미혼모들이 심각하고 부정적인 사회적 압력에 직면했음을 인식하고 일부 전문가들은 법적이고 경제적인 문제에 원인이 있음을 강조하며 "혼외 출산을 한 여성에게 경제적 지원을 제한"하려는 법을 비판했다(Osofsky 1968: 89–90). 하지만 현실은 경제적 여유가 있었다면 아이를 선택했을 수도 있던 많은 미혼모들이 "단순히 경제적 이유로 인해 아기와 헤어질 수밖에 없었다". 그리고 입양 보내면 아기가 더 잘 될 것이라는 생각과 엄마로서 아이를 지키고 싶다는 본능 사이의 갈등을 어떻게든 조정하려 노력했다. 전문가들은 가장 이타적 어머니가 아기 상실로 인한 슬픔을 감수하고 아기에게 안전하고 행복한 삶을 제공해 주기 위해 입양을 선택했을 "가능성"이 있다고 생각했다. 사례관리자들은 "클라이언트가 어떤 종류의 사랑을, 어느 정도 할 수 있는지 평가했다." 복지사들은 미혼모의 수치심을 이용하여, 아이를 키우지 않으면 혼외 출산 사실을 아무도 모를 것이란 점을 강조했다. 이에 "아기를 입양 보내도 사생아를 가졌던 사실엔 변화가 없다는 사실을 생각해 보세요"라고 말한 클라이언트도 있었다. 이러한 경우를 대비하여 사회복지사는 이렇게 대응하는 미혼모를 어떻게 설득해야 하는지 별도의 교육을 받았다(Pochin 1969).

사회학자인 윌리엄 라이언은 미혼모에게 입양을 강요하는 상황을 심각하게 보았다. 그는 가난한 사람들이 곤경에 처하는 원인을 가난한 사람 탓으로 돌리는 경향에 대한 선구적 연구를 했는데, 그에 따르면 미혼모는 타락하거나 일탈적 존재가 아니라 가난의 피해자이고, 자원의 분배와 접근에 있어 "불평등의 패턴"을 보여주는 가시적 증거다. 이 패턴에는 사회의 지배적 다수가 "가난한 자들을 제자리에 두려는" 의도가 반영되어 있다. 반대로 불법의 산물, 즉 혼외 출산아기는 전반적으로 높은 사회적 가치를 가지고 있다. 만약 "사생아를 없애면, 입양에 필요한 원자재를 없애는 것이다". 특히 입양 시스템을 신랄하게 비판하며 라이언은 "입양되지 않은 엄청난 잉여 사생아들은 … 입양 시스템이 만든 추잡한 산물이며, 형편없고 부적절한 아동복지와 공공부조 시스템의 자원 안으로 던져질 기준 미달의 물건과 같았다"(Ryan 2000[1971]: 114-115)고 일갈했다.

한편, 아동국은 미국 헌법을 인용하며 모든 시민은 사회적 지위와 관계없이 시행령의 승인을 받은 공공 또는 민간 사회 기관으로부터 아동복지 서비스를 받는 것이 시민의 권리임을 밝혔다. 1970년대 초, 일부 주에서는 아동에 대한 공적 책임 정책을 수립해야 한다는 법을 제정했으며, 나머지 주도 아동의 전반적인 복지를 보장하기 위해 특정한 서비스를 제공해야 한다는 조항을 마련했다. 아동국에 따르면, "이러한 서비스는 법적에 의해 권리로 정의되고 확립되어야 하며, 경제적 또는 사회적 지위, 민족, 국적, 인종, 피부색, 신념 또는 거주와 상관없이 법적으로 집행 가능하고, 이용 가능해야 한다."

하지만 정책 입안자와 사회복지 전문가 들은 만약 미혼모와 아기가 집으로 돌아간다면, 특히 학령기 엄마의 경우, 아기와 엄마 모두 "경제적으로 부모나 복지에 의존하게 될 것"이라고 우려했다. 중산층 가정 규범, 즉 부모가 안정적인 가정생활을 하고, 모든 가족이 기본적인 교육을 받고 경제적 자립을 달성하는 것과 같은 사회적 규범을 확립하는 것을 매우 중요하게 생각하는 사회에서 학생 신분의 미혼 임신은 "부정하거나 숨길" 문제였다(Klerman & Jekel 1973).

의료와 복지국가 전문가인 메릴랜드 대학 사회인류학과 교수 데릭 길 역시 일부 고착화된 사회적 태도와 정책으로 인해 미혼모와 그 자녀는 부정적인 영향을 받는다고 강조했다. 그러한 정책은 종종 미혼모와 그들 자녀가 충분한 돈이나 적절한 생활 조건을 갖지 못하고, 법원이나 정부 보조금 창구에서 모욕을 당하거나, 심지어 사회적으로 고립되는 경우가 많다는 것을 의미한다. 이러한 현실은 여성들이 경험하는 박탈감과 소외된 지위를 대체로 더욱 악화시키고, "아무 지원이 없는 어머니들이 아이를 잘 기르고 돌보는 것"을 방해할 뿐이다(Gill 1977).

옥스퍼드 대학 사회행정학과 교수 줄리엣 치텀 교수는 사생아에 대한 사회적 낙인을 논하며 "이러한 상황에 처한 여성은 자신이 한 행동으로 인해 고통이 기다리고 있음을 예상해야 하며 지원받지 못하는 다른 엄마들이 경험하는 경제적, 정서적 어려움을 똑같이 겪는다"라고 말했다. 그러나 유기되거나 남편과 사별한 여성은 대체로 동정을 받고 가족이나 친구의 도움을 받는다. 이와 달리 미혼모는 지원도 동정도 받지 못하고 사회로부터 자신의 문제는 스스로 해결하라는 요구를 받는다.

> 의지만 있다면 한부모 가정의 적절한 생활 수준을 보장하는
> 것은 가능하겠지만 … 우리 사회에서 이는 우선순위가 아니
> 다. 따라서 우리는 지금까지 그랬던 것처럼 원치 않는 임신을
> 둘러싼 논리적 모순, 도덕적 모호성, 그리고 인간적 불행과 갈
> 등을 계속 감내해야 하는 사회에서 살아야 한다. (Cheetham
> 1977)

한편, 미국아동복지연맹은 1978년 『입양 서비스 표준』*Standards for Adoption Service*을 발간했다. 아동과 아동의 친생 가족을 대할 때의 실천 지침을 제공한 것이었는데 "어떤 아동도 친부모의 보살핌을 받을 기회를 빼앗겨서는 안 된다"는 것이 요지다. 미혼모에게 분리된 신생아의 경우, 그 어머니가 아기를 방치하거나 학대한 것으로 판명된 경우는 거의 없었다. 하지만 그간의 제도화된 관행은 가능한 한 빨리 아기를 포기하고 입양 보낼 것을 미혼모에게 기대하고 지도했으며, 강요나 압력을 가하는 것이었다. 게다가 미혼모가 아이를 키울 수 있는 다른 방법에 대한 논의도, 대안을 찾으려는 노력도 없었다. 이와 달리 『입양 서비스 표준』은 아동이 안정된 가족 생활을 영위할 수 있는 최선의 수단을 유지하기 위해 친생 가족 보존을 의무화했다. 이 표준에 따르면, 다른 조치가 아동에게 최선의 이익이 되지 않는 한, 어떤 아동도 친부모의 보살핌을 박탈당해서는 안 된다. "어떤 아동도 경제적 이유 또는 그들을 위한 가정을 유지해 주려는 노력을 강화하기 위해 다른 형태의 지역 사회의 도움이 필요하다는 이유만으로 친생 부모의 보살핌을 박탈당해서는 안 된다"(Child

Welfare League of America 1978).

　하지만 미혼모는 남편이 없기에 아이를 키울 경우 상당한 재정적 어려움에 봉착했다. 전통적 역할은 여성이 아동을 양육하는 것이었는데 이것은 여성이 그렇게 할 수 있도록 재정적 지원을 제공하는 남편이 있다는 가정하에서였다. 대부분의 미혼모는 여러 면에서 경제적으로 궁핍했다. 성인 중심 사회에서 미혼모들의 대부분은 나이도 어렸다. 또한, 남성에게 유리한 소득 구조와 싸워야 했다. 남성의 보호 없이, 미혼모의 도덕적 위상은 불안정했고, 미혼모와 그 자녀는 사실상 사회적 정체성이 없었다.

> 누군가의 아내가 되지 못하고 홀로 엄마가 된 그녀는 좁게는 부모님으로부터 넓게는 사회로부터도 경제적 지원을 받기 힘들다. 왜냐하면, 여성은 유급 노동자라고 생각하기보다 자식과 자식의 아버지(여성의 남편)를 위해 일하는 사람이란 믿음이 우리 사회에는 존재하기 때문이다. (Inglis 1984)

　입양 연구자들은 경제적 어려움으로 인해 미혼모들이 갓 낳은 아기를 입양 보내는 것이 최선이라 생각하고 양육을 포기한다는 사실을 이해하게 되었다. 경제적, 사회적 지원에서 배제되는 외부적 요인이 미혼모가 아기 포기라는 결과에 이르게 하는 경향이 있었기 때문에 경제적 자원 부족이 아기 포기의 주요 원인임을 안 것이다. 펠톤이 지적하듯, 사회가 "사생아"에게 낙인을 찍을 때 미혼모는 "도와줄 가치가 없는 빈곤층"으로 분류되어 공적 부조를 받기 어려워지는 것이다(Pelton 1988).

　입양은 항상 경제와 관계가 있었다. 건강한 백인 아이는 입양 시장에서 언제나 가장 많은 수요가 있는 "상품"이었고, 그렇지 않은 아이들은 하향 조정되어 위탁 가정에 보내졌다(Schaffer & Lindstrom 1989). 한 미혼모는 임신 사실을 알고 그야말로 "망연자실"했으며, 경제적·사회적 압박을 느끼며 무기력해졌고, 아이를 보내는 것 외에는 도리가 없다고 느꼈다고 말했다(La Vonne 1996). 게다가, 어머니가 될 자격이 없는 미혼 상태에서 임신한 어리고 겁에 질린 여성을 설득하기는 쉬운 일이다. 만약 입양 동의를 번복하려고 하면 가족들의 걱정과 그간 의지했던 사회복지사의 "심기를 불편하게 한" 것에 대해 책임감을 느끼게 된다. 미혼모가 입양을 선택하지 않고 아이를 양육하겠다고 하면 "미혼 한부모 여성을 위한 재정적, 사회적 지원이 없다"는 것을 알고 있었기에 복지사들은 업무 수행에 실패했다고 생각했다. "미혼모가 아기를 양육하겠다는 것은 오랫동안 아이를 기다려 왔던 입양 부모의 아이를 빼앗아가는 것이고, 아이에게 해 줄 수 있는 것이 거의 없으면서 키우겠다는 것이기에 미혼모를 이기적이라 보았다. 복지사들은 아기를 포기한 후 미혼모들은 곧 모든 것을 잊으리라 생각했다"(Howe et al. 1992).

아기를 키우는 데 어떤 도움도 받지 못한 미혼모들은 결국 엄청난 사회적, 경제적 압박으로 '무기력한' 상태가 되었고, 많은 이들은 싸울 힘을 잃었다. 그리고 수동적이며, 순종적이 되고, 지치고, 좌절하며, 의기소침해졌다. 미혼모 당사자만 제외하고 모두 단호하게 아기를 입양 보내야 한다고 했다. 마치 모두 "침묵의 공모"를 하는 것 같았다. 그들은 솔직한 심정을 말하고 싶었지만, "아무도 듣기를 원하지 않았다." (같은 글)
미혼모에게 경제적 도움이 없다는 것은 속죄양이 되어 가난에 대한 죗값을 치르게 함을 의미했다. 그런데 '아기 퍼가기 시대' 이전에 복음주의 기독교에 기반하여 사회를 개혁하고자 했던 여성들은 소위 곤경에 빠진 여자들을 도울 방법을 고민했었다. 이 "불우한" 여성들은 매춘, 버려진 후처, 또는 미혼모들이었는데, '아기 퍼가기 시대'와 달리 이때 미혼모는 "도덕적 문제가 있는 여성이 아닌 사회경제적 환경의 희생자"로 여겨졌다. 여성 종교 개혁가들은 십대 부모들은 빈곤으로 인해 더 취약한데, "누구나 직면할 수 있는 문제를 대부분의 미국인들보다 제한된 자원을 가지고 해결하도록 함으로써" 그들을 상징적으로 처벌하는 것은 사회적으로, 도덕적 위험의 소지가 있다(Luker 1996: 181)고 경고했었다. '아기 퍼가기 시대' 미혼모에 대한 관점과는 대조가 되는 지점이다.

한편, 프리랜서 작가이자 입양 부모인 로이스 길맨 역시 친생 부모가 재정적 자원이 제한될 때 입양을 선택하는 것으로 보았다(Gilman 1998). 또한, 버지니아 올드 도미니온 대학 사회학과 교수 카타리나 웨거는 미혼모들은 경제적 어려움을 겪기 때문에 사회복지사들은 "아이를 포기하도록 압력을 넣어야 한다"는 것이 입양 역사를 관통한 주류적 관점이었음을 지적했다(Wegar 2008[1997]).

오늘날에도 미혼모에 대한 과거의 주류적 관점은 여전히 존재한다. 예를 들면, 보수 대변인인 윌리엄 베네트는 십대 미혼모에 대한 복지 혜택을 강력히 반대한다.

나의 희망은 적어도 미국 내 한 개의 주에서 특정 인구 집단(가령, 십대 미혼모)을 대상으로 이들이 장래 어떤 혜택도 받을 수 없도록 관련 법안을 통과시키는 동시에 임신 미혼 여성을 위한 그룹홈을 확대하고, 입양을 촉진하는 것이다. … 합법적이지 못한 행위의 여파로 끔찍한 인간들의 잔해가 남겨지게 되었다. 우리는 이 문제를 해결할 준비가 되었는지 스스로 물어야 한다. 즉 우리는 질문하고 이에 대해 곧 답변해야 할 것이다. (Bennett 2001)

십대 청소년들은 아기나 성인에 비해 위험한 행동을 할 가능성이 더 크다는 점은 흥미롭다. 이는 부분적으로 뇌의 두 가지 주요 기능 사이의 '불일치'를 경험하기 때문이라고 밝혀졌다. 호르몬에 의해 촉진되고 감정을 유발하는 변연계의 발달은 사춘기가 시작되면서 더욱 강렬해진다(대체로 열 살에서 열두 살 사이). 그러나 충동 행동을 조절하는 전두엽 피질은 적어도 10년이 더 지나야 완전히 발달한다. 따라서 십대가 경험하는 이러한 불균형은 충동을 통제하고 주어진 상황의 위험과 보상에 대해 합리적인 판단을 내리는 데 영향을 준다(Giedd 2015). '아기 퍼가기 시대'의 십대 미혼모들 역시 취약하고 무방비 상태였다. 심지어 아직 발달 중의 뇌로 인해 그들은 더욱 불리했다. 신경과학 및 생명과학 특허 변호사인 탈룩더는 이렇게 말했다. "십대들은 아직 성인과 같은 방식으로 사물에 대해 생각할 준비가 안 되어 있다. … '학습에 의해 좋은 판단을 할 수 있다. 하지만 하드웨어가 없다면 학습은 불가능하다'[2]"(Talukder 2013.3.20.). 이런 그들에게 지원마저 박탈한다는 것은 가혹한 처사는 아닐까.

2 예겔른 토드Yurgelun-Todd 박사가 한 말의 인용이다.

14장

부양 아동이 있는 가족 지원

> 미혼모를 통제하거나 처벌하기 위해 이따금 제기되는 비판은 … 일반적으로 '부양 아동이 있는 가족 지원'을 받는 엄마들을 향한다. 비판자들을 이들을 위해 불임 수술, 감금, 또는 가장 흔하게는 생계 지원 거부 등의 처방을 내린다. … 아이러니하게도 한편에서는 불임 수술을 강력히 요구하고, 또 다른 한편에서는 피임에 대한 정보와 교육은 강력히 차단하려 한다.
>
> 알렉스 포인세트(Poinsett 1966: 54)

미혼모에 대한 일반인들의 관점은 복지 정책의 변화를 통해 가늠해 볼 수 있다. 암스트롱은 사회복지 프로그램이 정교해지면서 미혼모에 대한 사례관리는 미혼모에 대한 감시를 정당화한 측면이 있음을 지적했다(Armstrong 1995). 그는 "1935년 사회보장법에 따라 부양 아동을 둔 가정에 대한 지원이 공식화됨으로써 미혼모 복지는 더욱 노골적인 권위주의적 역사의 문제, 즉 초가부장적 국가의 문제와 얽히게"(Armstrong 1995: 10) 되었고, "국가가 부모와 자녀 사이에 개입하여 부모로부터 자녀를 분리하는 국가후견인 제도[1]의 역사가 시작되었다"(같은 책: 8)고 보았다. 그는 아동복지는 결코 아동을 위한 것이 아닌 아동이 누락된 복지였음을 강조했다.

---

1 parent of the nation 또는 parens patriae라고 불린다.

1960~70년대 연방 사회보장 제도 중 하나인 '부양 아동이 있는 가족 지원' 프로그램의 혜택을 미혼모가 받는 것에 대한 사회적 분노는 컸다. 일부 사람들은 이로 인해 미혼모가 증가한다고 오해했다. 이로 인해 프로그램이 변경되었고 결과적으로 저소득 미혼모 아기에 대한 입양 압박은 커졌다.

한편, 사회보장위원회 공공부조국장을 17년간 역임했던 제인 호이는 가족 지원 제도가 십대 미혼모 발생과 관계가 없음을 설명하려 했다. 그는 혼외 출산한 딸처럼 "사회가 용인한 방식"으로 행동하지 않은 구성원으로 인해 상황이 "복잡해진" 가족과 여타 가족을 일반 대중들은 똑같은 차원에서 이해하고 있는데 그렇지 않다는 사실을 지적하며 미혼모 가족의 특수성을 강조했다. 또한, 한부모 가족에 대한 응징적 태도를 비판하며, 사람들은 정부 지원을 받으려고 일부러 임신하는 여성들이 있다고 믿지만 사실 그렇지 않다는 점도 강조했다. 그리고 미혼모에 대한 양육지원을 거부하고, 엄마는 감금하고, 아기는 고아원에 보내려는 노력은 혼외 임신을 막는 데 아무런 도움이 되지 못할 것이라고 주장했다(Hoey 1952a).

그러나 미혼모에 대한 편견은 컸다. 브라우닝에 따르면, 미혼모는 두 개의 집단 중 하나에 속했다.

제기된 주장 중 하나는 … 부양 아동에 대한 원조가 … 사생아를 조장하느냐이다. … 보통 임상적으로 문제 있는 사회 집단으로 취급되는 … '미혼' 어머니는 실제로 두 가지 범주로 나뉜다. 8명에서 10명의 사생아를 낳고 가족 지원을 받는 문란한 여성이다. 또 다른 범주는 행실이 나빴으나 그래도 착한 유형의 미혼모다. 이들은 공공부조를 받지 않고 은밀하게 아기를 낳고 개인이나 입양 기관을 통해 아이를 입양 보낸다. 그리고 다시 사회로 돌아와 스스로 자립해서 살거나 가족의 도움을 받는다. (Browning 1959.11.1.: 16)

1959년 뉴욕에서 제기된 민원은 당시 대중들의 태도를 잘 보여준다. 민원의 내용은 가족 지원 '수당'을 받는 여성 중 혼외 관계에서 낳은 자녀가 한 명 이상인 경우가 있는데, 한 명 이상의 혼외 자녀가 있는 여성은 지원에서 제외하도록 정책을 바꾸라는 것이었다. 즉, 여성이 두 번째 사생아를 임신하면 수당을 받을 수 없게 되는 것이다. 어떤 정책 입안가들은 두 명 이상의 혼외 자녀가 있는 여성의 불임 수술을 제안했다(Pinson 1964). 메사추세츠주는 "주정부가 부도덕한 행위에 대한 비용 부담에 동의하고 보조금을 지급해야 하나요?"라고 물었다(Bye 1959.1.1.). 1961년 일리노이주 쿡 카운티의 '부양 아동이 있는 가족 지원' 제도에 대한 연구는 이 제도에 대해 비판적이고 비용 상승을 우려한 카운티 의원들의 지시로 시행되었다. 연구 결과는 경제적으로 번영하던 기간에 가족 지원 수당 수령자 수가 증가하는 것으로 나타나 의원들을 "당황스럽게" 했다. 그들은 특히 수당을 받는 사생아의 수적 증가를 걱정했다(Sandusky 1961: 93).

1960년대 초반 어떤 주들은 복지 혜택에서 미혼모를 제외하기 위한 노력을 시작했다. 1960년 루이지애나에서는 사생아를 낳은 여성의 가족 지원 수당 수령 금지에 관한 법이 통과되었고, '사생아'가 있는 모든 가정은 '부적합'한 것으로 선언했다. 메릴랜드 역시 공공부조 대상에 사생아가 포함되는 것을 우려했다. 코네티컷에서 발행된 신문에는 "사생아: 누가 비용을 지불하는가?"라는 제목으로 8개의 기사가 실렸다. 이것은 가족 지원 수당을 받는 사생아 수에 대한 대중들의 우려에 대한 반응으로 나온 것이다(McCalley & Greenleigh 1961.5.18.).

1960년대 미혼모에 대한 접근 방식은 용서와 응징을 오갔다. 어떤 정책 입안가들은 미혼모와 아이 모두를 공공부조로부터 배제해 미혼모의 아이까지 처벌 대상에 기꺼이 포함하려 했고, 다른 쪽에서는 '한 번의 실수'는 용서해 주어야 한다는 의견이었다. 전문가들은 도움이 필요한 사람에게 도움을 제공하는 것과 그 사람의 행동을 묵인하는 것을 혼동하는 문제에 대해 언급했다(Adams & Gallagher 1963: 44). 시간이 감에 따라, 언론에 유포된 '부양 아동이 있는 가족 지원' 프로그램에 대한 공격이 이어지면서 미혼모와 그 자녀에 대한 공적 지원 제공에 대중의 관심이 더 높아졌다(Costigan 1964).

언론과 대중들은 복지 수당은 미혼모를 양성한다고 믿었지만, "제정신을 가진 여성"이 "쥐꼬리"만 한 수당을 받기 위해 미혼 임신의 고통을 기꺼이 선택할 만큼 '부양 아동이 있는 가족 지원' 제도로 받을 수 있는 실제 급여액은 충분하지 않았다(Pinson 1964). 이러한 믿음이 잘못되었다는 증거에도 불구하고, 정책 입안가들은 "문란한 여성과 무책임한 남성 사이에서 태어난 사생아: 사회에 의존하게 되는 아이들"이 결국 납세자들의 부담이 된다고 우려했다(Wiltse & Roberts 1966: 218).

한편, 실러에 따르면 사회복지사들은 대중들이 아동 수당을 받는 미혼모에 대해 반감을 표현했지만, 입양을 보낸 미혼모들에 대해서는 대체로 너그럽게 받아들였다. 또한 실러는 미국과 덴마크의 미혼모를 비교하며 덴마크에서의 미혼모는 인격적으로 존중받고, 사회적 부조와 보호를 받는 점을 강조했다.

그에 따르면 당시 덴마크는 "'모성 지원' 제도에 의해 출산 전부터 후까지 지원은 물론 개인의 욕구에 맞는 상담, 주거, 교육과 직업훈련이 제공되었다." 이 지원의 목적은 미혼모의 자립과 생산적인 사회 일원이 될 수 있도록 돕는 것이었다. 또한, 미혼모의 아기에게는 법적·사회적 낙인이 없었다. 실제로 "덴마크에서 미혼부 90% 이상이 (자녀에게) 자신의 존재를 알리고 일정의 재정적 지원을 제공한다." 실러는 미국의 사회복지사들이 스칸디나비아 반도 국가들에서 어떤 정책을 시행되는지 알고 있었지만, 관련 정보들을 무시하고 덴마크에서 성공적인 것으로 판명 난 방식들을 시행하지 않고 있음을 비판했다(Shiller 1969).

1970년대에 들어서도 미혼모와 자녀에 대한 공공부조의 문제는 사회복지 전문가와 정책 입안자들에게 여전히 중요한 쟁점이었다. 학생 미혼모가 시설에서 출산한 후 아기를 데리고 집으로 돌아가면 그 부모에게 또는 공공부조의 재원이 되는 세금을 납부하는 납세자에게 경제적으로 의존하게 되는 점을 우려했다(Klerman & Jekel 1973). 미혼모에 대한 공공부조 문제 해결을 위해 미혼모 자녀의 입양은 긍정적으로 검토되기도 했다.

> 복지를 박탈하며 사생아를 통제하려는 노력은 과거와 달리 앞으로는 더는 효과가 없을 것으로 보인다. 미혼모가 … 겪게 될 처벌의 정도는 임신 당시 나이와 경제적 지위에 따라 달라진다. 여성이 사생아를 낳지 않으면 제재를 받지 않을 것이고 … 만약 사생아를 출산한 여성이 아이를 입양 보내면 처벌받지 않을 것이다. (Zackler & Brandstadt 1974: 36-38)

섭대 미혼모 자녀의 입양 장려는 논쟁적이지만, 입양 시장은 미혼모 자녀를 확보하기 위해 경쟁적이다. 다음 『뉴스위크』 기사가 이를 말해 준다.

보수와 진보 편에 있는 정치 시사 평론가들은 섭대 미혼모들이 더 많이 입양을 보내도록 장려해야 하는지에 대해 때때로 매우 도전적인 논쟁을 벌였다. … 입양을 원하는 부모는 적어도 평균 2년을 기다려야 한다. 민간 기관을 통해 입양할 경우 5만 불에서 10만 불의 수수료를 내는 사람들도 있다. (News-week 1994.3.20.)

사회는 미혼모와 그 자녀를 재정과 보육의 도움이 필요한 '문제' 집단으로 보게 되었고 따라서 정부는 이들을 조사와 개혁의 목표로 삼았다. 하지만 여기에는 인종이라는 문제가 작동하고 있다. 솔린저에 따르면, 아프리카계 미국인 미혼모는 '아기 퍼가기 시대'에 백인 미혼모와 다른 취급을 받았다. 흑인 미혼모는 "사회적으로 비생산적인 생식자, 징벌과 법률적 규제로 억제할 수 있는" 존재로, 백인 미혼모는 불임 부부에게 "제대로 된 가족"을 만들 기회를 줄 수 있는 "사회적으로 생산적인 생식자"로 여겨졌다(Babb 1999: 43-44 재인용).

복지와 관련해서 오늘날에도 미혼모에 대한 부정적 시각에 적극 동의하는 경향이 있다. 예를 들면, 2001년 보수적 성향의 비평가인 윌리엄 베네트는 다음과 같이 말했다.

수십 년간 우리는 의도적으로 혼외 출산에 보조금을 지급하는 복지제도를 시행해 왔다. '과부와 고아'를 돕기 위해 1930년대에 시작한 '부양 아동이 있는 가족 지원'이라는 제도는 수십 년에 걸쳐 사실상 가난한 미혼 여성이 아이를 갖도록 돈을 지급하는 정부 시스템으로 전환되었다. 이것은 역사상 가장 파괴적인 사회적 계획이다. (Bennett 2001)

베네트는 심지어 "아이를 가진 미혼모의 대다수"는 "미국 사회가 직면한 주요 문제"를 대변하는 것이라며 다음과 같이 말하기도 했다.

합리적인 사람이라면 펜실베니아대학의 엘자 앤더슨 교수의 말처럼 '냉정한 경제적 용어로 아기는 자산이 될 수 있다'는 결론에 이를 것이다. 그렇다면 복지는 미혼 출산율에 상당히 부정적인 영향을 끼친다. … 전 보건복지부 장관이었던 도나 샬랄라도, … "도덕적 용어로 말하고 싶지 않지만, 혼외 아이 출산은 무조건 잘못된 일"이라고 말했다. … 우리는 1960년대부터 사생아에 대한 보조금을 지급했는데, 연방정부의 기록은 처참할 정도다. … 사생아의 비율은 가차 없이 상승하고 있다. 이것은 변화가 필요함을 의미한다. 우리가 더 큰 사회적 파멸을 피하고 싶다면 말이다. (같은 글)

15장

회전문과 컨베이어 벨트

한때 '타락한 여성'을 구원하고 교화에 헌신하던 피난처로서의 미혼
모 시설은 사회복지사들의 등장으로 과학적 치료가 이루어지는 곳
으로 재정의되었다. 미혼모는 구원해야 할 '자매'가 아닌 '치료되어야
할' '문제 소녀'가 되었다.

레지나 쿤젤(Kunzel 1995:2)

미혼모 시설에 수용된 미혼모는 외부 세계와 단절되고 아이를
포기하라는 압박을 받았다. 전국적으로 수백 개의 시설이 있었
는데 플로렌스 크리텐튼과 구세군에서 운영하는 시설이 많았
다. 1947년 미혼모 시설에서의 경험은 다음과 같이 묘사된다.

> 기관 사람들은 미혼모 시설에 가서 좀 쉬고 있으면 위탁 가정
> 을 찾아주겠다고 했어요. … 쉬라고 했으니 쉬기만 하면 되는
> 줄 알았죠. 정말 지쳐 있었거든요. 하지만, 모두 할 일이 있었
> 어요. 전부 25명 정도가 있었는데, 커다란 방 하나에서 다 같
> 이 잤어요. … 마치 죄인 취급을 받는 느낌이었어요. 감옥에
> 갇힌 죄수 같았죠. … 구타도 당했어요. 그런데 그곳을 떠난들
> 어디로 갈 수 있을까요? 누가 우리를 받아 주어야 나갈 수도
> 있는 거죠. 그런데 누가 우리를 받아 주었겠어요? (Younger
> 1947.6.1.)

시설로 보내져 생활하는 미혼모들은 아이 아빠와 연락하

는 것이 거의 모두 금지되었다. 미혼모와 '아기의 편안한 앞날'을 위해 친자 확인은 하지 않는 것이 좋다고 사회복지사들은 생각했다. 이는 아기 입양을 염두에 둔 상황에서 아이 아버지와의 '깨끗한 단절'을 선호했음을 분명히 보여주는 것(Bower 1947)이고, 미혼 임산부는 아기 아버지가 자신과 결혼을 원하는지 아니면 최소한 양육을 돕고 싶은지 도저히 알 길이 없게 되었음을 의미했다.

1950년대 후반 미혼모 시설의 규모, 수용 인원, 비용 등은 1958년 공보부Public Affair Department의 마거릿 힉키가 남긴 기록을 통해 알 수 있다.

> 매해 약 6천 명(1956년에는 193,500명)의 임신한 미혼 여성들이 플로렌스 크리텐튼 시설에 입소했다. 그곳에서 출산 전 약 2개월에서 4개월 정도, 출산 후엔 약 10일에서 3주 머물렀다. 많은 입소자들은 하루 2.84불에서 10.61불의 … 비용 전액을 감당할 수 있었다. (Hickey 1958: 23)

그리고 시설은 미혼모의 양육을 전혀 지지하지 않는 분위기였고, 규율은 엄격했다. 출산을 앞둔 미혼모들은 시설에 있는 동안 자신들은 아이를 포기하게 될 것을 명확히 인지했다. 사실, 미혼모 시설은 아기 포기를 '조장하는' 분위기였기에 그곳에서 임신 기간 중 마지막 3개월을 보내는 것은 아기 포기와 긴밀히 연관된 것이다(Costigan 1964). 18세의 미혼모는 1966년 미혼모 시설 직원이 "입소자"들에 대한 벌로 저녁 TV 시청 시간 채널 선택권을 빼앗았던 사건을 증언했다. 시설은 "창살 없는 감옥"이었고 모두의 머릿속엔 미혼 임산부는 벌을 받아 마땅하다는 생각으로 가득 차 있었다(Wiemo 1966.9.1.). 마땅히 즐겨야 할 휴식 시간에는 엄격한 제약이 있었다. 게임 도구나, 전축, 텔레비전은 없었고 라디오는 오후에 한 시간만 들을 수 있었다. 종사자들을 위해 빨래나 다림질도 해야 했다. 외출도 통제받았는데 저녁 시간에 외출을 허용한 시설은 거의 없었다. 외출 전 허락을 받아야 하는 곳도 있었는데 외출은 늘 허락되는 것은 아니었다. 스스로 결정해서 할 수 있는 일은 없었다. 왜냐하면, "클라이언트 지위"는 박탈되고, "이미 정해진 종류의 서비스"를 받아야 했기 때문이다. 시설 종사자나 사회복지사들은 미혼 임산부들을 '여자애들'로 불렸는데, 이러한 호칭은 아마도 시설에 있는 미혼모의 지위를 암시하는 가장 적절한 용어일 것이다. '여자애들'이란 단어는 성인의 지위와 책임을 부정하고 복종과 순응해야 한다는 기대를 듣는 이에게 전달한다(Nicholson 1968).

교도소 연구 전문가인 하워드 오소프스키 박사 역시 미혼모 시설의 통제적 특성과 미혼 임산부에 대한 입양 압박에 대해 언급한 바 있다. 그에 따르면, 시설에 수용된 미혼모들은 친구와 가족으로부터 단절되고, 학교나 일터에 가지 못했으며, 의미 있는 활동에도 참여할 수 없었다. 퇴소 후 재차 임신할 경우 시설의 도움을 받기 위해 연락조차 할 수 없었다. 오소프스키 박사는 이런 환경에 있으면 누구나 "회개하고 죄를 씻으라"는 시설 종사자들의 태도와 기대를 "분명히 인식"할 것(Osofsky 1968)이라고 주장했다.

종교 단체가 운영하는 시설 역시 미혼모의 아기 포기를 기대했다. 예를 들면, 1969년 천주교 자선 단체Catholic Charities는 입소 조건으로 임신 미혼부에게 아기를 포기할 것을 요구했다.

한 번 입양을 결정하면 임신 중이나 출산 후에도 자신이 내린 결정에 대해 다시 생각할 기회는 주지 않았던 것으로 보인다. "아기는 반드시 입양 보낼 것"이라고 명시했고, 또 다른 입소 조건으로는 천주교 신자일 것, 미혼일 것, 첫 임신일 것 등이 있었다. 또한 시설은 "재임신이거나 입양 보내지 않겠다는 미혼 임산부에게는 도움을 주지 않았기" 때문에, 양육 의사를 가진 임신한 "여자애들"은 시설에 입소할 수 없다고 밝혔다(National Conference of Catholic Charities 1969).

아기 출산 후, 시설에서는 미혼모에게 아기를 보여주지 않거나 아예 금지하기도 했다. 어떤 엄마는 봐도 되지만 젖을 주거나 우유를 먹여서는 안 된다는 말을 들었다. 집단치료 시간에 한 사회복지사는 시설에서 왜 이렇게 하는지 물었고, 한 미혼모는 "아기에게 젖을 주거나 우유를 먹이면 입양 보내겠다는 마음을 바꿀까 봐 걱정하는 거 같아요"라고 대답했다. 시설의 사회복지사들은 그곳에 있는 미혼모 중 누구도 아이를 잘 키울 것이라고 생각하지 않았고 입양 보내기로 한 마음을 바꾸지 않기를 원했다고 또 다른 미혼모는 증언했다(Rains 1971).

시설이 개인들을 통제하에 둠으로써 비인격화하기는 쉬웠다. 일탈에 대해 연구한 사회학자 슈어에 따르면, 대상화의 가장 극적인 예는 "모든 제도" 안에 들어온 새로운 수용자들이 의례화된 "굴욕" 또는 "정체성의 박탈"을 경험하는 것이다. 개인 소지품과 옷을 빼앗고 외모조차 평범해 보이지 않게 만든다면 그 사람은 바로 "죄수", "정신병동 환자", 또는 "신병"이 되는 것이다(Schur 1983: 31).

16장
엄마의 엄마

> 그녀(미혼모)는 여느 임산부들이 누리는 주변의 관심, 애정, 돌봄 등을 받지 못하고 … 사회적 비난과 책임질 배 속의 아이 생각에 온통 정신이 빼앗겨 있다. 엄마의 도움도 지역 사회의 도움도 받지 못하고 완전히 혼자가 되어 가족과 사회의 비난에 직면하게 된다.
>
> 바베트 블록Babette Block[1]

미혼모는 분만 후 아이를 보지 못하는 경우가 많았다. 어떤 경우는 엄마나 언니가 마치 자신들이 낳은 아기처럼 키웠고, 미혼모는 아기의 언니나 이모로 한집에 살았다. 아기는 이런 사실을 모르고 큰다. 1947년 한 미혼모의 부모는 딸을 이모 집에 보내 지내게 하고, 그 딸이 낳은 아이를 입양해서 기르려고 했다(Younger 1947.6.1.). 힉키는 이러한 사례를 우려하며 "만약 할머니가 손주를 입양해서 기르면 그 아기의 엄마는 불만을 가지고 결국 또 다른 아기를 임신하게 된다"(Hickey 1958)고 주장했다. 한편 1960년, 17세의 한 소녀가 아이를 낳았는데 소녀의 부모는 병원 측에 딸에게 절대 아기를 보여주지 말라고 부탁했다. 아기는 태어난 후 병원에서 바로 입양 보내졌다. 아기 엄마는 마치 아기를 "도둑맞은" 느낌이었다. 그녀는 이후 다시 임신

---

1 『가족: 사회복지 사례관리 저널』*The Family: The Journal of Social Case Work* 1945년 7월호 게재 "미혼모: 다른 사람인가?"*The Unmarried Mother: Is She Different?* 중에서 발췌.

했다. "두 번째 임신은 슬픔과 상실의 결과임이 분명했다. 첫 번째 아기가 입양 보내진 후 그녀는 '난 심지어 아기 얼굴이 어떻게 생겼는지 보지도 못했다고요'라고 소리 질렀다. '그냥 낚아채듯 데려갔어요…'라고"(Edline 1960). 존 볼비 박사는 미혼모의 다수가 "심리적으로 불안정하여 아기에게 필요한 심리적 안정을 주기 힘든 상황일 수 있고, 혼자 아이를 키우도록 내버려두거나, 미혼모 부모님 집으로 아기를 보내는 것은 미혼모가 경험하는 정서적 어려움의 근원이 되어 악순환을 영속화할 수 있다"(Wimperis 1960: 238 재인용)는 점을 지적했다.

대부분의 입양 복지사들은 미혼모의 엄마를 '압박'하여 미혼모가 된 딸이 아기를 포기하게 해야 한다고 생각했다. 따라서 사례관리자에게 미혼모가 아이를 포기하지 않으려 하면 아기의 할머니를 공략하라고 조언했다.

딸의 임신에 심리적으로 가장 깊숙이 관여하는 미혼모 부모를 대하는 방법도 미혼모를 대할 때 안내한 방법과 같다. 시간이 중요하다. 태아의 성숙은 멈출 수 없는 속도로 진행된다. 이러지도 저러지도 못하는 엄마는 딸이 입양 결정을 내리는 데 방해가 된다. 따라서 그런 엄마는 미혼모인 딸을 대할 때처럼 다루어야 한다. … 정서적 혼란이 심할수록 딸은 입양 결정에 어려움을 경험한다. 병이 깊은 미혼모일수록 더 아이를 놓아 주려 하지 않는다. … 복지사들은 미혼모가 건강한 결정을 내릴 수 있도록 단호한 태도를 취한다. 미혼모의 가족들도 미혼모에게 하는 것과 똑같은 태도로 다루어야 한다. (Heiman 1960: 71)

미혼인 딸의 임신에 대한 가족들의 반응은 다양했다. 하지만 모든 가족은 심각한 충격을 받고 대개는 십대에 엄마가 된 딸을 도와주려고도, 또 "임신의 충격에서 회복할 능력을 키울 방법"을 고민하지도 않았다. 그저 감정적으로 대하거나 어떻게 자신들이 그 문제에서 벗어날지 골몰했다(Greenleigh 1961).

가족 구성원들의 태도는 미혼모가 복지사에게 받은 서비스 결과에 영향을 끼쳤다. 복지사들은 이러한 사실을 알았기에 미혼모의 부모에게도 '상담 서비스'를 제공해야 한다고 생각했다(Adams & Gallagher 1963: 47-48). 그리고 만약 미혼모의 부모가 입양을 반대하면 미혼모와 그 아기 모두가 피해를 본다고 여겼다. 거의 모든 주는 아기 포기에 있어서 미혼모가 미성년일 경우 그 부모나 보호자로부터 먼저 동의를 받도록 법적으로 규정하고 있었다. 하지만 애리조나, 컬럼비아 특별구, 캔자스, 메릴랜드주의 경우는 미성년자라는 사실이 동의권을 행사하는 데 문제가 되지 않았다. 일부 입양 복지사들은 미성년 동의권을 인정하는 주를 지지하며 "부모들은 간혹 입양 동의를 보류함으로써 그들 자녀와 손주에게 큰 피해를 줄 수 있다"(Katz 1963: 57)고 주장했다.

많은 입양 복지사들은 만약 미혼모가 아기와 함께 부모 집에 들어가면 결국 부모가 그 아이를 자기 자식으로 키울 것이라고 생각했다. 그렇게 되면, 부모와 함께 아이를 "공유"하게 되고, 특히 엄마가 종일 밖에서 일하는 경우 아기는 조부모와 더 애착 관계를 형성하게 된다고 보았다. 이에 대해 입양 복지사 로우는 정작 엄마인 미혼모는 "아이와의 관계에서 소외감을 느끼게 된다. 두 여성이 함께 부엌을 함께 쓰기도 어려운데, 한 아이를 공유하는 것은 얼마나 더 어렵겠는가!"(Rowe 1966: 53)라고 말하기도 했다.

　포친은 사회복지사들이 미혼모에게 입양을 권하는 요인을 검토하며 아기 입양 후 미혼모가 경험하게 되는 상실감에 대해서도 주목할 것을 요청했다.

> 조부모가 미혼모에게 태어난 아이에게 부정적 영향을 끼친다는 이유와 함께 … 사회복지사가 입양을 권한 이유는 … 미혼모의 나이가 18세 이하였다는 것이다. … 사람들은 미혼모가 아기를 보낸 후 상실감이 얼마나 클지 좀처럼 짐작하지 못한다. 사회복지사는 아기를 입양 보낸 후 홀로 귀가할 미혼모 딸을 그 부모가 어떻게 맞을지 잘 준비시키고, 또 딸이 충분한 애도의 시간을 확실히 가질 수 있도록 신경 써야 한다. 아기를 입양 보낸 미혼모가 마치 아무 일도 없었던 것처럼 평범한 삶을 이어 나가길 기대하는 사람들이 너무 많다. (Pochin 1969)

　'아기 퍼가기 시대' 이전에는 이렇지 않았다. 1918년도에 출간된 한 연구는 가장 좋은 환경은 미혼모가 자신의 부모나 친척들과 함께 살며 아기를 키우는 것이며, 이런 환경에서 아동은 가장 안정적으로 자랄 수 있다고 보았다(Kammerer 1918: 12). 하지만 수십 년이 흐르며 상황은 달라졌다. 인간 심리를 연구한 문헌을 보면 미혼모와 미혼모의 자녀에게 인간의 본성은 극복해야 할 도전이다. 예를 들어 심리학자이자 저널리스트인 펙에 따르면, 가장 사랑하고 의지했던 사람에게서 "악마를 마주하게 된 순간" 아무리 정서적으로 안정된 성인이라 할지라도 혼란에 빠지게 된다. 하물며 가장 사랑하고 의지했던 사람으로부터 "악마를 마주한" 아이의 정서적 혼란은 상상하기 어렵지 않다

(Peck 1983). 이는 엄마와 아이를 떼어 놓으려는 사회에서 미혼모와 그 아기가 경험하게 되는 상황이다.

그밖에도 미혼모는 다양한 부정적 감정을 경험한다. 만약 사람들이 미혼모와 그 자녀에게 거부감을 느끼고 적대적으로 대한다면, 그들은 곤경 속에 홀로 버려진 느낌을 받을 것이다. 미혼모의 부모, 그리고 아기 아빠는 미혼모의 입장에서 상황을 이해하려 하기보다 미혼 임신이란 사건이 자신들에게 어떤 영향을 줄지 더 걱정하는 경우가 많았다. 부모들은 주로 딸의 임신으로 인해 망신당할 것을 걱정했고, 딸이 입양을 결정하도록 상당한 영향력을 행사했다.

> 네가 저지른 일이니 네가 책임지라는 말을 들었을 때 소외감이 밀려오기 시작했다. 특히, 어린 미혼모에게 이는 견디기 힘들고 두려운 일이었다. (Howe et al. 1992: 44)

요컨대, 미혼모들은 돈도 없고 주변의 도움도 받지 못하니 입양이 유일한 선택이라는 결론에 이르도록 강요당했다. 종종 부모가 입양을 주선하기도 했다. 딸이 아기를 포기하지 않겠다면 겁을 주기도 했다. 미혼모는 자신의 삶에 가장 중요한 결정을 내릴 수 있는 통제권을 빼앗겼다(같은 글).

더구나 복지사들은 원가족과 "완전히 단절"하고 미혼모의 아기는 새로운 가족에게 보내는 것이 더 낫다고 여겼다. 그들은 미혼모의 아기가 조부모에게 입양되면 아기에게 혼란을 준다는 입장을 견지했다. 복지사는 위탁모에게 "소액의 위탁비"를 지급하면 "모든 상황은 달라진다. 미혼모는 아기를 입양 보낸 후 여성으로서의 자존감을 회복할 것이며, 미혼모의 부모는 한숨 돌리고 딸에 대해 관대해질 수 있고, 아기는 낙인 없이 새로운 친족 공동체 안에서 안전하고 행복하게 자랄 수 있다고 믿었다. 미혼모의 부모 역시 자신들이 겪을 "수모"와 갓난아기를 키워야 한다는 부담감으로 미혼모 딸의 입양 결정에 상당한 영향을 끼치는 존재였다. 수천 명의 아기들이 입양 보내지던 시대에 미혼모의 부모가 혼외 관계에서 태어난 손주를 키우자고 한 경우는 흔치 않았다. 미혼모의 부모가 손주로 받아들이기로 했을 때만 미혼모는 출산 후 아기 얼굴을 볼 수 있었다. 그렇지 않은 경우, 사회복지사들은 "미혼모가 출산 후 아기를 보거나 애착 관계를 형성하도록 내버려 두는 것은 가장 현명하지 못한 처사"라고 생각했다(Marshall & McDonald 2001: 66).

17장

평등하지 않은 보호

입양으로 아기를 구원하려면 그 엄마를 먼저 파멸시켜야 한다.

다이앤 웰페어(Wellfare 2016)

사회복지사들은 미혼모가 아기를 키우겠다고 하지 않도록 아기가 태어나기 훨씬 전인 임신 초기부터 양육 포기를 설득한다. 출산 후 다시 정신적으로 육체적으로 건강한 상태로 돌아온 후 충분한 정보를 가지고 결정을 내리기 전에 미혼모에게 아기를 포기하라고 권하는 경우가 대부분이었다. 사회복지사들은 "계획 수행" 전 단계로서 아기가 태어나기 전에 엄마와 아이를 어떻게 분리할지에 대한 잠정적인 계획을 수립하라는 권고를 받는다. 이러한 "사전 작업"에는 미혼모가 아기를 포기하도록 "사회적·심리적으로 준비시키는 사례관리 치료"가 포함된다 (Clothier 1941: 584).

자신의 몸에 있던 아기를 출산하고 떠나보낼 때 산모는 감정적으로 영향을 받지 않을 수 없다. 하지만 대부분의 복지사들은 이점을 전혀 참작하지 않고 임신 후반기에 이르면 미혼모의 심경에 변화가 올 수 있기 때문에 임신 초기에 아기를 포기시키는 것을 "가장 현명한 일"로 여겼다(Boole 1956: 211). 또한, 입양 종사자들은 미혼모들을 대상으로 한 양육 지원 서비스가 있다는 것을 숨기거나, 도움받지 못하도록 단념시키는 경우가 많았다. 어떤 사회복지사들은 미혼 산모에게 출산 시까지 드는 비용을 지원하면 미혼모의 입양 결정에 영향을 미칠 것이라고 우려했다. 임신 초기에 아기를 포기하겠다고 하고 의료비나 생활비를 지원받으면 그 산모는 아기를 입양 보내겠다고 한 약속을 이행하는 것이 "법적이지는 않더라도 도덕적 의무"라고 생각하게 된다. 그리고 아기 출산 후 입양 보내지 않겠다고 하면 미혼모는 "비극적인 곤경"에 처한 자신을 발견하게 된다(같은 글).

사법계에서도 출산 전 아기 포기 계획을 지지하는 경향이 있었고, "다수의 지방법원 판사들이 아기가 태어나기 전 입양 계획을 세우는 것에 찬성했다"(Dean 1958). 결과적으로 1950년 후반이 되면 대부분의 미혼모 아기들은 태어난 병원에서 바로 입양 부모에게 보내졌다.

릴리안 바이가 남겨 놓은 기록을 보면, 1934년에서 1959년 사이 입양 복지사들의 철학적 동기가 미혼 임산부가 "엄마가 될 수 있도록" 지원하던 것과 "정반대"로 혼외 임신한 여성이 "임산부에서 어머니의 단계로 나아가는 것"을 막으려 했다는 사실을 알 수 있다.

> "우리는 미혼모들의 출산을 도울 때, 그들이 가능한 엄마가 되었음을 의식하지 않도록 한다. 어떤 경우에는 미혼모들에게 아기를 볼 필요도, 만질 필요도, 심지어 성별까지 포함하여 아이에 대해 알 필요도 없다고 말한다." (Bye 1959.1.1.)

한편 바이는 보통 엄마들이 누리는 권리를 미혼모들로부터 빼앗는 사회복지 시스템의 방식을 우려했다.

여성은 여성이자 개별 인간이다. 그리고 … 미국 헌법에 따라 개인으로서의 '평등한 권리'를 갖는다. … 그러나 만약 여성이 성적 영역에서 '권리'를 행사하고 그 결과 아이를 갖게 되면, 비록 전통적으로 결혼을 하지 않았지만, 미국 헌법이 자신을 여성의 범주에 포함하지 않음을 알게 된다 … 버림받았음을 알게 되고 … 심리적·경제적 차별이 아이에게까지 가해지고 있음을 알게 된다. … 사회복지사는 … 훈련을 받았음에도 불구하고 의식적 또는 무의식적으로 여성으로서의 두려움을 가지고 반응하고, 정치인, 의사, 장관, 변호사, 경찰은 남성으로서 반응한다. … 이러한 사실을 이해하고 인정할 때 … 우리는, 사회복지단체를 대표하는 사회복지사로서 미혼 부모와 그 자녀들을 위한 적합한 서비스를 수립할 수 있을 것이다. (같은 글)

로우 역시 사생아를 낳은 어머니의 권리는 결혼한 부모가 누리는 권리보다 취약하다(Rowe 1966: 273)는 점을 강조했다.

일부 전문가들은 어머니와 아기 사이의 애착은 이미 임신 중에 형성된다는 사실을 알았다. 따라서 아기가 태어난 후 엄마에게서 분리하는 것은 "자연스럽지 못한 일"이라고 생각했다. 이러한 믿음에도 불구하고 태어나면 즉시 미혼모의 아기들을 엄마에게서 떼어 놓으라는 권고는 계속되었다. 단 미리 계획을 세우는 것의 중요성을 강조하며 정신과 의사인 기아나콘 박사는 다음과 같이 말했다.

정확히 어떤 순간에 엄마와 아기를 분리해야 할까? … 어느 시점 어떻게 분리할지에 대한 계획은 가능한 빨리 시작되어야 한다. … 너무 서둘러 분리하면 생물학적 손상을 일으킬 수 있다. … 엄마와 아기의 분리는 … 자연스럽지 않고 결코 조화롭거나 행복한 사건이 될 수 없다. 충격을 최소화하기 위해 분만일에 닥쳐서 정하기보다 미리 결정이 이루어지도록 해야 할 것이다. (Gianakon 1960)

어떤 경우에는 아기가 태어나자마자 엄마와 헤어졌다.

대부분의 엄마들에게 아기를 보는 것은 허락되지 않았다. 의사, 산파, 그리고 사회복지사는 미혼모와 아기 사이의 애착이 형성되는 것을 막으려 했는데 이는 드문 일이 아니었다. … 병원 의료진, 친인척들, 입양 복지사와 친구들은 '침묵의 음모'에 동조했다. (Howe et al. 1992: 30)

입양 복지사들 대부분은 출산 전 아기 포기 결정이 이루어져야 하고, 미혼모 스스로 결정하도록 하는 것이 매우 중요하다고 생각했다. 그들은 좋은 엄마가 될 여성과, "애초에" 아기를 키우지 말라고 조언해야 할 여성을 구별할 수 있다고 믿었다. 사회복지사 버지니아 웜페리스는 심리학 교수 바인더의 연구를 인용하며 "그런 예측은 아기가 태어나기 전에 할 수 있다"(Wimperis 1960: 107-108)며 그 믿음을 정당화했다. 아동국은 "입양 복지사는 불필요한 가족 해체를 피하도록 미혼모가 육체적·정서적으로도 회복되기 전에 아이를 포기하도록 압박해서는 안 된다고 명시"(Carp 1998: 23)했음에도 불구하고 말이다.

출산 후 즉시 아동을 데려가는 것이 최선이란 믿음을 방증하듯 사례관리자들은 이제 막 출산을 하고 몸이 완전히 회복되지 않은 미혼모에게 친권 포기 서류에 사인할 것을 요구했다. 윔페리스는 이러한 관행에 반대하며 오직 "부도덕하고 생각 없는 사람들"이 "아직 제대로 된 결정을 할 상황이 아닌 엄마에게서 아기를 빼앗으려 한다"고 비판했다. 그리고 입양을 목적으로 아기를 위탁 가정에 보내는 것은 "아기가 생후 6주가 될 때까지 입양 동의를 하지 않을 수 있다"고 규정한 입양법 정신에 반한다는 점을 지적했다. 아울러 임신 중의 미혼모는 혼란스럽고 행복한 상태에 있지 않으며 아직 엄마라는 느낌이 확실하지 않을 수 있으므로 이때 아기 포기 계획 여부를 결정하는 것은 옳지 않다는 점 등을 지적했다. 또한 "급하게, 혹은 부득이하게 아이와 헤어지게 된 미혼모는 너무 슬픈 나머지 이어서 두 번째 사생아를 낳을 수도 있다"는 점을 이해하는 것과 미혼모가 아기 포기 결정을 내리기 전 아기를 직접 돌보도록 하는 것이 중요하다고 강조했다. 이렇게 했을 때 미혼모는 아마도 자신이 아기를 키울 수 있다는 것을 깨달을지 모르기 때문이다. 윔페리스는 "일반적으로 외부의 압력 없이, 자유롭고, 현실적이고, 책임감 있게, 그토록 중요한 결정에 도달했다고 느끼는 것은 분명히 중요하다. 따라서 미혼모가 결정을 내리기까지 충분한 시간이 필요하다"(Wimperis 1960: 269)고 주장하며, "돌봄이 가장 필요한 시기에 있는 아기를 돌본 많은 엄마들이 아이를 포기하는 것은 가능하지 않았다"(같은 글: 242)는 점도 강조했다. 하지만 불행하게도 윔페리스의 호소에 가까운 주장에는 아무도 귀를 기울이지 않았다.

1960년 중반 일부 사회복지 전문가는 미혼모들이 접근하기 어려운 불충분한 자원과 굴욕적인 지원 절차로 인해 차별과 처벌적 정책의 희생자였음을 포착했다. 미혼모들은 소득 유지를 위한 충분한 지원을 받지 못했고 "징벌적인 행정 정책에 둘러싸여" 있었다. 한편 미혼모에 대한 처우는 그들이 처한 경제적, 사회적, 인종적 배경에 따라 달랐는데, 일부 정책들은 콜롬비아 대학 사회복지학과 교수 칸이 지적하듯 "지속적이고 노골적으로 차별적"이었다. 칸 교수에 따르면, "복지 정책은 미혼모의 죄책감을 너무 덜어 주어서는 안 된다는 생각에 영향을 받고, 어떤 경우는 일부러 또는 무의식적으로 죄책감을 더 느끼게 하거나 조장하기 위해 만들어졌다"(Kahn 1964.10.19.).

반면 몇몇 주에서는 미혼 부모와 자녀의 권리 보장을 명시했다. 테네시주 공공복지부 부국장 이트먼은 한 학회에 참석하여 테네시주의 법에 대해 다음과 같이 설명했다.

> 테네시주의 기본법은 … 1937년 제정된 복지단체법Welfare Organization Act이다. 이 법에 따르면, 위탁 가정이나 시설에 있는 부양 아동이나 방치된 아동, 특히 입양된 아동이나 사생아를 돌보는 책임은 공공복지부Department of Public Welfare에 있다. 이 법의 틀 안에서 부모들은 인간답게 사회에 적응하고 동시에 아기의 복지를 합리적으로 보호할 수 있는 결정을 내리도록 안내한다는 믿음에 기초하여 미혼 부모와 그 자녀를 위한 프로그램을 만들어 왔다. (Yeatman 1964.10.16.)

이와 유사하게 법학 교수 로버트 레비가 인용한 판례법 "어떤 경우에도 부모의 동의 없이 아이를 부모로부터 분리해서는 안 된다. 단, 아동복지에 심각한 피해를 예방하기 위해 아기를 분리할 수 있으나, 먼저 그러한 분리를 피할 수 있는 모든 노력을 강구해야 한다"(제4항. Levy 1964: 60 재인용)에서도 부모의 권리를 강조하고 있다. 레비는 이에 동의하며 다음과 같이 말했다.

자녀 양육에 대한 부모의 권리는 다른 누구보다 우선하며 우월하다. 어머니는 자녀의 양육을 위탁받기에 적합하고 바람직한 사람으로 추정된다. 이러한 추정이 잘못되었다고 반대하는 사람은 그것을 증명할 책임이 있다. (같은 글: 63)

하지만 대부분의 미혼모가 처한 현실은 달랐다. 미혼모 시설에서 생활하는 미혼모들은 입양 외 다른 정보는 알지도, 듣지도 못했다. 양육 지원, 임시 위탁, 또는 보육 등에 관한 정보에 대해 아는 엄마들은 거의 없었다. 이런 정보만 있었다면 미혼모 시설에 가지 않아도 된다는 사실을 사회복지사들은 알고 있어야 했음에도 불구하고 말이다. 펠턴은 경제적 요인이 미혼모의 아기 포기에 주요한 원인이며, 경제적·사회적 지원으로부터의 단절은 미혼모들이 입양 결정을 내리는 데 기여했을 것이라고 보았다(Pelton 1988).

한편, 미혼모 시설 입소자들은 아기 포기가 아기의 미래에 미치는 영향은 물론 자신들의 미래에 어떤 영향을 미칠지 알지 못했다. 질 니콜슨에 따르면, "우리가 본 입소자들은 아기를 키울지 포기할지 몇 주 안에 결정했다. 그러나 실질적으로 또는 정서적으로 두 개의 선택이 무엇을 의미하는지 매우 막연하게 생각하고 있었다. 몇몇 경우를 제외하고 입양에 관한 가장 기본적인 사실이나, 아기를 기르게 되면 도움을 주는 시설에 대해서는 무지했다."(Nicholson 1968).

미혼모들은 아기를 포기하면 실생활이나 정서적인 면에서

어떤 변화를 겪게 되는지 알고 싶어 했다. 하지만 니콜슨에 따르면 시설의 대처는 이와 반대였다.

> 미혼모들에게 그런 도움을 제공했다는 증거는 거의 없었다. … 한 입소자는 아기를 포기하고 시설 사람들에게 아기를 넘길 때 너무 힘들었는데, 수간호사가 지켜보고 있다는 사실은 그 순간을 더욱 힘들게 했다고 진술했다. 조금이라도 힘든 내색을 하면 수간호사는 "네 잘못이잖아. 그렇게 마음이 아프면 아기를 포기하지 말았어야지"라고 말했다. (같은 글)

그리고 미혼모가 아기 양육에 도움이 되는 복지 서비스가 있다는 것을 알고 서비스를 받으려 할 때조차 실제로 지원받을 가능성은 매우 낮았다. 미혼모는 '부양 아동이 있는 가족 지원' 프로그램을 통해 보조금이나 양육 수당 등 약간의 금전적 지원을 신청할 수 있었다. 하지만 대부분 이런 지원이나 서비스를 받을 수 없었다. 1970년대 초반 연구에서도 나타나듯이, 임신한 미혼 여성이 올바른 결정에 이르기까지 지원받을 수 있는 공식적인 임신 상담 서비스를 찾을 "가능성은 매우 낮았다"(Rains 1971).

1971년 유엔 여성지위위원회는 「미혼모의 지위: 법과 관행」Status of the Unmarried Mother: Law and Practice 보고서를 발간했는데 그 요지는 다음과 같다.

> 세계인권선언 제25조 제2항은 "모성과 아동은 특별한 보살핌과 도움을 받을 권리가 있다"고 규정하고 있다. … 여성차별철폐선언 제10조 … 아동권리선언 규칙 4의 제11조(b)는

모자 권리 보호, 아동 양육 및 건강에 대한 우려와 … 여성의 건강과 복지를 보호할 방안에 대해 언급하고 있다. 아동권리 선언 … 규칙 6은 아동은 부모의 책임하에 자라야 하며, 만약 나이가 어린 경우 예외적 상황에서 어머니와 떨어진 경우를 제외하고는 어머니와 분리해서는 안 된다. … 미혼모는 … 평등과 비차별의 원칙에 위배되는 법적, 사회적 차별을 받는 경우가 많다. … 모든 수단을 통해 인간의 고유한 존엄과 가치에 대한 존중을 증진하기 위해 노력해야 한다. 이로써 미혼모를 포함한 모든 사회 구성원들은 마땅히 누려야 할 평등하고 양도할 수 없는 권리를 누릴 수 있을 것이다. … 우리 사회에 널리 퍼져 있는 미혼모에 대한 법적, 사회적 차별을 없애고 필요한 모든 원조를 받을 수 있도록 가능한 모든 조치를 취하고 … 그리고 미혼모에 대한 편견을 없애고 다른 가족들과 마찬가지로 미혼모와 그 자녀를 받아들일 수 있도록 하겠다는 목표를 가지고 미혼모가 처한 문제를 사회가 더 잘 이해하도록 방안을 찾아야 한다. … 미혼모는 … 부모로서, 법에 의해 보장된 모든 권리와 의무를 모든 상황에서 누릴 수 있을 것이다. … 미혼모는 출산 후 자녀에 대한 완전한 친권을 가지고 법에 귀속되어야 한다. … 미혼모와 그 자녀 사이의 권리와 의무의 지속은 기혼일 때 아이를 낳은 한부모와 그 자녀 사이의 권리와 의무가 지속되는 것과 동일해야 한다. … 국가는 모친이 (a) 아기와 아버지 사이의 친자 관계를 확립하고, (b) 아버지가 자녀 부양을 하도록 아버지의 동의를 얻거나, 권위 있는 당국의 결정을 받을 수 있도록 가능한 모든 지원을 해야 한다. … 미혼모는 … 어머니들 특히 단독 양육모들을 위해 마련된 모든 사회적 지원과 안전을 위한 방안들을 누릴 수 있어야 한다. (United Nations Secretary-General 1971)

1970년대 후반 입양 관행에 대한 비판이 일었는데, 특히 당국이 미혼 친생 부모의 권리와 그들이 자녀와 부모-자녀 관계를 유지할 방안을 고려하지 않은 것에 비판이 집중되었다(Turner 1977: 112). 또한, 1970년대 후반에는 미성년자의 권리에 대한 관심이 증가하며 미성년 미혼모 중 다수가 법적 지위를 가지게 되었다. 미국아동복지연맹의 캐롤 M. 로즈가 인용한 1976년 소송 사건을 보면 아동의 헌법적 권리가 강화되었음을 알 수 있다.

> 1976년 미주리주 중부의 가족계획연맹과 댄포스Planned Parenthood v. Danforth 사건 판결에서 대법원은 지금까지의 헌법적 권리는 성장하는 과정에서도 누릴 수 있는 것이 아니라, 국가가 정한 성년에 도달하면 마법처럼 획득되는 것이었다고 언급했다. 성인뿐 아니라 미성년자들도 헌법의 보호를 받으며 법적 권리를 누려야 한다. … 이것이 함축하는 바는 … 법정은 더는 아동과 성인을 두 개의 서로 다른 범주, 즉 성인은 법적인 권리를 갖고 미성년자는 그렇지 않다고 보아서는 안 된다는 것이다. … 최근 사례들은 부모 지위권in loco parentis이 아동의 헌법적 권리에 우선할 수 없다는 입장을 취한다. 부모 지위권이란 "아동을 보호하는 개인과 기관이 아동의 부모의 법적 지위를 갖거나 적어도 아동에 대한 부모의 권리와 면책특권의 상당한 부분을 갖는 것이다." (Rose 1978: 5)

이어서 로즈는 아동에게 법적 불이익이 발생했을 때 부모 지위권은 아동을 보호하고 있는 개인이나 기관의 포괄적 면책권을 더 이상 인정하지 않을 것이라는 점을 재차 강조했다.

아동의 헌법적 권리를 이유로 … 아동은 다양한 상황에서 자신을 대변할 독립적인 법정대리인이 필요하다. … 돌봄을 이유로 한 개입 수위의 문제, 특히 아동과 그의 대변자라고 주장하는 성인 사이의 이해 상충 가능성 등 … 국가가 승인한 '부모 지위권'을 갖는 개인과 기관은 아동의 헌법상 권리를 침해한 것에 대한 변명으로 해당 지위를 사용할 수 없을 것이다. (같은 글: 8-9)

18장

공모자들

2차 세계대전 이후 사회복지 전문가들은 미혼모에 대한 강한 편견을 가지고 있었다. 가령 1949년 오하이오 클리브랜드 대학병원 선임 사례관리자였던 버지니아 프럼은 "우리는 성적 방종, 사생아 임신 그리고 성병은 서로 연관이 있다고 보는데 정말 그렇다"(Frum 1949: 329)고 말했다.

1950년대 후반 심리학자인 폴 H. 그레이는 "아기를 빼앗아 가기 전 미혼모들에게는 모성을 경험할 충분한 시간은 주어지지 않는다"라고 우려했다. 이러한 관행은 미혼모가 아이를 키울 수 있도록 모든 지원을 해야 한다고 생각했던 미혼모 시설의 창시자 케이트 윌러 바렛과 찰스 크리텐튼의 신념과 정면으로 배치되고 체계적으로 무시하는 것이다. 그레이 박사는 워싱턴 D.C 플로렌스 크리텐튼 컴페션 연맹 산하 미혼모의 집 상담 담당이기도 했는데, 그는 미혼모에게서 아기를 떼어 놓은 상황을 안타까워하며 이렇게 이야기했다. "우리는 임신한 여성의 생물학적·생리적 변화에 따라 일어나는 정서적 변화를 의도적으로 억제하고 있다. 대체 우리는 무슨 짓을 하고 있는가?"(Bye 1959.1.1. 재인용).

　찰스 크리텐튼과 케이트 월러 바렛 박사는 미혼모와 아이는 하나이며 "절대 뿔뿔이 흩어져서는 안 된다"는 관점을 가지고 있었다. 미혼모 시설이 처음 생겼을 때의 미션은 미혼모가 아이를 잘 키우도록 도와주는 것이었다. 1959년 릴리안 바이는 이렇게 말했다. "이제 질문을 던질 때이다. … 초기 미혼모 시설은 미혼모를 도와 주려했는데 왜 1959년 사례관리 접근법에서는 미혼모를 '처벌'해야 한다고 생각하게 된 것일까?"(같은 글).

　또한, 바이는 전문 상담가들이 왜 "개인의 모성 경험과 관련하여 그토록 가혹한 차별을 가했는지", 그들은 과연 자신들이 생각했던 것만큼 충분히 친절했는지, 마음속으로 죗값을 치러야 한다고 생각하고 미혼모를 대하지는 않았는지 스스로 질문해야 한다고 말했다. 그리고 전문 상담가들은 "미혼모가 엄마라는 사실을 무시함으로써 아직 원숙하지 않은 여성성에서 통합적 인격으로 발달"해 나가는 데 저해가 되는, 매우 심각한 방식으로 죗값을 치르게 하는 처벌자가 된 것은 아닌지 의문을 가지고 많은 질문을 던졌다.

　우리 자신의 직업 정신과 (대부분) 미혼인 우리의 신분이 우리의 철학을 결정하는 요인이 아닌지 자문한다. … 매우 중요한 질문을 회피하기 위해 우리가 불임 부부의 심리적 고통과 그들의 욕구를 이용하고 있는 것은 아닌지. '미혼모가 아이를 키우겠다고 하면, 우리는 그들을 우리와 같은 계층의 사람으로 받아들일 수 있을까, 우리가 낸 세금으로 그들을 지원할 수 있을까, 모든 아이들은 아버지가 있다는 사실과 또 어떤 아이는 인위적인 입양을 통해 아버지를 만들어주지 않아도 된다는 사실을 인정하고 생부가 … 아이에 대한 책임을 지는 상황에 직면하도록 할 수 있을까?' (같은 글)

하지만 바이의 성찰적 질문은 미혼모가 처한 현실에 적용되지 않은 듯하다. 1962년, 의사인 모리스 웨슬에 따르면, "미혼모가 아기를 보지 못하도록 하는 것이 … 규칙이었다." 그리고 규제는 매우 심했고 엄마가 아이를 못 보게 하는 것은 "가혹"했는데 복지사들은 너무 쉽게 미혼모의 아기를 입양 부모에게 넘겼다.

결정은 너무 자주 … 전문 종사자 개개인의 징벌적 감정에 기초한다. … 엄마가 아기를 보아서는 안 된다는 주장을 하는 이유는 아기를 보고 나면 포기하겠다는 마음에 갈등이 생길 수 있기 때문이다. 이는 입양을 지연시키거나 입양 절차의 순조로운 진행을 방해할 수 있다. … 심지어 출산 후 몸과 마음이 완전히 회복되기 전 산모는 법적 문제에 연루될 수 있다. … 많은 의사들은 … 엄마에게 아기를 보게 하는 것은 입양에 방해가 되고, 산모가 겪는 심리적 어려움을 해결하는데 도움이 되기 보다 방해가 된다고 생각했다. (Wessel 1962.5.31.)

법학 교수 로버트 레비는 아기를 포기하기를 원하는 사람들에게 포로로 잡혀 있는 미혼모가 처한 상황에 경악했다.

사고를 당한 환자를 진료하는 병원에 사회복지 인력이 배치되어 있고, 의료 전문가는 상담원 역할을 담당하는 모습을 …

상상해 보자. 환자는 어떤 부상이든 치료를 받는다. 그런데 무력한 … 포로처럼 누워 있는 환자에게 다가가 사고 동기를 파헤치고, 사고 예방에 대해 안내한다. 왜냐하면, 입양 기관 입장에서 환자의 증상은 생물학적으로나 법적으로나 엄마에게 속한 아기로 인해 생긴 것이기 때문이다. … 이 '포로가 된' 환자에게 아기의 장래를 위해 아기를 포기하라고 할 수 있나? 만약 미혼모가 … 우리의 접근에 저항하고 우리가 타인의 온전함을 존중한다면, 아무리 좋은 의도라 하더라도 아기를 포기하라고 요구할 수 없다. (Levy 1964: 91)

에모리 대학 정신과 의사인 아이린 프라이더스는 어니스트 존슨 박사의 자유에 대한 정의를 인용하며 다음과 같이 말했다. "자유의 본질은 선택권을 의식적으로 행사할 수 있는 것이다. 위기에 처한 어떤 사람에게 가능한 선택이 하나밖에 없다면 그는 자유롭지 않다. … 자유는 부분적으로 일련의 행동으로 들어가기 전 멈추고 생각할 수 있음을 말한다. 그것은 처한 환경에서 주어진 것 외에 욕구를 충족할 수 있는 대안이나 행동 경로를 제안함을 의미한다…". 프라이더스는 만약 이것이 사실이라면, 어려움에 놓인 사람들과 지역 사회를 돕는 사회복지사는 이전에는 없었던 문제를 해결할 수 있는 가능한 대안을 찾고, "최상의 자유와 해방은 선택 자체에 있을 뿐 아니라 가장 자유롭게 선택할 수 있는 상태이며, 억압이 가장 최소화된 상태"를 의미하는 것이라고 주장했다(Phrydas 1964.10.26.).

하지만 현실에서는 미혼모 담당 의사들까지 독립 입양을 선호하며 미혼모들에게 강력한 영향력을 행사했다(Pringle 1967). 1986년 연구에서 콘돈은 입양 보낸 미혼모의 심리 상태에 대해 다음과 같이 말했다.

1980년대, 미혼모가 아기를 키울 수 있다는 사실에 반대하는 세력들이 있었다. 그들은 입양할 아이는 점점 감소하는데 여전히 유아를 원하며 입양에 대한 높은 수요를 형성하는 사람들이다. 경제적 어려움, 가족과 전문가들에 의한 사회적 낙인은 미혼 임산부로 하여금 아기 포기만이 유일한 선택이라고 느끼게 했다. "'정보에 입각한 동의'라고 그들은 생각하겠지만 그것은 아이를 '포기'하게 한 것에 대한 죄책감을 희석하기 위해 고안된 가식이다. … 입양 보낸 아기는 볼 수도 만질 수도 없다 … 하지만 미혼모에게 아기는 여전히 존재한다. … 마치 '죽었다고 여겨지는' 실종된 군인의 가족이 느끼는 경험과 유사하다. … 아기가 어디에 있는지, 어떤 상태인지 알지 못하면 … 엄마는 아기가 죽었거나, 아프거나, 혹은 자신을 미워하는 것은 아닌지 불안한 환상을 갖게 된다." (Condon 1986: 117)

더 나아가, 입양 복지사들은 미혼모가 아이를 입양 보낸 후 미혼모 시설에 (또는 다른 곳에) 감금되었던 경험, 아이를 낳은 사실과 그 아이를 입양 보낸 사실 모두를 잊게 될 것이라고 말했다. 그들은 아기를 입양 보내기 위해 방해가 될 만한 모든 것을 피해 가려 했다. 그리고 미혼모에게 이 모든 것은 미혼 임신에 대한 값을 치르는 것이라고 조언했다. 복지사는 미혼모가 아기를 포기하기를 바랐다. 미혼모는 미혼모 시설이나 입양 기관 복지사들, 의사, 가족 구성원과 다른 권력 주체들에 의해 아기 포기를 강요당했다. 이러한 일이 1980년대 후반에도 일어났음

은 롤스(Roles 1989)가 쓴 두 권의 입양 지침서를 통해서도 알
수 있다.

> 최근까지도 친생 부모들은 모든 것을 잊고 자신의 삶을 살게
> 될 것이며, 아이는 또 낳으면 된다는 이야기를 듣는다. … 친생
> 부모가 느끼는 슬픔은 입양 동의를 철회할 수도, 입양이 모든 사람
> 을 위한 최선의 대안이라는 가정을 뒤집을 수도 있는 위험 요
> 소가 된다. … 과거 입양은 혼외 출산이란 수치스러운 일을 저지른
> 것에 대한 값을 치르는 일이었다. (Vol.1: Ⅵ, Ⅶ)

> 친생 부모는 가족, 친구, 의사, 사회복지사 그리고 사회의 압
> 박으로 인해 자신의 선택권을 빼앗겼다고 느꼈다. (Vol.2: 1)

> 비록 사회복지사, 의사, 가족, 남자친구, 친구들의 영향을 받
> 고, 그들로부터 강요를 당했지만 … 입양 서류에 서명은 스스
> 로 하게 된다. … 십대이거나 아직 어린 미혼모들은 권력을 가
> 진 자들 앞에서 겁을 먹고, 압박감을 느낄 것이며, 더 강력한 누군
> 가의 바람에 굴복할 것이다. (Vol.2: 23)

연구자들은 선의가 좋은 결과를 가져오는 것은 아니라는
것을 밝혔다. 가령 한 연구에 따르면, "과학자들은 부정한 행위
가 자신에게는 이익이 되지 않지만 타인에게 이득이 될 때 실제
로 사람들은 더 많은 부정한 행위를 할 수 있음을 밝혔다. 만약
우리가 오직 다른 사람들을 위해서만 행동한다면, 자기 자신의
행위를 부정적 관점에서 보기 어렵고, 비윤리적 행위를 합리화
하기 훨씬 쉽다. 비영리 재단, 학교 또는 기타 공익 단체에서 일

하는 사람들은 사회복지 증진이라는 명분을 앞세워 부정직한 행동을 정당화할 수 있기에 상대적으로 규칙을 어기는 경향이 더 강할 수 있다"(Ariely 2012: 232).

19장

낯선 사람들과 통계들

배신의 순간은 최악의 순간이며, 당신이 배신당했음을 명확히 알게
되는 순간이다. 이는 누군가 그토록 커다란 해악을 당신에게 끼치기
를 원했다는 것이다.

마거릿 애트우드(Atwood: 1985)

'아기 퍼가기 시대'의 입양 관련 통계는 관련된 인구와 그들이
처한 상황과 조건 등에 대한 상당한 정보를 제공한다. 물론 입
양 논의에는 반드시 미혼모 관련 통계도 포함해야 한다. 이 시
기 미혼모는 "꿈도 야망도 없고, 게으르고 일하기 싫어하며, 성
적으로 문란하고 자녀에게 소홀한 사람"이란 고정 관념이 있었
다. 그리고 "동네 술집에 앉아 시간을 보내며 아동수당을 술값
으로 써 버리고, 더 많은 지원금을 받기 위해 아이를 계속 낳고,
공공부조 혜택을 누리면서 사는 사람들로 여겨졌다." 그런데
대체로 이런 이미지는 허구이고, 통계에 따르면 미혼모의 3%
미만이 위와 같은 특징 중 하나에 해당하는 것으로 나타났다
(Greenleigh 1961: 6). 또한, 1959년 노스캐롤라이나에서 실시한
연구에 따르면, 그 주의 사생아 중 18%만이 아동수당을 받고 있
었다(Adams & Gallagher 1963: 44).

보수적으로 추산했을 때, 1961년 미혼모 자녀는 미국 전체
출생아 중 4%인 240,200명이었다. 1938년에는 88,000명의 혼
외 아동이 태어났다(Pinson 1964). 수적으로만 단순 비교하면
30년 사이 사생아 수는 세 배 증가했다. 1945년에서 1959년까지

15세에서 44세 사이 여성의 출산율은 1000명당 36명에서 120 명으로 증가했다. 동시에 같은 연령대 여성의 사생아 출산율 은 1000명당 10명에서 22명으로 증가했다(Adams & Gallagher 1963: 43-44).

1956년에 임신한 193,500명의 젊은 미혼 여성들 중 6,000 명이 플로렌스 크리텐튼 시설에 입소했다(Hickey 1958). 대표 적인 미혼모 시설이었던 플로렌스 크리텐튼과 구세군은 미국 내 80개의 미혼모 시설을 두고 있었고, 전체 미혼모 수용 인원 의 50%를 수용했다. 1960년, 두 곳이 운영하는 미혼모 시설 수 용 인원은 14,400명이었는데, 이 중 약 75%의 미혼모가 아기를 입양 부모에게 넘겼다. 미혼모 시설에 있는 엄마들은 아동 보 호 기관에 있는 엄마들보다 어렸는데 약 70%가 21세 이하였고, 33%가 18세 이하였다(Adams & Gallagher 1963: 46).

1960년, 미국에서 250,000명의 아기들이 미혼모에게서 태 어났다. 이 중 91,700명의 "아버지 없는" 신생아가 십대 미혼모 에게서 태어났다. 1959년, 전국에 있던 플로렌스 크리텐튼 미혼 모 시설은 미혼모 8,073명을 수용할 수 있었지만, 입소 희망자 가 더 많아 신청 인원 중 1,700여 명을 돌려보냈다. 시설 수용 미 혼모의 61%가 11세에서 20세 사이였고, 그중 91%가 백인, 7%가 흑인, 나머지 2%는 기타 인종이었다(Allen 1963.11.1.).

로즈 번스타인에 따르면 1960년대 초반 미혼모 시설은 입 양을 전제 조건으로 미혼모를 받는 경향이 있었다.

대부분의 민간 입양 기관들은 자신들이 하는 업무의 핵심을 입양이라고 규정하고, 미혼모 시설 또한 대부분 아기를 포 기하겠다는 어머니들에게 우선권을 주는 경향이 있다. … 전국 미혼모시설연합회의 최근 수치를 보면, 1961년 입소자의 79%가 출산 후 아기를 입양 보냈고, 13%는 양육을 선택했다. … 어떤 미혼모 시설은 솔직하게 입양을 보내야 입소를 할 수 있다고 하고, 어떤 곳은 은근히 차별해서 입소자를 받는다. (Bernstein 1963: 50-51)

1963년 미국에는 150개의 미혼모 시설이 있는데, 48개는 플로렌스 크리텐튼 전미 연합이, 35개는 구세군이, 그리고 38개는 다양한 가톨릭 자선 단체가 운영했다. 가톨릭 자선 단체의 경우 전체 미혼모의 10%만을 수용하는 정도다(Rinehart 1963.3.23.). 그런데, 보건·교육·복지부 복지국장인 엘렌 윈스턴은 조금 다른 통계를 제시한다.

대략 190개의 미혼모 시설이 46개의 주와 워싱턴 D.C.에 있고 수용 인원은 5천 명 정도다. 45개는 플로렌스 크리텐튼 전미 연합에 속한 비종교 시설이다. 35개는 구세군이 운영하고, 50개는 가톨릭 자선 단체 후원으로 운영하며, … 60개는 다른 종교 단체나 독립적인 비종교 사회 단체가 운영한다. 전체 수용 인원을 5천 명이라고 보고 한 명당 평균 70일을 시설에 머문다고 보았을 때, 연간 약 25,000명이 미혼모 시설을 이용한다. … 미혼모 시설은 1년에 20,000명이 넘는 수를 돌보는데, 1961년 사생아를 출산한 240,200명의 미혼모 10명 중 한 명 미만이 시설 서비스를 받은 것이다. (Winston 1963.5.23.)

미 공중보건국U.S Public Health Service의 데이터를 보면, 1963년 사생아 비율은 역대 최고에 달했다. 240,200명이 태어났고

이 중 41%가 십대에게서 태어났다(Bridges 1964: 9).

한편, 사회복지 기관이 주선한 비친족 간 입양은 1966년 71%로 증가했는데 아동국의 집계에 따르면 다음과 같다.

> 1966년 152,000명의 아동이 미국 내 입양되었다. 이 중 80,600명(53%)이 비친족에게 입양되었고, 71,400명(47%)은 친족에게 입양되었다. 1960년부터 1965년까지 5년 동안, 전체 입양 건수의 연간 증가율은 6%에 머물렀는데 … 사회복지 기관이 주선한 비친족 간 입양은 꾸준히 늘어 1966년에는 71%로 증가했다. 총 80,600명 중 57,200명이 사회복지 기관의 주선으로 혈연관계가 없는 가정에 보내졌다. (Infausto 1969: 8)

1970년대에 들면 비친족 간 입양은 더욱 증가한다. 터너에 따르면, "1973년 전체 출산의 13%가 혼외 출산으로 태어났다. 인종별로 보면 전체 백인 아기 중의 6.4%와 비백인 아기 중 41.6%가 혼외 출산으로 태어났다"(Turner 1977: 105). 그리고 "입양되는 아이들은 주로 혼외 출산 아기들이었다. 1971년에는 혼외 출산아의 87%가 혈연관계가 없는 가정에 입양되었다. … 입양 기관의 주선으로 점점 더 많은 아동들이 비혈연 가정으로 입양되는 추세였다"(같은 글: 120). 한편, "비친족 간 입양은 1957년 47,000건에서 1970년 89,000건으로 꾸준히 증가하여, 13년 만에 거의 두 배"(같은 글: 119)가 되었다. 다음 통계는 1945년에서 1971년까지 기관을 통해 비친족 가정에 입양 보내진 아동의 수를 보여준다.

연도별 비친족 가정에 입양된 아동 수(1000명당)

년도	전체	입양 기관 주선
1945	28	14
1950	37	20
1951	38	20
1952	42	24
1953	46	25
1954	47	26
1955	48	27
1956	47	27
1957	47	28
1958	50	30
1959	52	32
1960	58	34
1961	62	38
1962	63	40
1963	67	45
1964	72	48
1965	77	53
1966	81	57
1967	84	62
1968	86	64
1969	89	67
1970	89	70
1971	83	65

(참조 Turner 1977)

한편, 1960년대 후반 미혼모 시설에 대한 수요가 줄었다.

미혼모 시설에 대한 수요가 약간 감소했다는 사실은 1969년 『미혼모』*Unwed Mothers*에서 처음 언급되었다. 그해 8,724명이 미혼모 시설을 이용했는데 이는 전체 수용 인원의 85%이다.

다음 해는 더 감소했는데, 특히 북동부와 중서부 지역에서 미혼모 시설 입소자 수가 가파르게 감소한다. 이러한 급격한 쇠퇴는 1960년대의 여러 사회적 변화가 원인일 수 있다. 그중 하나는 혁신적인 피임 기술의 발전과 이것이 여성의 재생산에 미친 영향이다. … 1960년에 등장한 '경구 피임약'과 … 자궁 내 장치의 개발 등의 피임은 거의 100% 효과가 있었다. (McConnell & Dore 1983)

또 다른 통계들은 '아기 퍼가기 시대' 태어난 혼외 출산 아동과 입양 보내진 아동의 인종적 차이를 보여준다.

1955년 비혈연 가정에 입양된 아동의 72%가 미혼모에게서 태어났다. 매년 15만 명의 여성이 혼외 출산을 하는데, 이 중 54,000명(36%)은 백인이었고, 나머지 96,000명(64%)은 비백인이었다(Thornhill 1955: 180-181). 1960년 224,300명의 혼외 아동이 태어났는데, 백인과 비백인의 비율은 각각 37%와 63%였다(Adams & Gallagher 1963: 43). 그런데 비백인 아기보다 훨씬 많은 백인 아이들이 입양 보내졌다. 이러한 사실은 공보위원회의(1935년 설립된 비영리 교육기관) 440호 팜플렛 『미혼모』 *The Unmarried Mother*에 실린 편집장 엘리스 실러의 논의에도 나타난다.

혼외 출생아 중 비백인 아동의 5~10%가 입양 보내지는 … 반면 백인 아동은 거의 70%가 입양 보내진다. … 미국의 사생아 비율은 1940년부터 1957년 꾸준히 증가했다. … 전국 수치를 보면, 가임기(15~44세) 여성 1000명당 사생아 출산은 1940년 7.1명 … 1957년 21.0명 그리고 1966년 23.6명으로 증가했다. 그러나 실제 사생아 출산수는 (인구 증가로 인해) 1940년 89,000명에서 1966년 302,363명으로 25년 동안 세 배 증가하였다. (Shiller 1969)

또한 입양 보내진 아동의 인종적 차이는 확연하다. 1963년 미혼모에게서 태어난 백인 신생아의 약 70%가 입양 보내졌지만, 흑인 아동의 경우는 5%에 그쳤다(Winston 1963). 1964년 입양 보내진 아기 중 백인은 70%, 흑인은 4%였다. 이 해 미혼모 중 백인은 42%로 기록된다(많은 미혼모들이 출산 신고를 하지 않아 실제는 이보다 높을 것으로 추정된다)(Poinsett 1966). 루커의 연구에 따르면, 1965년에서 1972년 사이, 백인 아기의 20%, 흑인 아기의 2%가 입양 보내졌다. 1973년과 1988년 사이 입양 보내진 아기는 확연히 감소하나 여전히 인종차는 나타난다. 이 기간 동안 입양 보내진 백인 아기는 8%, 흑인 아기는 0.2%로 나타난다. 이를 다시 1982년부터 1988년까지 구간으로 보면, 백인 아기는 3%로 더 급격히 감소한 반면, 흑인 아기는 1% 감소(Luker 1996)했다.

상담받은 미혼모의 인종적 차이도 보인다. 가령, 1968년 법원 서류, 경찰 기록, 복지 기관 정보와 '가출 소녀 쉼터' 데이터를 참고한 오소프스키의 연구에 따르면, 백인 미혼모 중 45%가 미혼모 시설이나 아동 보육 기관, 또는 두 곳 모두와 상담을 했지만, 흑인 미혼모의 경우는 6%에 그쳤다. 또한, 지역 사회의 복지 기관의 돌봄을 받은 경우는 백인 미혼모가 81%인데 비해 흑인 미혼모는 단지 11%에 그쳤다. 대체로 모든 연령대에서 흑인보다 훨씬 많은 백인 여성이, 20세 미만의 경우 백인 미혼 산모 중 50% 이상이 미혼모 시설 또는 아동 보육 기관, 또는 두 군데 모두와 상담을 했다(Osofsky 1968: 52).

또한, 오소프스키가 제시한 1965년 통계를 보면 주로 15세에서 24세의 미혼모에게서 혼외 출생아가 집중적으로 태어나고 있음을 알 수 있다.

〈표 1〉 1965년 미국 연령별 혼외 출생아 수

나이	혼외 출생아 수
15세 이하	6,100명
15~19세	123,000명
20~24세	90,600명
25~29세	36,800명
30~34세	19,600명

(Ofofsky 1968)

비슷한 시기 덴마크 미혼모가 처한 상황은 미국과 달랐다.

덴마크에서는 미혼부의 90%가 자녀에게 이름을 물려주고 경제적 지원을 한다. 비록 미국의 사회복지 전문가들이 덴마크 제도를 연구하고 선망했지만 아무도 그것을 들여오자고 제안하지 않았다. (Shiller 1969)

(1969년) 미국에서 백인 부모에게서 태어난 사생아의 67%가 입양 보내졌지만, … 덴마크에서는 2~3%에 그친다 … 아이를 키우고 싶은 미혼모는 덴마크에 이민 가라고 제안하고 싶었던 적이 많았다. 덴마크에는 미혼모가 자녀를 양육할 수 있는 많은 시설들이 있다. 미혼모는 … 주거 우대, 보육원 이용, 충분한 재정지원을 받는다. 단, 이러한 우선권을 누리기 위해서

는 아이의 아버지가 누구인지 밝혀야 할 법적 의무를 갖는다. 그러면 책임이 있다고 판단되는 그 남자로부터 양육비를 지급하도록 하는 것은 국가의 책임이다. … 이는 더 동정적이나 덜 처벌적인 태도로 성적 행동에 접근하고 있음을 분명히 보여준다. (Gill 1977)

북유럽과 달리 미국에서는 많은 혼외 출생아들을 입양 보냈다. 미국아동복지연맹에 따르면, "1971년 비혈연 가정에 입양된 87%, 혈연 가정에 입양된 34%가 혼외 출산 아동이었다. 같은 해 십대 미혼모의 18%가 그들이 생애 처음 출산한 아기를 입양 보냈다"(Child Welfare League of America 1978).

사우스 캐롤나이나 대학 사회복지학과의 르로이 펠튼 교수에 따르면 절반 이상의 미혼모는 외부 압력으로 아기 포기를 결정했다.

1951년에서 1961년 사이 개별 입양이 사설 입양 기관을 통한 입양보다 비율적으로 우세했다. 하지만 1962년부터 1975년 사이 사설 입양 기관을 통한 입양은 1970년 전체 비율의 45%를 차지하며 지배적인 형태의 입양이 되었다. 아기 포기 결정 요인에 대한 연구에 따르면 69%의 미혼모가 가족의 반대, 사회복지사나 의사로부터 받은 압박, 또는 재정적 어려움으로 입양을 선택한 것으로 나타났다. (Pelton 1988: 101)

20장
조각내기

타인의 이익을 위해서 엄마와 아기의 생물학적 연속성에 계획적으로 개입하는 것은 반인륜적 범죄이다.

다이앤 웰페어(Wellfare 2016)

'아기 퍼가기 시대' 입양은 장기간의 연구나 신뢰할 수 있는 증거를 토대로 실천된 것이 아니다. 많은 입양 복지사들은 입양이 미혼모와 그 자녀 모두에게 해로울 수 있다는 것을 알면서 미혼모에게 계속 아기 포기 압력을 가했다. 그들은 아기와 엄마의 분리가 심각하고 평생에 걸쳐 부정적인 영향을 끼칠 것을 알았지만 무시했다. 가령, 루이지아나주 올리언스군 공공복지부 아동과의 아이네스 베이커 과장은, "우리는 엄마와의 분리가 아동에게 어떤 느낌인지 안다. 이것은 죽음과 흡사한데 분노, 환멸, 절망, 그리고 매우 '부당하다는' 느낌을 수반한다"(Baker 1948: 30)고 말했다. 베이커뿐 아니라, 이후 60년의 세월을 지나는 동안 이러한 사실은 분명히 인지되었다. 베이커는 친부모의 권리에 대해서도 언급했다.

부모는 법원이 특별히 금지하지 않는 한, 자녀가 어디에 있는지 알고, 합의된 바에 따라 만날 수 있으며, 관계를 유지할 권리가 있다. 부모의 면접이 아이나 아이를 돌보는 사람에게 심각한 신체적 위협을 가하지 않는 한 법원의 금지 명령은 부모에게 거의 내려지지 않는다. (같은 글: 29)

심리학 전문가들도 마찬가지였다. 예를 들면, 클로디어는 출생 직후 또는 출생 후 얼마 되지 않아 입양 보내진 아이들은 "상호적이고 심리적으로 깊은 만족감을 주는 모자 관계를 형성할 기회를 잃었다. 안정적 모자 관계란 한 인간의 정서와 육체가 만나는 인격이라는 영역에 자리 잡은 뿌리와 같다"(Clothier 1943: 223)고 지적하며 "아기에게 막 자신을 낳은 엄마를 대신할 수 있는 더 나은 최고의 엄마가 있을지는 의문"(같은 글)이라고 말했다. 1966년 엘리자베스 리콜즈는 그의 저서에서 입양 복지사들에게 엄마 뱃속에서 태어나서 엄마와 헤어지게 되는 아기는 트라우마로 고통받게 될 것이라고 경고했다.

아기가 엄마의 배 속에 있을 때 일어난 일조차 그 이후에 일어나는 일과 연관이 있다. … 우리는 엄마의 건강 상태, 임신에 대해 느끼는 감정이 아기에게 어느 정도 영향을 준다는 것을 알고 있다 … 산모의 극심한 불행감이나 걱정은 산모의 건강과 태아의 건강에 영향을 미칠 것이다. … 아기가 태어나기까지 경험하게 되는 모든 일과 태어난 후 어떻게 다루어지는가는 만족, 불편함, 고통, 저항, 두려움, 분노로 표현되는 아기의 반응과 연관이 있다. (Nicholds 1966)

앞서 13장에서 라인하트(1963)의 인용을 통해 보았듯, 아기를 입양 보낸 미혼모는 자신을 버린 사회에 다시 돌아가야 하는 버거운 임무를 안고 있다. 임신한 순간부터 출산 후 사회로 돌아갈 때까지 자아를 부정당하고, 출산 후엔 무관심 속에 방치된다. 정신과 의사 존 볼비는 엄마와 분리된 아기는 울음과 급성 신체적 징후를 통해 분리에 대한 거부감을 표현하고, 이후에는 체념과 무력감을 보이는 절망의 단계를 거친 후 분리의 단계에 진입한다고 보았다. 그는 엄마와 아기의 초기 분리로 인한 우울함에 관한 기존 연구의 부재를 지적하며, 분리로 인해 경험한 우울감은 평생 내재해 있다가 나중에 발현될 수 있다는 점에서 매우 중요한 점을 시사한다고 보았다(Bowlby 1952). 아마도 볼비는 다른 상실의 경험을 하게 될 때 초기의 상실이 "자극받아 활성화"되는 문제를 제기한 것으로 보인다.

또한, 볼비는 아기를 '위탁모'로부터 분리하는 것도 트라우마를 일으킬 수 있다고 보았다. 하물며, 아기를 너무도 사랑하는 친모와의 분리로 인한 영향은 더 크다 해야 타당할 것이다. 그는 심리학자 매리언 라드케 야로우를 인용하며, 출생 후 위탁모가 돌봤던 아기가 입양 부모에게 보내지자마자 "행동 장애"로 어려움을 겪는다고 주장했다. 야로우에 따르면 아기는 주로 "느린 반응, 입양모에 대한 지나친 집착, 잦은 울음, 비정상적인 무관심, 취침이나 식사와 같은 일상적 행동 수행의 어려움, IQ 하락"(같은 글: 재인용)과 같은 특징을 보였다.

엄마와 아기의 분리가 둘 모두에게 지속적이고 부정적인 영향을 끼친다는 사실이 점차 알려졌지만, 이에 관심을 두는 사람들은 적었고 엄마와 아기의 분리는 계속되었다. 이에 아동국은 1953년 "지식 탐구" 계획을 세우고 자체적으로 "소규모" 연구를 시작했다. 이 연구에서 던진 질문은 "아기를 부모에게서 분리하는 것은 얼마나 해로운가? 나이, 환경, 방식에 따라 그 정도는 다른가? 어떻게 하면 극복할 수 있는가?"(Children's Bureau 1953: 103) 등이었다. 이후 이 연구가 어떤 결실을 거두었는지 알려진 바는 없다.

입양 종사자들은 미혼모들에게 아기를 입양 보낸 후 임신과 출산을 했다는 사실을 "잊을 것"이고, "아무 일도 없었던 것처럼" 그들의 삶을 계속 살게 될 것이라고 확신에 차서 이야기했다. 하지만 한 사회복지사가 "성숙하든 미성숙하든, 어떤 단계에 있든, 내면의 공허함과 상실감 없이 아기를 포기할 수 있는 미혼모는 없다"(Edlin 1954: 182)고 말했듯, 1950년대 중반까지 입양 복지사나 사회복지 전문가들은 친어머니에게서 분리된 아기에게 정서적 피해가 발생한다는 사실을 알고 있었다. 의사 표시를 할 수 있는 나이 많은 아동은 입양으로 인한 피해가 영유아들보다는 덜했을지 모르겠다. 사회복지사 진 찬리는 "유아를 대상으로 하는 사회복지 분야에서 저지르는 가장 큰 실수는 유아들이 감정을 가진 존재라는 것"(Charnley 1955: 8)과 "모든 이별에는 상처가 있다"(같은 책: 14)는 점을 분명히 하며 친부모의 양육 지원에 대해 관심을 가질 것을 호소했다.

> 나는 아이의 친부모가 아무리 부족하다 하더라도, 좋은 양부모가 거의 주지 못하는 특별한 가치를 가진 존재임을 알고 있다. … '이에 동의하는 수많은 훌륭한 사회복지사들을 보세요. 도로시 허친슨, 헬리에타 고든, 존 볼비, 리언 리치맨, 그리고 그 밖에 너무도 많이 있어요'라고 말하고 싶을 정도다. (같은 책: 107-108)

이는 1955년 당시 사회복지사들은 진짜 엄마, 자신을 사랑하고 기꺼이 키우려 한 엄마와 헤어진 아기가 그것으로 인해 고통받게 되리란 것을 알고 있었음을 더욱 확인해 준다. 이같이 많은 입양 전문가가 엄마와 아기의 분리가 가져올 부정적 영향을 인정하자, 일부 전문가들은 아기와 엄마를 떼어놓는 것을 최후의 수단으로 사용할 것을 촉구했다.

> 부모와의 헤어짐은 아마도 아이의 삶에 있어서 가장 비극적
> 인 사건일 것이다. 그것의 부정적 후유증은 돌이킬 수 없는 것
> 이다. … [입양된 아이의] 운명이 지닌 이 고통은 … 자신은 남
> 과 다르다는 … 인식을 하게 되고 상처를 받는다는 것이다. …
> 입양은 심각한 수술과 같다. 입양이란 수술을 받은 이후 아기
> 는 결코 이전 상태로 회복될 수 없다. … 모든 사회복지 영역
> 에 있는 복지사들은 입양 조치를 최후의 수단으로 고려해야
> 할 것이다. (Glickman 1957)

하지만 입양 기관은 신생아 입양과 엄마와 아기의 분리가
어떤 영향을 끼칠지 아무도 확신할 수 없지만 이러한 불확실성
을 안고 가야 한다는 입장을 유지했다. 한 복지사는 이렇게 말
했다. "확실한 것은 있다. 그것은 확실한 것이 없다는 것이다. 그
리고 엄마와 아기 분리를 더 나은 것으로 만들기 위해서는 불
확실성에 대한 관용이 필요하다. 그것이 아무리 크더라도 말이
다"(Gianakon 1960).

사회복지사들은 아기를 입양 보내는 것과 친모가 키우는
것 중 어느 것이 더 좋은지, 미혼모의 아이가 성장해서 어떻게
될지 질문을 하기 시작했다. 다시 말하지만, 입양이 끼친 영향
에 관한 연구는 거의 없었기에 논의도 거의 진전되지 않았다.
1950년대 사람들은 입양을 상대적으로 새롭고 멋진 일로 여겼
고, 전문가들은 입양 부모의 사생활을 보호하려는 경향이 있었
으며, 이로 인해 입양 연구에 협조하려는 입양 부모는 거의 없
었다. 입양에 관한 실질적 연구 부재에 직면한 사회복지사들은

아동이 입양 부모와 친생 부모 중 누구에게 키워질 때 "더 행복"한지에 대한 질문은 여전히 결론지을 수 없는 문제라고 말할 수 있었다.

> 입양은 우리 사회가 이제 막 배우기 시작한 기술이다. 더 연구가 진행되기 전까지는 입양이 어떤 기능을 하는지, 또는 아기를 사랑하지 않을 이유가 없는 미혼모가 직접 양육하는 것과 어떤 차이가 있는지 아무도 확신할 수 없다. (Wimperis 1960: 267)

하지만 L. W. 손탁 박사는 태내에서 아기를 키운 엄마가 출산 후에도 계속 키우는 것이 이상적이라고 주장했다. 그에 따르면, 임신 기간 만 9개월 동안 엄마와 아기 사이에 애착이 형성되어 있고, 아기를 낳은 엄마가 신생아에게 돌봄을 제공하는 데 특수하게 최적화되었기 때문이다.

> 기본적인 조건반사는 자궁에서 시작한다. … 아기의 전체적인 심리-생물학적 시스템은 자궁에 있을 때부터 모체의 생체적이고 생리적인 리듬과 호르몬 변화에 적응하는 방법을 배워야 한다. 아기는 이미 태내에서 엄마의 몸이 작동하고, 느끼는 방식과 긴장과 스트레스를 조절하는 방식에 대한 매우 원초적 개념을 구성하기 시작한다. … 태아의 조절 메커니즘은 천천히, 의식할 수는 없지만, 모체의 파장에 맞춰지고 있다. 그리고 이것은 태어난 후 엄마와 아기의 관계가 성장해 나가는 기본 토대가 된다. … 따라서 아기를 낳은 엄마가 아기를 키우는 것이 이상적이다. (Sontag 1960: 63)

한편, 사회복지 교육 전문가 클라크 빈센트는 1960년 약 7백만 명의 사생아가 태어났으며, 매해 추가로 22만 5천 명이 더 태어나고 있는데, 그들이 놓인 상황에 무지함을 우려했다.

사생아의 어린 시절과 어른이 된 이후의 삶에 대해 우리는 무엇을 알고 있나? 이들 중 얼마나 자신이 사생아로 태어났음을 알고 있을까?, 이들은 어떤 마음의 상처를 안고 살아가고 있을까? 어떤 존엄성의 상실로 고통스러워하고 있을까? 어떤 물적, 사회적 신분의 박탈을 경험했을까? 지금껏 체계적 연구가 없었기 때문에 이러한 질문에 대한 답을 찾을 수는 없다. 비록 혼외 출생아들이 사생아로 태어난 것 때문에 우리가 모르는, 어쩌면 매우 큰 값을 치르고 있음에도 말이다. (Vincent 1962)

한편 입양 현장에서 이론을 받아들이고 실천하는데 격차가 있었기 때문에 새로운 관점의 연구 결과가 등장한다고 해도 바로 주목받고 적용되지는 않는다(Zackler & Brandstadt 1974). 점차 더 많은 사회복지 전문가들도 사례 결정에 참조할 정보가 되는 확실한 데이터가 없다는 사실을 안타까워했다. 예를 들면 실무 교육을 담당하던 사회복지사 엘리자베스 니콜즈는 다음과 같은 우려를 했다. "… 우리는 클라이언트의 삶에 영향을 주기 전 무엇이 최선인지 정말 안다는 확신이 있어야 한다. 하지만 우리는 결코 그렇지 않다"(Nicolds 1966).

이후 입양에 관한 연구가 점차 진행되며 분리와 입양을 겪으며 아무런 상처도 영향도 받지 않는 미혼모와 아기는 없다는 것이 분명해지고 있다. 갓 낳은 아기와 헤어지는 것은 엄마에게 힘든 일이며, '미혼'이란 사실과 모성을 느끼는 것 사이에는 어떤 연관 관계가 없다는 것도 분명해지고 있다. 번스타인은 이 점을 확실히 했다.

> 엄마로서 느끼는 감정은 쉽게 무시할 수 있는 것이 아니다. 만약 엄마가 되었는데 엄마임을 부정하거나 억누르면 불안해지고, 초조해지며, 우울감을 느낀다. (Bernstein 1971: 57)

> 비록 이성적으로는 아이를 입양으로 잃어버렸기 때문에 우울한 감정에 든다는 사실을 알지만, '만약 그랬다면 어땠을까' 와 같은 생각 놀이에서 미혼모는 위안을 찾게 된다. 즉 '그때 양육을 지지받고 아기를 포기하지 않았다면 어땠을까'라는 행복한 상상에 빠지게 되는 것이다. … 현실적으로 아이와의 관계가 완전히 단절되는 상황에서 그런 상상이 현실이 되는 일은 아마 없을 것이다. … 누군가 상처를 받는다는 것은 의심할 여지가 없다. (같은 책: 92)

이상에서 언급한 생물학적, 심리적 영향 외에도 미혼모는 임신 중 적절한 지원을 받지 못한 결과 사회적으로 계급이 하락한다. 아기가 입양 보내진 후 미혼모는 다음과 같은 상황에 부닥친다.

> 대체로 미혼모에 대한 지원은 중단된다. 사회에 다시 통합될 수 있도록 돕는 후속 조치가 없다 … 가족과 단절되고, 친구나 동료 집단에서 소외되며, 사회 시스템으로부터 배제당하고, 의료 기관으로부터 또한 사회 서비스 제도에서는 대체로

무시당한다. 젊은 엄마들이 이혼, 건강, 교육, 고용, 복지 통계에서 우려스러운 지표를 보여주는 것은 놀라운 일이 아니다. (Zackler & Brandstadt 1974: 243)

게다가 아기와 헤어진 어머니가 슬퍼할 경우, 만약 그 어머니가 미혼모이면 아무도 관심을 갖지 않았다. 미혼모는 임신하고 출산하는 다른 여성들과는 완전히 '다른' 존재와 같았다. 그러나 로렌스가 지적하듯 미혼모의 슬픔은 실재하는 것이다.

미혼모는 달라야 했다. 즉 일탈적이어야 했다. 만약 다른 엄마들과 똑같은 정도로 아이에 대한 애정을 가지고 있다면, 입양의 선함은 친생모의 비극에 압도당할 것이다. … 사회도, 입양한 아기를 안고 있는 입양모도, 아기를 품에서 놓아 버린 친모의 고통과 마주하고 싶어 하지 않는다. 하지만 그 고통은 실재한다. 왜냐하면, 우리는 잃어버린 아이와의 재회를 통해 그렇다는 것을 알게 되었기 때문이다. (Lawrence 1979.5.4.)

아이를 키우도록 돕기보다 입양을 강요하는 사회에서 미혼모들이 경험하는 힘들고 고통스럽고 수치스러운 일들은 너무도 많다. … 만약 양육을 결정했다면 도움이라 할 만한 것이 없음을 알게 될 것이며 … 입양을 선택했다면 모든 과정이 끝난 뒤 결국 절대 호의적이지 않은 사회적, 도덕적, 심리학적 규정의 대상이 되었다는 것을 알게 될 것이다. 그런 처지를 원하는 사람은 아무도 없을 뿐 아니라, 미혼모에게는 심리적 스트레스의 주요 원인이 된다. (Howe et al. 1992: 22~23)

반복하지만, 아기를 포기한 엄마의 슬픔은 사실이다.

박탈된 슬픔disenfranchised grief이란 공개적으로 인정받지 못하거나, 사회적으로 받아들여지지 않거나, 모두에게 애도 받지 못하는 슬픔이다.[1] … 미혼모는 마땅히 애도할 자격이 있는 어머니로 인정받지 못했으며, 아기를 잃었다는 사실은 실제 일어난 일로 여겨지지 않았다 … 어떤 엄마들은 임신으로 보상을 받고 어떤 엄마들은 처벌을 받는 사회에서 미혼모는 산다. 대부분의 사람들은 그녀에게 실망하고, 자신도 스스로에게 실망한다. 사회는 어떤 엄마에게 임신은 잘한 일이고, 어떤 엄마에게 임신은 잘못한 일이라고 한다. 어떤 엄마에게는 슬퍼하라 하고, 어떤 엄마에게는 슬퍼하는 것은 적절하지도, 자연스럽지도 않은 행동이라고 한다. 어떤 엄마에게는 자신보다 아기를 먼저 생각하는 일이 자연스럽다 하고, 어떤 엄마에는 아기보다 자신을 먼저 생각하는 것이 자연스럽다고 한다. 그녀는 예전에도 그리고 지금도 자신의 경험에서 고립되어 있다. 그녀가 느끼는 슬픔은 해결될 수 없다. 홀로 어떻게든 그것과 함께 살아야 한다. (Roland 2000: 9-10)

모든 것을 잊고 살게 될 것이라고 확신했던 사회복지사들의 말과 달리 친생 부모는 상실감에서 결코 벗어날 수 없었다. 미혼모들은 입양이 "문제"를 간단히 "해결"해 줄 것이라는 복

---

[1] 이는 케네스 도카Kenneth Doka가 『박탈된 슬픔: 은폐된 슬픔의 발견』 *Disenfranchised Grief: Recognizing Hidden Sorrow*, Lexington Books, 1989 등에서 주장한 개념이다.

지사들의 말을 믿었지만, 입양 경험은 상처를 남겼고, 아기를 포기했다는 사실은 미혼모들이 감당하기에는 어려운 문제로 남았다. 입양 보내진 아기들은 여전히 어머니들 마음속에 슬픔으로 남아 있고, 미혼 부모가 느끼는 죄책감은 결코 사라지지 않았다(Penny 1988).

입양이 장기적인 영향을 끼친다는 사실은 상당히 높은 비율의 입양인들이 성장 후 정신과 치료를 받거나 치료 센터에 입원하는 사례가 증명한다.

상당히 많은 청소년 및 성인 입양인이 정신과 치료를 받거나 치료를 목적으로 치료 센터에 입원한다. 예일대학 정신과 병원 및 여러 다른 병원의 의사들로부터 치료 중인 성인 중의 3분의 1에서 4분의 1 정도가 입양인이라고 들은 적이 있다. (Lifton 1988[1979]: 45)

입양아동 상담사들은 그 아동들의 특별한 문제를 인지하지 못하고, 상대적으로 덜 심각한 문제에 매달리며, 결과적으로 입양이라는 문제의 중심에는 접근하지 못하고 있다. 나에게 찾아온 입양 부모들은 대개 태어나서 바로 입양된 청소년기의 자녀를 키우고 있었다. 이들은 아이를 데리고 여러 상담사를 찾아 전전했지만, 입양에 대해 잘 인지하고 있는 상담치료사를 만나지는 못했다. 커쉬너 박사의 말을 빌리면, 이 입양 자녀는 '중고 환자'가 된 것이다. 문제의 중심에 입양이 있다는 사실을 인지하지 못하는 상담치료사는 결코 그 아동의 문제의 근원에 다가갈 수 없다. 아동은 계속 소외된 채 남겨질 것이고 반항적인 행동을 할 것이다. (같은 글: 273)

아이를 포기하고 입양 보낸 사건은 심각한 기능 장애를 일으킬 수 있다. "많은 사람들이 지적하듯 슬픔과 애도는 아동 포기 경험에 내재한 요소들이다. 만약 이것이 부정되거나 억압되면 후에 살아가는데 큰 장애를 경험하게 된다"(Cushman et al. 1993).

1999년 『임산부, 산모 및 신생아 간호학회지』에도 아기 포기가 산모에게 미치는 부정적 영향에 대해 언급하고 있다.

아기를 포기한 어머니들은 슬픔의 반응을 보이는 것이 확인되었다. 슬픔은 아기 포기 경험으로 인해 나타나는 다른 장기적인 반응들과 혼자 슬픔을 해결하려는 노력과 동반되어 나타난다. 아기 포기는 어머니들의 삶을 뒤바꾼 사건의 경험이며 그 경험은 정신적으로 신체적으로 그리고 아기를 포기했을 당시와 향후 먼 미래까지 타인과 관계 맺기에 지대한 영향을 끼친다.(Asklen & Bloom 1999)

2014년, 심리학 교수 히진스 박사는 "강요된 입양"으로 인해서 친생모와 입양된 아기들이 평생 그 후유증으로 고통을 받는다는 연구를 근거로 과거 입양 관행을 비판했다. 입양 연구에 참여한 미혼모 중에는 더 심한 경험, 즉 의료 전문가들에게 성폭행이나 의료적 학대를 당하거나 방치되기도 했다(침대에 묶이거나, 강압적으로 제지당하거나, 베개로 얼굴 부위를 눌리거나, 침대 시트를 말아서 아기와 산모 사이에 세워 놓고 산모가 아기를 보지 못하게 한 일도 있었다). 그 밖에도 더 많은 비윤리적 관행이 있었고 이는 미혼모들에게 심리적 외상을 남겼다.

충분한 정보를 참조하며 판단할 수 있는 능력을 약물을 투여하여 훼손시키거나, 출산한 아기가 죽었다고 친생 부모를 속이거나, 비윤리적이고 불법적으로 입양 동의를 받아내거나 (또는 아무 동의 없이 입양을 보내거나), 의료 실험에 입양될 아기를 사용하거나, 학대적인 부모에게 입양 보내거나, 입양 보내진 상황과 경위에 대해 입양인에게 거짓말을 하거나 … 강요된 입양은 심리적·정서적 영향과 관계가 있는데 가령 감정조절 장애, 슬픔과 상실감, 외상 후 스트레스, 정체성과 애착 장애, 인격 장애 등 … 미혼모들이 정신질환으로 고통받은 확률은 평균보다 높았다. (Higgins 2014)

21장
입양 동기를 성찰하라!

침묵하는 위탁모에게서 부화한 새는 노래하지 못한다.

알프레드 A. 토마티스(Tomatis 1981)

'아기 퍼가기 시대' 입양 부모들은 미혼모에 대한 전형적인 믿음을 가지고 있었다. 사회복지사, 의료 기관 및 미혼모 시설에 종사하는 전문가들은 미혼모에 대한 부정적 의견을 조성했고 또 조장하려 했다. 이에 영향을 받은 입양 부모들은 미혼모를 자신들과는 '다른' 사람으로 보려 했다. 하지만 미혼모에 대한 이러한 전형적 이미지는 잘못된 것이다.

의학적 견해에 따르면, 결혼을 '했건' '안 했건' 임신 기간 중 일어나는 신체적, 심리적 변화는 같다. 또한, 일반적으로 혼외 임신한 여성은 아기 포기로 인해 가장 큰 정서적 피해를 경험했다는 사실에 동의한다. (Browning 1959.11.1.: 14)

미혼모 시설에 있던 엄마들을 보고 판단하건대, 기꺼이 아기를 건네 주거나 '팔아 버리는' 비정한 계집애의 모습으로 미혼모를 상상하는 대중의 생각은 잘못되었다. 그들 대부분은 … 아기를 입양 보낼 생각에 상심했는데 특히 출산일이 임박해 오며 더욱 그러했다. 그들에게 입양은 토론의 여부가 있는 문제가 아니었다. (같은 글: 16)

입양 복지사 로우에 따르면, 입양 부모들은 입양할 아이를 고르기 위해 미혼모 시설에 직접 방문하는 것을 선호하지 않았다. 그들은 "엄마들의 극심한 고통"에 직면하게 되는 상황에 "불편함"을 느꼈다. 오랫동안 기다려 온 "입양의 날 느끼게 될 행복"을 망쳐 버리기 때문이다(Rowe 1966: 231). 복지사들은 "친생 부모를 폄훼하거나 사생아를 수치스러운 존재로 치부하지 않으면서 혼외 성관계를 용납하는 것처럼 들리지는 않도록 사생아 입양에 대해" 입양 부모에게 설명해야 하고, "혹시 입양할 아이가 친부모처럼 혼외 성관계를 할지 모른다"는 그들의 걱정을 덜어 주도록 훈련받았다. 로우는 "이러한 관행은 고착화되어 바꾸기는 너무 어려울 것"(같은 글: 252)이라고 보았다.

전문가들은 입양 부모 사이에서 작동하는 또 다른 역동성을 인지했다. 베넷에 따르면 어떤 입양 부모들은 어머니가 있는 아이를 데려가는 것을 불편해했다.

> 입양이 갖는 정치적 측면을 보지 못하는 많은 입양 부모들은 스스로에게도 또는 입양한 자녀에게도 입양을 정당화하는 데 어려움을 겪는다. 입양 부모들은 친모가 처했던 상황에 대해서도, 그것을 아이에게 설명하는 것에 대해서도 생각조차 하기 싫어한다. 아마 자신들이 한 입양은 사회적 불평등이나 부정의는 관계없다는 증거를 보여주기 위해 친모의 나이가 너무 어렸다거나 친모에게는 정신적 문제가 있었기 때문에 입양했다고 말할지 모른다. … 확실히 입양의 정치적 차원은 통상 무시된다. (Benet 1976: 12)

어떤 사회복지사들은 입양 사실을 입양 자녀에게 설명할

때 도움이 된다는 면에서 친모의 아기 포기 현장을 입양 부모가 목격하는 것을 긍정적으로 보기도 했다.

입양 부모가 잠시 친생모를 만나 보는 것은 입양아동의 신생아 시기가 어땠는지 알 수 있고, 이는 아기가 커서 자신의 출생에 대해 물어볼 때 도움이 될 것이다. 만약 아이에게 "잠깐 엄마를 봤는데 키는 크고, 날씬하고, 검정 생머리에 예쁜 빨간색 옷을 입고 있었어. 엄마가 네게 '잘 가'라고 말하며 울었는데 엄마에게 '우린 벌써 이 아기를 너무 사랑해요'라고 말해 주었어"라고 한다면 아이에게 큰 힘이 될 것이다. (Pochin 1969: 122)

한 입양모는 이렇게 말했다. "난 이렇게 사랑스러운 아기와 헤어져야 하는 친모가 조금 걱정되었어요"(Kirk 1984: 71). 이는 친모의 아기 포기가 전혀 자연스러운 일은 아니란 것을 입양 부모들이 알고 있었음을 말해 준다. 그들은 왜 입양을 하려는지 그 동기를 검토해야 할 것이다. 미혼모로서 아기를 입양 보내야 했던 쇼여는 다음과 같이 주장했다.

많은 입양 부모들은 공개 입양을 원하지 않는다. 왜냐하면, 자신들이 아이를 소유하고 싶어 하기 때문이다. 최근 입양할 아기가 매우 적기 때문에, 사회복지사들은 친모가 아이의 삶을 공유할 동등한 권리를 갖는 공개 입양을 할 의사가 있는 부부만을 입양 후보로 고려해야 한다. … 입양 부모는 친모를 계속 비가시화하고, 마음에서도 멀어지게 하려고 하는데, 왜 그런지 그 동기를 오랫동안 면밀하게 살펴보아야 한다. 아무도 누

군가의 희생이 전제된 행복을 누릴 수는 없다. (Shawyer 1979: 87)

하지만 입양 부모들은 친생 부모에 대한 언급을 회피하거나, 입양한 아동과 대화할 때 자신들을 "진짜" 부모로, 친생 부모는 단지 "너를 낳은 그 여성과 남성"으로 호칭했다. 커크에 따르면 이는 친생 부모의 존재를 쉽게 지워 버릴 수 있는 방식(Kirk 1984: 62)이었다.

이제 입양에 대한 지식은 점차 역동적으로 확장되고 있다. 이에 따라, 입양 부모들의 입양 동기도 관심 주제로 떠오르게 되었다. 더는 모든 입양 부모가 오직 아이를 위해서만 입양한다는 것으로 입양 동기를 설명해서는 안 된다. 마셜과 맥도널드에 의하면 입양의 현실은 다음과 같았다.

당시 사회는 의사와 복지사들이 불임에 대한 빠른 해결책으로, 혹은 출산 시 아기가 사산되었다면 그 보상으로 빨리 입양할 것을 권하는 분위기였다. 그 결과 슬픔에 찬 친생 부모들은 고통스러워하며 입양 신청서를 작성했다. 입양부가 될 사람 대부분 아내가 아이를 원했기 때문에 입양에 동의했지만 입양하기 전에도, 그리고 입양한 후에도 아이에 대한 정서적 거리를 유지했던 거 같다. (Marshall & McDonald 2001)

나는 첫아이를 입양으로 잃어버린 엄마입니다

열여덟 살이었던 1964년 초, 임신 사실을 알게 되었다. 아기 아빠인 남자친구와 나는 뉴저지의 작은 동네에 살고 있었다. 그가 해군에 입대한 이후 우리는 몇 년간 편지를 주고받거나 전화 통화를 하며 '장거리' 연애를 했다. 1963년 그가 추수감사절 주말을 함께 보내자고 제안했을 때, 서로에 대해 점점 진지해지고 있던 만큼 서로를 원하는 마음이 더욱 커지고 있다고 느꼈다. 미칠 듯이 기뻤다. 섹스나 데이트에 대해 무지했던 나는 그의 제안을 우리의 관계를 다음 단계로 진행하려는 의도, 즉 내게 좀 더 헌신하겠다는 뜻으로 받아들였다. 그러나 아니었다. 그는 단지 섹스만을 원했던 것이다. 나중에 알고 보니 그는 이미 캘리포니아에 있는 다른 여자와 약혼을 한 상태였다.

난 양아버지가 무서워 가족들에게 말하지 못했다. 폴란드 가톨릭 혈통의 양아버지가 알면 엄마 역시 곤욕을 치르게 될 것은 뻔했다. 그래서 일하던 곳의 사장님께 의논했고 사장님은 바로 입양 기관을 소개해 주었다. 누구도 아기를 기를 수 있다는 희망을 주지 않았다. 입양 외에 다른 가능성에 대한 상담은 전혀 받을 수 없었다. 네가 한 짓을 부끄러워하며 잠자코 고통을 달게 받으라는 뜻 같았다. 수년 후에야 비로소 나를 사랑하겠다고 약속한 남자친구를 믿었던 것 말고는 내가 잘못한 일은 아무것도 없다는 사실을 깨달았다.

입양 기관 사람들은 나를 이웃 마을에 있는 미혼모를 위한 유급 위탁 가정으로 보냈다. 그곳에서 6개월간 살았다. 숙식을 제공받고 주급 10불에 청소, 요리, 아기 돌보기 등의 일을 했다. 두 명의 미혼 임산부 친구들이 있긴 했지만 난 혼자였고 우울했으며 두려웠다. 출산 전 도움을 주었지만 이후 무슨 일이 일어나는지 알려 주는 사람은 없었다.

진통이 시작된 날 예전 사장님 남자친구가 와서 나를 병원에 데려다주었는데, 그는 병원 문 앞에 나를 던지듯 내려놓고는 가 버렸다. 누군가가 옷과 소지품을 빼앗고, 빈 침대 네 개가 놓인 창고로 사용되던 창문 없는 방으로 나를 데려갔다. 그리고 나오지 말고 가만히 있으라고 했다. 얼마나 거기에 있었는지는 모르겠다. 시계도 전화도 라디오도 방문객도 없었고 의료진만이 들어와 내 상태를 살폈다. 그러고는 "자, 이제 네가 자랑스럽지? 난잡하게 행동하더니 지금 네 꼴을 봐라"라는 식의 말 외에는 어떤 말도 하지 않았다. 진통제도 주지 않았고, 위로의 말도 해 주지 않았다. 양수가 터졌는데 그게 뭔지 몰랐다. 문 앞으로 가서 도와달라고 했다. 간호사(수녀)가 복도를 달려오며 "들어가! 여기는 '정숙한' 여성들이 아기를 낳고 있는 곳이야!"라고 소리 질렀다. 그리고 화를 내며 이렇게 말했다. "아주 엉망진창을 만들어 놓았구나. 이 꼴 좀 봐라!"

마지막으로 들어온 의료진(의사였는지 간호사였는지 잘 모르겠지만)은 자궁이 충분히 열렸다고 판단했다. 그리고 주사를 놓았고, 휠체어에 태워 분만실로 데려갔고, 나는 바로 기절했다. 깨어나니 깜깜한 방 안이었다. 무슨 요일인지 아기가 살아 있는지 건강한지 아들인지 딸인지 도무지 알 길이 없었다. 사람들은 내게 질문해서는 안 된다고 했다. 내게는 아기에 대한 어떤 것도 알 권리가 없었다. 하루쯤 지나자 자원봉사로 일하는 간호조무사가 분홍색 담요에 싼 아기를 데려왔다. 그리고 "자, 네 아기야"라고 했다. 꿈을 꾸고 있는 것 같았다. 50년이 지난 지금도 그때의 느낌을 그대로 기억한다. 기쁨, 놀라움, 안도감, 슬픔, 두려움과 같은 것이었다. 갑자기 수녀님이 방으로 들어와 품에 있던 내 딸을 말 그대로 낚아채 갔다. 그리고 "애를 봐서는 안 돼!"라고 했다.

감사하게도, 바로 그때 의사가 방에 들어왔다(그의 이름은 바니 보울린 박사였다. 난 그 이름을 영원히 축복할 것이다). 그는 "오 수녀님, 아기를 보게 해 주세요. 손가락도 세어 보고 발가락도 세어 보게요. 지금 산모가 아기를 안고 도망칠 상태가 아니잖아요"라고 말했다. 덕분에 딸과 시간을 보낼 수 있었다. 너무도 감사한 시간이었다. 아기 귀에 대고 얼마나 사랑하는지 말해 주었다. 그리고 왜 사회가 우리가 함께하는 것을 허락하지 않는지 이유를 말해 주었다. 아이 아빠 이름을 따서 "도나 미셸"이라고 이름을 지었다. 잠시 후 사람들이 아이를 데려갔다.

퇴원할 때 수녀는 훈계를 늘어놓았다. "이제 집에 가서 예전처럼 생활해. 아기는 잊고. 결혼해서 아기도 많이 낳고. 지금 있었던 일에 대해 누구에게도 말해서는 안 돼. 특히 장래 네 남편이 될 사람에게는. 만약 '제대로 된' 사람이라면 너랑 절대 엮이고 싶어 하지 않을 거야."

그렇게 하지 않겠다고, 아이를 키우겠다고 사정했는데, 이기적이고 생각 없다는 소리만 들을 뿐이었다. 아기를 가질 수 없는 결혼한 부부들이 있는데, 선하고 "그럴 만한 가치 있는" 사람들이 내가 아기에게 줄 수 없는 것들, 가령 좋은 집, 보살핌, 교육의 기회를 줄 것이라고 했다. 그리고 '사생아'를 데리고는 일자리를 찾을 수 없을 것이라고 했다. "아기는커녕 너 하나도 건사하지 못할 거야! 술집에서 일하거나 몸을 팔아야 할걸? 그렇게 살면 애가 어떻게 되겠니?!"라고 했다. 마치 아기를 키우는 것은 고사하고 나는 숨 쉴 가치조차 없는 사람인 것처럼 느끼게 했다. 게다가, 만약 아이를 키우고 싶으면 지금까지 든 병원비를 모두 내라고 했다. 그리고 지불이 완료될 때까지 매일 5불씩 이자가 붙을 것이라고 했다. 만약 본분을 지키고 아기를 포기하면 그 비용은 입양 기관이 낼 거라고 했다. (사실, 나는 이후 입양 기관에 한 푼도 빠짐없이 비용을 지불했다. 1년 넘게 걸렸고, 진료비도 냈다. 그 누구도 제 자식을 입양 보내고 이득을 봤다는 소리를 하지 못하도록 말이다!)

아기를 출산하고 3일 후 입양 기관 사무실에서 입양 서류에 서명했다. 눈에 눈물이 고여 무슨 내용인지 보이지도 않았다. 사인한 서류 복사본은 받지 못했다. 누가 서류에 적힌 것을 읽은 것인지, 내게 말해 준 것인지는 모르겠지만, 이후 아기를 찾으려 하거나, 아기의 새로운 삶을 방해하려고 하면 형사고발을 당하게 된다는 말을 들은 기억이 난다. 그리고 사회복지사에게 만약 딸이 나에 대해 알고 싶어 하면 정보를 주고 나를 찾을 수 있도록 약속해달라고 간청했던 기억도 난다. (당시에 많은 미혼모들은 그렇게 하겠다는 똑같은 약속을 받았다. 그들은 심지어 전화번호부 책에 결혼 전에 사용한 이름을 그대로 사용하라는 조언도 들었다. 하지만, 모두 거짓이었음을 나중에 알게 되었다. 캔자스주와 알래스카주를 제외하고 모든 주에서 입양 기록은 영원히 봉인되었다. 입양인들은 엄마의 정보는 물론 자신의 정보에 대한 접근권까지 법적으로 인정받지 못했다.)

하루하루 삶에 집중하며 살려고 했다. 하지만 입양 보낸 딸을 잊는 것은 불가능했다. 4천 킬로미터나 떨어진 곳으로 이사도 해 보았다. 왜냐하면, 동네를 다니다 보면 아기를 안고 행복해하는 여자들과 마주쳐야 했고, 넘치는 사랑으로 돌보고 있는 그 아기가 혹시 내 아기가 아닐까 하는 생각이 들었기 때문이다. 마음이 아팠고 실의에 빠졌다. 딸아이를 생각하지 않고 지낸 날이 하루도 없었다. 5년 후 귀한 두 번째 아기를 낳았을 때조차도 입양 보낸 딸이 떠올라 온전히 기뻐할 수 없었다. 아이를 키우며 행복을 느끼는 순간마다 질문했다. 내 딸 도나는 지금 어디에 있을까? 어떻게 지내고 있을까? 도나도 이 나이 때 이런 모습이었을까? 이렇게 행동했을까? 내 둘째 딸과 나는 도나를 만날 수 있을까?

첫 아이를 잃었다는 사실 때문에 둘째에게 무의식적으로 더 집착했던 것 같다. 지나치게 보호하려 했고, 혹시 또 잃게 되는 것은 아닌지 두려워 신경이 곤두섰다. 게다가 지속적인 불안감, 낮은 자존감, 자기혐오 등에 시달렸다. 난 나쁜 사람이다, 그런 끔찍한 일을 저질렀으니 사랑받을 자격도, 엄마가 될 자격도 없다는 생각을 떨칠 수 없었다. 아주 오랫동안 나를 분석하고, 기도하고, 연구한 뒤에야 내가 그렇지 않은 사람이라는 깨달음에 이르렀다. 더 나아가 미혼으로 출산한 나를 비난하며 사람들이 했던 말이 다 거짓이었음을 성공적으로 증명했다. 그러나 딸을 잃어버린 것은 여전히 슬픔으로 남아 있다. 그리고 딸이 낳은 아이, 그 아기가 성장해서 낳을 아이들을 모두 잃어버린 것도 슬프다. 나는 딸의 엄마도, 딸이 낳은 아기의 할머니도, 그 아기가 낳은 아기의 증조할머니도 될 수 없는 처지가 되었다.

하지만 분명히 말하겠다. 비록 입양 보낸 딸과 모녀 관계를 맺을 수는 없었지만, 우리는 신체적으로도 유전적으로도 연결되었으며, 진심으로 난 그 애의 엄마라는 것을. 언제나 그랬고 영원히 그럴 것이다. 어떤 서류도, 양육권이나 '소유권'에 대한 주장도 이 사실을 바꾸지 못한다. 보이지 않으나, 끊어지지 않는 '황금으로 만든 실'이 우릴 영원히 묶어 놓을 것이다. 난 '생모'도, '첫 번째 엄마'도, '친모'도, '대리모'도 아니다. 난 내 딸을 입양으로 잃은 엄마다!

수년간 상실의 문제와 씨름하며 신생아 입양이 얼마나 옳지 못한 일인지 알게 되었다. 입양 가족은 누군가의 비극을 토대로 만들어진 허구의 가족이다. 엄마와 아기를 떼어 놓는 것은 최후의 수단이어야 한다. 대신 가족, 교회, 지역 사회는 이 엄마들이 더 좋은 엄마가 될 수 있도록 또 아빠들이 아이 양육에 책임을 다하도록 도와야 한다. 우리는 아이를 잃은 엄마와 엄마를 잃은 아이가 평생 받게 될 끔찍한 상처를 알아야 하며, 또한 미혼모가 처한 일시적 어려움을 해결하기 위해 영원히 돌이킬 수 없는 입양이란 처방을 내리고 있다는 사실을 알아야 한다.

나는 수백만의 입양인들이 낡고, 터무니없는 법으로 인해 자신들의 출생 증명서를 볼 수 있는 권한을 거부당하고 있다는 사실을 알리기 위해 노력하고 있다. 미국 내 십여 개 주를 제외하고 모든 주에서는 입양인들이 출생에 관한 정보, 원가족의 역사, 조상으로부터 내려오는 문화적 유산, 유전적 정보, 의료적 정보에 접근하는 것을 법으로 금지하고 있다. 50, 60, 70세가 넘은 사람들이 존재에 대한 가장 기본적인 정보를 알 권리를 매몰차게 거부당하고, 형편없는 관료와 정치인들로부터 그들이 누구인지도, 혈연관계에 있는 사람들의 신원에 대해서도 결코 말해 줄 수 없다는 이야기를 듣고 있다.

이 같은 법이 제정된 경위를 보면 1930년대로 거슬러 올라간다. 당시 조지아 탠Gergia Tann이란 여성의 선동으로 제정되었는데, 훗날 이 여성은 75년이 넘는 기간 동안 수천 명의 아기를 납치해 판매한 혐의로 기소되면서 악명을 떨치기도 했다. 당시 통과한 법은 오직 입양 가정을 보호하고, 아기 브로커들의 범죄 행위를 은폐하고, 입양아를 사생아라는 낙인으로부터 숨겨 주기 위해 고안된 것이다. 이 법의 제정으로 인해 비밀과 거짓말은 수십 년 동안 가족과 사회를 파괴했다. 우리는 이제 그 끔찍한 결과와 직면하게 되었다.

입양으로 아기를 잃은 엄마들을 위한 활동을 통해 두려움과 수치심 속에 숨어 있는, 가족에게도 어쩌면 말하지 못하고 있거나 혹은 침묵 속에서 그냥 기다리고 있는, 너무 자신이 없어 앞에 나서 내가 엄마임을 당당히 선언하지 못하는 다른 많은 엄마들과 연결되길 희망한다. 우리는 잘 알고 있다. 그때의 경험과 그 후의 세월이 우리의 정서와 육체적 안녕에 끔찍한 손상을 입히며 고통을 주었다는 것을. 아들과 딸이 화를 내고 원망할까 봐 두려워하는 엄마들도 많이 있다. "왜 저를 버렸어요?" 라고 묻는 입양인들은 무슨 이유로 어떤 과정을 통해 '입양 보내졌는지' 알지 못하고 단지 엄마가 자신을 원하지 않았기 때문이라고 추측한다. 임신한 미혼 여성의 삶이 어땠는지 알리는 교육이 필요하다. '오랜 상처'를 들춰내고 다시 과거를 회상하는 것을 두려워하는 엄마들이 많다. 하지만 이는 치유를 위해 필요한 것이었음을 증명하는 우리들이 여기에 있다. 우리는 수적으로 매우 많으며, 당신이 힘든 과정을 잘 통과하도록 지지하고 사랑을 보낼 것이다.

마지막으로 나는 헤어진 가족들을 찾아 주는 비영리 단체인 서치 엔젤Search Angel의 자원봉사자로 활동하며 지난 7년간 셀 수 없을 정도도 많은 가족들의 재결합을 도왔다. 한 엄마는 이렇게 내게 편지를 보냈다.

> 먼저 다가와 도움의 손길을 내밀어 준 당신에게 고맙다는 말
> 을 하고 싶었어요! … (내 아들을 향한) 사랑과 유대감은 그 대
> 화에서 시작된 것 같아요. 이후 나는 아들과 그 아내의 사진을
> 받았어요. 정말 흥분되었죠! 그리고 최근에 아들을 만났어요.
> 정말 자랑스럽게 내 아들이라고 말할 수 있어요! 아들뿐 아니
> 라 멋진 손자 두 명도 생겼어요! 고맙다는 말은 충분하지 못하
> 네요. 당신은 내 인생을 완전히 바꿔 놓았어요! 이렇게 행복한
> 적은 처음이에요. 도와주셔서 정말 감사해요!

이 여성은 입양으로 아이를 잃은 후, 입양 보낸 자녀와의 재
회를 기다리다 만나게 된 전형적인 사례이다. 이 사례처럼 재회
에 성공한 95% 이상의 엄마들은 잃어버린 아기를 다시 찾은 것
을 매우 기뻐한다. 이러한 사실은 미혼모는 익명성과 사생활 보
호를 원한다고 주장하는 입양 산업 종사자들의 말이 거짓임을
보여주는 증거다.

이제는 입양 산업이 만든 비밀과 거짓의 뚜껑을 열어 던져
버리고 '비공개' 입양의 억압으로부터 해방될 때이다.

우리와 함께해요.
홈페이지: www.priscillasharp.org
페이스북: (입양으로) 아기를 잃은 엄마들Mothers of Loss (to
Adoption)

3부

속죄는 끝났다

22장
실패한 실험

어떤 의견이 널리 받아들여졌다는 사실이
그 의견이 완전히 터무니없는 것이 아님을 증명하지는 않는다.

버트런드 러셀(Russell 1929)

뉘른베르크 강령Nernberg Code은 2차 세계대전 말 뉘른베르크
부속 재판 결과로 만들어진 인간 실험에 대한 연구 윤리 원칙이
다. 열 개의 강령 중 일부는 '아기 퍼가기 시대' 보호받지 못하고
아기를 포기했던 미혼모들에게 통상적으로 실천된 입양 절차
와 정책에도 적용해 볼 수 있을 것이다. 예를 들어, 강령은 특정
실험 상황에서 당사자의 자발적 동의는 "필수적"이고, 당사자
의 "자유 선택권" 보호를 규정하고 있기 때문이다.

정신과 의사 존 볼비는 입양에 내재된 문제들이 완전히 이
해되지 않고 있다고 보았다. 그는 "거의 없는 것과 다름없는 약
간의 연구"만이 이러한 문제를 진지하게 다루고 있고, "연구 과
정에 과학적 이해와 전문적 연구 기술이 필요하다는 사실이 매
우 느리게 인식되는 정도"라고 지적했다. 볼비는 "선의의 아
마추어들"이나 의사와 여타 건강 분야 종사자들이 아기의 미
래를 논의하지만 주로 아기의 신체적 발달에만 집중하고 있다
(Bowlby 1952: 121)는 점도 지적했다.

사실상, '아기 퍼가기 시대'에 이루어진 입양의 많은 측면은
"실험"이었다고 할 수 있다. 사회복지사 사라 에들린은 "…우
리는 미혼모가 출산 후 아기를 볼 것인지 안 볼 것인지에 대해

스스로 선택하도록 하는 실험을 했다"(Edlin 1954)고 말한 바 있다. 통상적으로 '아기 퍼가기 시대'에 사례관리자들은 미혼모가 입양 결정을 번복하지 않도록 아기의 얼굴을 보는 것도, 안아 보는 것도 권하지 않았고, 아예 금지했다. 더 노골적으로 사회복지사 에스터 글릭먼은 "이러한 실험은 우리의 지식을 확장하고 새로운 기술을 발전시키는 데 필수적이었다"(Glickman 1957)고 했다. 릴리안 바이는 "대개 사설 기관은 실험을 시도해 볼 수 있는데, 이 점은 사설 기관의 사례관리의 질적인 측면을 장점으로 내세울 수 있도록 해 준다"고 말한 마거릿 밀러(메릴랜드주 볼티모어 소재 가족복지연합 사례관리 감독)를 인용하며, 보스턴 플로렌스 크리텐튼 컴패션 연맹 산하 미혼모의 집을 운영하는 자신과 다른 복지사들을 지칭하며 "우리는 우리 스스로에게 실험할 수 있는 특권을 허락했다"(Bye 1959.1.1.)고 말하기도 했다.

1960년대 초반까지 사회복지사업은 아직 상대적으로 새로운 직업이었기에 입양 기관들은 중요한 쟁점에 관심이 없었거나, 있다 하더라도 연구할 자원이 부족했다. 그리고 클라이언트 서비스 비용, 사례 기록 평가 방법, 내담자 만족도 검사, "상담에 사용한 기본적 가정에 대한 검증" 등에 대해 추측하는 경향이 있었다(Stroup 1960: 80). 그 결과, '아기 퍼가기 시대'에는 입양이 미혼모와 그 자녀에게 어떤 영향을 끼치고 어떤 결과를 가져올지에 대한 지식이 거의 없었다. 체계적이고 전문적인 입양이 시행된 지 얼마 안 되었고, 입양 관계자들은 아기를 입양한 부부의 개인정보 보호를 이유로 연구자들에게 기관 운영 정보 공개를 꺼렸다. 윔페리스는 "대다수의 입양 부모들은 자신들이 받은 도움에 대해 감사해하지만, 일단 입양에 관한 법적

절차가 끝나면 조용히 잊히길 원한다. 이러한 이유로 입양 성공 여부를 알 수 있는 믿을만한 통계를 구축하는 것은 불가능하다"(Wimperis 1960: 266)고 지적한 바 있다.

입양이 아기에게, 또 아기를 포기한 미혼모에게 어떤 영향을 끼치는 것인지 아무도 알지 못했다.

언제쯤 입양 후유증에서 벗어날 수 있는지 아기를 포기한 미혼모들에게 주어진 시간표는 없다. 죽음이나 질병과 달리, 아기 포기가 미혼모의 심리에 어떤 영향을 미치는지 우리는 잘 알지 못한다. 미혼모의 아기 포기 행위는 겉으로 보기에는 자발적으로 보이기 때문이다. 그러나 이것은 미혼모의 경험에서 중요한 부분이다. 따라서 지금과는 달리 훨씬 많은 연구자들의 관심을 받을 가치가 있다. (Bernstein 1971: 94-95)

한편, 클라크 빈센트는 미혼 임신에 대한 성차별 문제를 다음과 같이 지적했다.

미혼모는 연구와 비난의 대상이 된다. 반면, 아기 아버지는 생물학적 기여, 즉 수태와 함께 그 역할은 종료되고 사회는 미혼부에게 무관심하다. 이로써 그들은 익명으로 남게 되고 연구 대상으로도 분류되지 않으며 일반인으로 살아간다. 사회적 태도와 관행은 미혼부를 연구 대상에서 배제하는 경향이 있다. … 원인(혼외 성교)과 결과(혼외 임신)를 구분해서 보는 사회적 태도는 미혼모 연구에 깊이 뿌리 박혀 있다. 따라서 혼전 또는 혼외 성교를 경험한 모든 여성이라는 더 큰 맥락에서 연구가 거의 수행되지 않고 있다. … 즉 임신으로 인해 미혼

성행위를 했다는 사실이 '들켜 버린' 여성들만이 연구 대상이 되고 있다. (Vincent 1962)

앞서 강조했던 바와 같이 '아기 퍼가기 시대' 훨씬 이전에는 미혼모가 아기를 키우도록 도우려 했다. 이를 증명하듯, 1930년 대 사회복지사 메리 브리즐리는 신생아 입양 관행이 갖는 실험적 특징 및 엄마와 아기가 분리 경험으로 인해 갖게 되는 트라우마 문제에 관해 언급하며, "미혼모가 양육 또는 입양을 선택한 경우에 대해 알려진 바가 충분히 없으므로" 출산 후 세 달간은 양육할 것을 권장했다(Costigan 1964 재인용).

하지만 '아기 퍼가기 시대'가 되며 상황은 달라졌다. 1960년 대 중반 사회복지 전문가들은 반드시 입양 관행을 조사하고 검증하며 실험하자고 주장한다.

계속해서 입양 관행을 조사하고, 실험하고, 용감하게 수정된 방법을 시도해 보자. … 입양 기관 상호 간 더 많은 협동 실험을 하도록 서로 격려하자. … 입양 기관들이 단체로 입양 부모 모집을 하고 모든 아동을 위해 입양 가정 정보를 공유하고…. (Canada 1964.11.6.)

이와 같이 입양 복지사들은 엄마와 아기 분리가 가져오는 효과를 알기 위해 많은 연구가 필요하다고 믿었다. 일부 복지사들은 더 많은 실험을 요청했다. "하나의 서비스, 예를 들면 사례관리의 경우 강력하고 적극적인 개입을 한 사례와 그렇지 않은 사례, 혹은 또 다른 사례와 비교하는 실험을 통한 보다 많은 연구가 수행되어야 한다"(Bedger 1969: 45).

아동국 전문가들 역시 입양 기관의 실험적 측면에 주목하며 사설 입양 기관은 "실험에 참여할 수 있는 자유가 있다"(Child Welfare Bureau 1971)고 말했다.

입양 복지사들은 입양이 관계된 모든 사람들에게 불확실한 일이라는 사실을 알고 있었다. 이런 가운데 미혼모들은 가장 도움이 필요할 때 아무 도움도 받지 못했다. "이 사실은 입양이란 한 사람의 행복과 이익을 다른 사람의 그것과 균형을 맞추는 막중한 책임이 있는 일임을 말하는 것이다"(Cheetham 1977). 어떤 결정이 어머니와 자녀 모두에게 좋다는 보장은 없었지만, 누군가에게는 좋은 결정이 미혼모에게는 나쁜 결정이 될 수도 있다.

미국의 기자이자 사회 비평가인 밴스 패커드는 감금된 존재를 대상으로 한 실험에 관한 구체적인 논평을 한 적이 있다. 논쟁의 여지는 있지만, 그의 결론은 미혼모의 상황, 특히 은신처와 같았던 미혼모 시설이나 낯선 유급 위탁 가정에 보내진 어린 미혼모들이 처했던 상황과 같다.

『현대 의학』은 대부분의 의사들이 인간에 대한 실험, 심지어 죄수, 어린이, 지적 장애인, 그리고 여러 다른 형태로 감금된 사람에 대한 실험을 선호한다고 보고했다. … 연구 검토 위원회는 대다수가 동료 의료진들로 구성되었다. 변호사, 윤리학자, 종교인 또는 과학자들은 거의 없었다. 오늘날 실험 대상자의 '사전 동의'를 받아야 한다는 원칙에 대해서는 모두 동의한다. 이 개념은 뉘른베르크 재판에서 나온 것이다. … 1973년 6월 사회·윤리·생명과학연구소 보고서에는 '우리 파일에 있는 연구의 25% 미만이 참가자로부터 동의를 얻었고', 동의를

문서로 남긴 논문은 단 한 편도 없다. (Packard 1977)

입양으로 자녀를 잃은 부모들의 목소리는 오랫동안 들리지 않았다. 1970년대 후반 "아기 포기는 돌이킬 수 없는 상실이라는 깨달음이 일었다. 일부 입양 복지사들과 지역 사회의 누군가는 무언의 우려를 했을지 모르지만, 입양에 의문을 제기하는 목소리가 나오기 시작한 1970년대 후반까지 입양의 가치는 전혀 도전받지 않았다"(Marshall & McDonald 2001).

23장
채찍과 돌멩이

채찍과 돌멩이는 사람을 아프게 할 수 있지만, 사람의 말은 그렇지 않다는 옛말은 틀렸다. 말은 우리를 아프게 한다. 평판은 중요하고, 꼬리표는 따라 다닌다. 낙인이 늘 공공연하게 일어나는 것은 아니다. 그것은 우리가 사용하는 수식어와 형태소에 내재되어 있는데 거기에 단순히 접미사만 붙이면 어떤 상태를 전달할 수 있다. 이처럼 언어 체계에 내재된 언어폭력으로 가장 큰 타격을 입게 되는 사람들은 권리를 박탈당한 사람들, 소외된 사람들, 소수자들이다. 생각과 감정을 명시적으로 그리고 암묵적으로 표현하기 위해 선택한 단어들은 우리의 태도를 반영하고, 잘못된 단어들은 누군가를 특히 소수자들을 배제할 수 있다.

줄리아[1]

1954년, 사라 에드린은 "레이크 뷰에서… 나는 부모에 대해 깊이 분노하는 감정, 일종의 정서적 질병 같은 것을 느끼는 여자애들이 … 그로 인해 결혼할 가망성이 없는 남자와 무모하게 성관계를 갖는 것을 여러 번 보았다"(Edlin 1954)라고 말했다. 다음 인용문은 미혼모가 처한 딜레마와 미혼모에 대한 부정적 인식을 잘 보여준다.

---

1 블로거. "언어의 상실: 말은 어떻게 권리가 박탈된 사람을 소외시키는가"At a Loss for Words: How Language Marginalizes the Disenfranchised, 2013의 발췌이다. https://serendipstudio.org/exchange/critical-feminist-studies-2013/juliah/loss-words-how-language-marginalizes-disenfranchised

미성숙하고 강박적인 여자애들은 종종 딜레마에서 벗어나기 위한 손쉬운 길을 찾으려 애쓴다. … 그들 모두를 고통에서 구할 해결책은 없다. 그들에게 주어진 선택은 어떤 고통을 선택할 것인가이다. … 아기와 헤어지는 비통함, 아니면 아기를 키우는 고통과 형벌 중 하나이다. 사례관리자는 이 고통스러운 처방을 선택하는 클라이언트를 돕기 위해 인내심, 기술, 이해심이 필요하고, 클라이언트가 결정을 내리면 지지해 줘야 한다. (Pochin 1969)

미혼의 부모는 … 원래 죄가 많고 부도덕하며 가족 구조를 위협하는 존재로 여겨졌다. 흑인이 아닌 한 미혼모는 가족과 지역 사회에서 배척당했다. (Turner 1977)

입양 전문가들이 미혼모를 규정하는 방식은 사회 전반의 미혼모 인식에 큰 영향을 끼쳤다. 1979년 미네소타주 입양 복지사 마리에타 스펜서는 사람들의 생각, 느낌, 타인을 대하는 방식에 강력한 영향을 미치는 말이 무기처럼 사용되고 있는 현실에 문제를 제기하며 입양 분야에서 사용되고 있던 언어를 대체하는 용어를 제안했다. 이는 "긍정적 입양 언어"PAL: Positive Adoption Language 또는 "정중한 입양 언어"RAL: Respectful Adoption Language로 불린다. 스펜서는 입양 전문가들과 입양 부모들은 새로운 대체 용어를 사용하며 입양 관련 용어와 담론을 긍정적으로 변화시키는 데 앞장설 것을 요청했다(Spencer 1979). 그러나 이 새로운 용어들은 입양을 더욱 긍정적으로 보도록 고안된 것이라 결과적으로 입양에 의문을 제기하고 싶은 사람을 불

편하게 하고, 잘못된 입양 관행을 은폐하는 것이었다.[2]

사회학 교수인 에드윈 슈어는 여성들에게 부정적인 꼬리표를 붙이는 것은 낙인을 찍는 행위이며, 이는 사회적 통제 수단으로 사용된다고 주장했다.

> 여성이 낙인화에 취약한 이유는 … 상대적으로 권력을 갖지 못했기 때문이다. … 여성에 대한 낙인은 그들의 종속적 위치를 더욱 강화한다. … 이것이 바로 낙인 분석가들이 말하는 '낙인은 스스로 가속화되고, 그것이 갖는 영향력은 눈덩이처럼 부풀려진다'는 것이다. (Schur 1983: 8)

나아가 슈어는 "홀로 어머니가 된" 여성 외의 방식으로 미혼모를 설명하는 것은 그들을 평가 절하하는 내재적 효과가 있음을 강조한다.

> 우리가 '미혼' 모성을 말할 때 … 그들을 묘사하는 방식은 … 간과할 수 없는 문제다. 즉, 미혼모는 평가 절하되고, 결혼 규범을 위반했다는 사실은 범죄처럼 여겨진다. (같은 글: 63) … 의도적으로 '어머니가 되지 않기', '미혼'으로 어머니가 되기, '부적합한' 모성으로 묘사함은 미혼 출산을 '범죄적 행위'로 여겨지도록 하는 효과를 갖는다. (같은 글: 82)

2 이러한 이유에서 '긍정적 입양 언어'PAL 또는 '정중한 입양 언어'RAL의 사용에 반대하는 측에서는 '진실의 입양 언어'HAL: Honest Adoption Language를 사용할 것을 제안했다. 한 예로, '진실의 입양 언어'에서는 '입양을 보내다'place for adoption 대신 '입양으로 인해 분리되다'separated by adoption와 같은 표현을 사용한다.

이어서 슈어는 "일반적인 영역에서 벗어나는 모든 여성의 행동은 정신질환 용어로 해석될 가능성이 높다"(같은 글: 200)는 사실을 우려했다.

슈어가 지적하듯, 결혼한 엄마, 즉 '정상적인' 엄마와 미혼모를 묘사하는 용어에 반영된 사회적 태도에는 극명한 차이가 있다. '기혼의', '모성'과 같은 단어에 속하는 결혼한 엄마는 사회적 규범의 영역에, '엄마답지 않은', '결혼하지 않은', '미혼의', '부적합한 엄마'와 같은 전형적인 단어가 꼬리표처럼 따라붙는 미혼모는 '위법'과 '일탈'의 영역에 포함된다.

1950년대와 1960년대 사회복지사들 대부분은 미혼모에 대한 생각을 거리낌 없이 표현했다. 이들에게 '죄악'과 '범죄'와 같은 꼬리표를 붙이고 주변화시켰다. 어떤 경우에는 "하자 있는 자", "복지 의존자" 또는 "복지 도둑"으로, 심지어는 자녀에게 폭력을 행사하는 자, "끊임없이 학대하고, 아이들을 방치하고, 아이들에게 적절한 환경과 옷을 제공하지 못한 죄를 지은 범죄자"(Armstrong 1995: 11)로 간주했다.

한편, 사회복지 사업의 전문화가 진행됨에 따라 정신과적 용어를 사용해 미혼모를 설명하는 일이 보편화되었다. 이렇게 됨으로써 '나쁜 혈통'으로 인해 미혼모가 된다고 보는 생각과 미혼모 아기 입양 기피 현상은 완화되었다.[3] 대신 '아기 퍼가기 시대'가 되며 미혼모는 교정이 필요한 범죄자 또는 신경증 환자

---

3 19세기 우생학이 사회적으로 영향력을 가졌을 때 미혼모는 유전적으로 나쁜 피를 가진 존재라는 생각이 팽배했다. 이에 따라 미혼모 아이는 입양 기피 대상이 되었다. Julie Berebitsky, *Like Our Very Own: Adoption and the Changing Culture of Motherhood, 1851-1950*, University Press of Kansas, 2000 참조.

로 규정되고 '치료'가 필요한 '여자애들'로 여겨졌다. 따라서, 신경증을 앓고 있는 미혼모로부터 아기를 빨리 분리하여 입양해야 한다는 생각으로 미혼모 아기의 입양 가능성은 더 커졌다.

1970년에도 미혼모 인권을 고려하지 않는 관점은 계속되었다. 가령, 사회학자 레인스는 "일탈자 수용 시설"과 미혼모 시설의 다른 점을 설명하며 미혼모 시설 "수감자"는 "자신이 얼마나 부끄러운 짓을 했는지 깨우치게 하는 규칙이 없는 곳에 수용된" "여자애들"(Rains 1970: 70)이라고 했다.

1940년대와 1950년대 초반, 심리학 및 정신분석학 행동이론은 정서적 장애를 '사생아' 출생의 원인이라고 강조했고, 임상심리학자, 심리치료사, 정신보건 사회복지사psychiatric social worker들이 시설, 복지 기관, 의료 기관 등을 찾은 미혼모들을 설명하는 방법에 영향을 주었다(Vincent 1962). 예를 들어 1954년 리오틴 영은 미혼모들이 스스로 결정을 내릴 역량이 부족하기 때문에 "희망 없이 표류"하거나 "가망 없는 백일몽의 끔찍한 결과를 계속 초래하는 삶"을 살지 않도록 도와주어야 하는데, 그러기 위해서는 사회복지사들과 같이 "명료하게" 판단할 수 있는 "힘"을 가진 존재가 필요하다고 보았다(Young 1954: 212).

더 나아가 영은 미혼모와 "정상" 엄마들이 아기에 대해 느끼는 감정은 다르다고 보았는데 이를 역사학자 솔린저는 다음과 같이 비판했다.

리오틴 영은 미혼모와 자녀 사이의 관계를 일축하며 "사례 관리자는 정상(즉 결혼한) 여성들이 아기에 대해 갖는 감정과 신경증에 걸린 미혼 엄마들이 아기에 대해 갖는 환상을 차별화해야 한다"고 말했다. 전문가들은 모든 사례에서 엄마와 아기를 떼어 놓는 것에 적극적으로 관여했기 때문에 엄마와 아기의 관계가 갖는 의미에 대해서는 가볍게 생각했다. (Solinger 2000[1992]: 96)

미혼모들을 대상으로 일했던 사회복지사, 정신과 의사, 사회학자들에게도 병리학적 관점은 깊이 뿌리 내려 있었다. 사생아는 금기라는 생각뿐 아니라 미혼모는 "가장 신성한 규범을 노골적으로 위반했으므로 격리되어 처벌받아 마땅한" "사회적 추방자"이자 "무책임하고 성적으로 방탕한 여성"이라 여기기까지 했다. 사회복지사, 정신과 의사, 사회학자들은 대부분의 미혼모에게 '정서적 장애'가 있다고 믿었다.

미혼모의 대다수는 … 엄마가 되고자 하는 강박적이고 무의식적 충동이 있다. … 점점 더 많은 사람들이 미혼모들이 신경증에 시달리고 있다는 것을 확신한다. … 그들은 임신하려는 의지가 강하다. … 전문가들은 미혼모의 비극을 예방하려면 신경증적 충동 이론을 참조해야 한다고 생각한다. (Erichison 1955)

반면에 일부 사회복지사들은 이를 우려했는데, 예를 들면 진 찬리는, "대책도 없이 낙인을 찍는 것은 위험하다. 우리는 미혼모들에게 '사이코패스', '편집증' 또는 '사례관리에 전혀 반응을 보이지 않음'과 같은 꼬리표를 붙이고 있다"(Charnley 1955)고 우려했다. 그럼에도 불구하고, 미혼모는 신경증 환자라는 생각은 오래도록 사라지지 않았다. 1950년대 내내 사회복지사들과 입양 전문가들은 미혼 임신을 신경증으로 진단했고, 1960년에 들어서도 변함이 없었다.

> 여성의 **신경증적** 장애와 정신질환적 장애, 내면의 정신적 갈
> 등의 표현 … 환경과의 갈등, 가깝게는 가족과 넓게는 문화
> 적 환경, 그리고 정상적인 여성이 자신의 아기에 대해 느끼는
> 감정과 신경질적인 미혼모가 자기 아이에 대해 갖는 환상 사
> 이의 차이를 명확히 구분하는 것은 사회복지사의 책임이다.
> (Heiman 1960)

구세군 안내 책자에도 "미성숙하고 더 강박적인 미혼모일
수록 아기를 독립적 인격체로 보지 않고 양육하려는 욕구가 더
강하다"며 "자신의 욕구를 충족할 하나의 노리개로 아기를 생
각한다"(Salvation Army 1962)고 쓰여 있다.

이같이 입양 복지사들은 양육 욕구나 역량과 상관없이 미
혼모가 아기를 키워서는 안 된다고 생각했던 것이 분명하다. 양
육을 원하면 미성숙하고, 비정상이며, 신경증 환자로 여겼다.
아기를 떼어 놓는 것만이 강박적 미혼모를 위한 최선의 '치료'
이며, 아기를 위한 '최선의 이익'이라고 보았다. 예를 들면 카프
는 다음과 같이 말했다.

> 사회복지사들은 '아이를 위한 최선의 이익'을 부모와 함께 있
> 도록 돕는 것이 아니라 엄마로부터 아기를 떼어 놓는 것으로
> 해석하기 시작했다. (Carp 1998: 111)

미혼모가 강박적 충동 징후를 가졌다고 보았기 때문에, 복지
사들은 드문 경우를 제외하고 미혼모에게 아기를 계속 돌보

고 보호할 능력이 없다고 믿었다. 사회복지 전문서적을 종합한 결과 미혼모와 아기의 분리가 가장 확실한 치료법이란 것이다. (같은 글: 115)

상황이 이러하니 그 수많은 미혼모가 아이를 포기한 것이 이상한 일이겠는가? 이들에게는 환자, 부적응자, 미성숙, 신경증, 죄지은 오염된 범죄자라는 딱지가 붙었다. 이런 환경에서 보호받지 못하고, 취약하며, 무방비 상태인 엄마가 아이를 감히 키울 수 있었을까? 사례관리의 목표는 아기를 키우고 싶다는 자연스러운 욕구를 좌절시키는 것이었다. 사회복지사들은 다음과 같은 정신분석학자 헬렌 도이치[4]의 말을 믿으며 전문심리학자들의 말을 추종했다.

미혼모 중 가장 성숙하지 못한 미혼모들이 아이를 기르겠다고 싸운다. … 대부분의 미혼모들을 위한 최선의 해결책은 아이를 포기하도록 하는 것이다. … 아이 입양에 대한 미혼모의 저항은 '방어 및 증상 형성의 역학이라는 관점'에서 이해되어야 한다. (Carp 1998: 116 재인용)

카프에 따르면 사례관리자의 임무는 클라이언트가 스스로 방어적이었음을 깨달을 때까지의 과정을 잘 통과할 수 있도록 돕는 것이었다. 다시 말해 사회복지사는 신참 미혼모가 아기를 키우는 것이 가능하지 않다는 것을 납득시키는 일을 했다. 만약

4 Deutsch, Helene, 1945, *The Psychology of Women: A Psychoanalytic Interpretation, Motherhood*, New York, NY: Grune & Stratton.

그래도 아기를 키우겠다고 하면, 그것은 미혼모가 신경증에 걸렸다는 증거였다. 즉, 사회복지사는 미혼모가 아기를 포기하지 않으려는 "방어 단계를 잘 통과해"(같은 글: 116) 입양 결정을 내리도록 돕고, 히스테리적 반응을 보이거나 다른 성격 장애가 있는 것으로 판단되면 정신과 의사의 도움을 받아 입양 결정에 이르도록 했던 것으로 보인다.

　로우는 미혼모들에게 스스로 결정을 내릴 힘이 부족하다고 보았던 이전의 관점을 되풀이하며 "끝없이 안절부절못하는 신경증에 걸린 엄마에게는 특히 결단력 있는 사례관리자의 힘과 확신에 찬 자세가 필요하다"(Rowe 1966: 47)고 주장했다. 왜냐하면 마음을 자주 바꾸어 입양 대신 양육하기를 원하며, 무슨 일이 있어도 아기를 키우겠다고 선언하는 이들은 바로 '신경증적 치료가 필요한' 엄마들이라고 생각했기 때문이다. 또한, 그는 사회복지사들에게 미혼모에 대해 언급할 때 "제정신이 아닌", "결함 있는" 또는 "부도덕한"과 같은 단어는 쓰지 말고 똑같은 의미가 "덜 위협적인 방법"으로 전달될 수 있도록 하라는 충고를 하기도 했다(같은 글). 미국집단심리치료협회 설립자이자 명예 총재인 사무엘 슬라브슨 역시 "미혼모들은 대체로 자아가 충분히 발달하지 않았다"는 입장을 지지했다. 그는 개신교 백인 미혼 임산부의 상당수는 "인격장애"를 가지고 있는데 그중 소수는 신경증 환자며 아주 적은 수의 정신병 환자가 있으나 신경증에 정신병까지 앓고 있는 경우는 없었다(Slavson 1956)고 말하기도 했다.

　역사학자 쿤젤에 따르면, 사회복지사와 입양 사례관리자는 문제적 여성들을 진단하고 치료하며 훈육하는 역할을 맡은 사람들이다.

미혼모를 포함하여 매춘부, 동성애자, '부랑자'와 정신병 진단을 받은 사람들과 같은 '일탈적' 인구집단을 연구하는 역사가들은 이들을 조사 분석하고 훈육하는 역할까지 했던 이들이 작성한 자료를 다루는데 방법론적 어려움과 씨름해야 했다. … 사회복지사가 수행하는 사업의 전문성의 핵심은 개인의 경험과 배경에 대한 정보를 수집하고 이후 문제에 대한 '진단'과 '치료'를 하는 사례관리에 있다." (Kunzel 1995: 1468)

성적으로 왕성한 여성, 특히 미혼 여성인데 임신으로 이어지면 비정상이며 부적응자라는 낙인이 찍혔는데, 심리학자들의 관심은 이들을 처벌할지 갱생시킬지 논의하며 "이 행실이 바르지 못한 '여자애들'"(Luker 1996: 38)을 어떻게 과학적으로 관리할지에 집중되었다.

만약 백인 미혼모가 아기를 포기하지 않겠다고 하면 전문가들은 사회의 통념에 따라 그들을 "일탈자"로 보는 경향이 있었다.

만약 어린 미혼모가 백인이고, 아기를 포기하고 입양을 보내면 당사자에게 트라우마가 될지 모르는데도 당연시한다. … 이렇게 아기를 포기한 엄마들은 현재 입양 보낼 백인 아기들이 충분하지 않은 상황을 해소하는 데 기여해 왔다. (Klerman & Jekel 1973: 3)

입양에 사용된 언어도 젠더화되어 있다. 사회복지사 릴리안 바이는 사회복지 영역에서뿐 아니라 일반적으로도 미혼모와 미혼부에 대해 차별화된 개념을 가지고 있다는 사실을 주목하며 다음과 같이 비판했다.

사회복지사들인 우리는 … 사회적 수치sociological shame란 측
면을 지나치게 강조해 왔다 … 사회복지 사례관리자들은 거
의 모두 여성들인데, 특히 미혼모 문제를 다루는 영역에서는
더 그렇다. 그들은 … '혼외', '적법하지 않은', '사생아', '문란',
'창녀', '죄악'과 같은 단어들이 연상시키는 사회적 관념에 의
식적 또는 무의식적으로 두려움을 가지고 반응한다. 그런데
자세히 보면, 이 단어들은 남성이 대표성을 갖는 사회에서 만
들어진 '착한' 여성이라는 문화적 이미지와 대비되는 고통스
럽고도 비극적인 의미를 지니고 있다. 남성과 여성 모두 수태
의 순간 참여한 행위자였음에도 불구하고, 이 언어들은 같은
사회에 사는 '좋은' 남자들의 사회적 지위에는 영향을 주지 않
는다. (Bye 1959.1.1.)

복지사들은 "성적 일탈자는 엄마가 되기에 부적합하고, 신
경증을 앓고 있는 미혼모는 더 이상 아기를 돌볼 능력이 없다"
고 주장하며 미혼모에게 아기 포기를 권했다. 또한 이들은 다
양한 항목이나 "유형"으로 미혼모를 범주화하여(Kunzel 1993:
155) 더욱 비인격화하는 경향이 있었다. 모든 미혼모들을 시설
에 수용하기에는 공적 자원도 전문 인력도 부족했다. 따라서 유
형화는 지역 사회에 거주하는 미혼모들을 "도덕적으로 물리적
으로 분리하는" 효과를 가졌다. 여기에 "성적 부정행위"에 대
한 추가적인 처벌까지 더해져 "성적 일탈"은 계급차보다 더 무
겁게 다루어졌다(Morton 1993: 87).

사회복지 교육 전문가 펄만의 글에서 미혼모는 과중한 업

무로 어깨가 무거운 사회복지사에게 일거리를 더하는 죄인처럼 묘사되는 것 같다.

> 사회복지는 사생아를 임신한 미혼모의 문제를 다루게 되는 경우가 많다. 임신 중에는 쉼터를 제공해 주고, 신분을 숨겨줘야 하며, 경제적 지원도 해줘야 한다. 출산 후에는 병원비를 지원하고 입양처를 물색해줘야 한다. … 혼외 임신 사실이 노출되지 않도록 제한하고, 부정적 결과가 확산되지 않도록 축소하고, 더 나은 방향으로 개선할 수 있는 서비스를 고안하고 자원을 제공하는 역할에 사회복지의 전문성이 있다. … 사회복지는 명백히 범법자인 여성에게 서비스를 제공하는 많은 책임을 지고 있는 일이다. (Perlman 1964: 280)

그렇지 않으면 미혼 임산부는 "수치와 멸시의 대상"이 되었고, "부도덕한 타락한 소녀"에서 순결하고 분별 있는 여성으로 변하기 위해 엄격한 훈련을 받아야 했다(Cheetham 1977).

1970년에 접어들면 사회화 측면의 문제를 강조하는 언설이 발견된다. 예를 들면, 미혼모는 "사회화가 덜 되어" 아무리 많은 자원과 도움을 주어도 부모 역할을 수행할 능력이 거의 없고, 그 밑에서 자라는 아이는 학대 또는 방임될 위험이 있으므로 "미혼모와 그 자녀 사이에 개입하는 것"이 필요하다고 보았다. 맥브룸에 따르면, 미혼모에 대한 "치료는 부모가 아이에게 능동적으로 해악을 끼칠 것이라는 판단과 예측에 기초"(McBroom 1970: 342)한 것이었다.

한편, 데릭 길은 1977년 논문에서 미혼 임산부에 대한 호칭 문제를 지적했다.

의료 환경도 영향을 받아 클라이언트인 미혼모에게 꼬리표 붙이기를 했다. 의료 분야에서 일하는 사회복지사는 미혼 임산부를 '환자'라고 부르거나 어떨 때는 '여자애들'이라고 불렀다. (Gill 1977)

시간이 지나면서 '미혼모'unwed mother라는 호칭 대신 '생모'birth mother라는 호칭이 사용되었다. 이로써 미혼모는 기혼 부부에게 아기를 낳아 주는 출산 도구로 취급되고 어머니로서의 권리를 거부당했다. 이는 미혼모에게 심각한 영향을 미쳤다.

설령 법적 근거가 있다 하더라도, 미혼모는 아기를 되찾을 권리를 위해 싸워 줄 변호사를 찾지 못할 것이다. 사람들은 입양부모에게 '미안해'하고 사회 질서를 어지럽히는 미혼모에게 분노한다. … 입양을 거부하고 아기를 키우는 여성들의 삶에 아무리 큰 고통을 준다 해도, 입양의 압박에 굴복하여 아기를 포기한 여성들이 겪는 고통이 얼마나 큰지는 (자비롭게도) 아무도 모른다. 입양의 가장 슬프고 끔찍한 측면은 친모에게 가해진 정서적 피해의 무게이다. 그를 '친엄마'natural mother가 아닌 '생모'birth mother로 부르는 것은 육체적으로 아이를 낳았다는 사실만 인정하고, 어머니로서 갖게 되는 자연스러운 감정들은 부정하는 것이다. 이것이 함축하는 의미는 입양 부모는 자연스럽지 않은 과정을 통해 부모가 된다는 것이다. 그런데 사람들은 친모가 낳은 아이를 비밀스럽게 입양 부모에게 보내는 것을 자연스러운 일이라고 생각한다. 마치 뺑소니차에 치인 것과 같은 충격을 받고, 상처 입고 방치된 친모가 있는 한 입양은 자연스러운 일이 아니다. 이보다 더 부자연스

러운 일은 없다. (Shawyer 1979: 62)

그런데, 자기가 낳은 아기를 키우지 않은 일은 자연스럽지 않다고 생각하며 입양인들은 자신을 낳고 입양 보낸 미혼모를 '친모'로 부르기를 거부한다는 점을 지적하며 모든 여성은 '생모'이기 때문에 만약 어머니 앞에 붙여야 할 접두어가 필요하다면 '생모'로 불러야 한다고 제안하는 학자들도 있다.

자기가 낳은 아기를 입양 보낸 여성을 부르는 단어는 없다. … 호명할 명칭이 없다는 사실은 아기를 입양 보낸 미혼모는 착실하게 살며 조용히 사라져야 한다는 사회적 기대를 보여준다. 즉, 미혼모는 침묵해야 하는 존재인 것이다. … '친엄마'라는 단어가 한동안 사용되었지만, 입양인들은 이에 반대했다. … 자기가 낳은 아기를 키우지 않은 일은 절대 '자연스러운 일이 아니기' 때문에 '친엄마'로 불릴 권리가 없다는 이유에서였다. 현재 가장 대중적인 호칭은 '생모'다. 이것은 특별히 어떤 것을 연상시키지 않는다. 아이를 낳은 모든 여성은 생모이기 때문이다. (Howe et al. 1992: 2)

한편, 입양 복지사들이 사용한 "아기를 위한 최선"이란 말을 미혼모의 의지나 역량과 상관없이 아이를 키워서는 안 된다는 의미로 사용했던 것으로 보인다.

1970년대 초 호주에서는 전통적으로 미혼모에 사용하던 언어를 재정의하는 노력이 시작되었다.

1970년대 초, 2세대 페미니스트들과 전국미혼모자위원회

National Council for the Single Mother and Her Child와 같은 단체의 노력은 가시적 성과를 거두었다. 자조 모임을 통해 만난 이들은 의기투합하여 미혼모의 지위를 재정의하고, 과거 그들을 죄인으로 만들었던 낙인의 꼬리표를 피하기보다 전유하려 노력했다. … 그들은 미혼이라는 이유로 비난받기보다 어머니로 인정받기 위해 싸웠고, 자녀와 원치 않는 분리를 당하기보다 양육자로서 지원받기 위해 싸웠다. (Marshall & McDonald 2001: 38)

하지만 어떤 입양 부모들의 입장은 달랐다. 이들은 입양한 아들을 키운 사람은 자신이라며 생모의 어떤 것도 자식의 인생에 연관되어서는 안 된다는 의사를 분명히 밝혔다. "난 그 여자를 엄마라고 부르지 않는다. 그 여자는 그냥 '임산부'다"(같은 글: 136).

미혼모 당사자들은 '생모'로 불리기를 거부했다. 아일랜드에서도 미혼모들을 낙인화하고 소외시켰던 '생모' 용어의 사용을 거부하는 움직임이 있었다.

친부모네트워크Natural Parents Network는 '생모' 용어가 낙인적이며, 미혼모가 처한 상황에 대한 지식과 연민이 부족한 전문가들이 붙인 호칭이라는 이유에서 거부하고, 대신 자신들이 놓인 입장과 지위를 설명하기 위해서 '친부모'라는 호칭을 사용할 것을 제안했다. 낙인의 억압적 효과와 사용자가 담론을 선택하는 당사자 역량 강화 효과의 중요성을 인지하는 반차별적 관점에 입각하여, 연구자들은 그들을 그렇게 호명하기로 결정했다. … 페미니스트 관점의 적용은 '미혼모'를 사회적 일탈자로 정의하고, 미혼모 자녀를 입양 보내던 당시 당연하게 받아들였던 지식의 해체를 가능하게 한다(Wilson, Lordan & Mullender 2004: 622~623, 628).

이러한 노력에도 불구하고 21세기에 접어들어서도 "자원이 없는" 미혼모를 호명함에 있어서 여전히 깊은 편견이 존재하고 있다. 보호받지 못하는 이들을 새롭게 호명하려는 노력은 오히려 이들을 더욱 소외시켰다. 예를 들면, 서스펜스 소설 작가 캐럴 브레넌은 입양한 딸 조앤과 다음과 같은 대화를 나누었다. 이들이 나눈 대화에서 '생모'는 '친모'보다 개선된 호칭으로 간주되고 있을 뿐 아니라, 아기를 포기할 수밖에 없었던 미혼모의 존재는 찾아볼 수 없다.

> 동전에는 양면이 있다. 엄마란 무엇인가? 나는 이 말이 나에게 어떤 의미인지 알지만이 질문에 대해 중립적인 입장은 아니다. 몇 주 전에 딸 조앤과 입양에 대해 의견을 나누었다. 동전의 한 면에는 생모('진짜 엄마' 또는 '친엄마'라는 호칭을 개선한 단어)가 다른 면에는 입양모가 있다. 우린 앞에 각각 수식어가 딸린 '생모' 또는 '입양모'가 그들을 설명하기에 충분하지 않다는 것을 인정했다. 그리고 조앤은 내게 말했다. "엄만 그냥 내 엄마야." 딸은 차라리 공상과학 책이 옳다고 생각한다. "거기서는 언어의 정확성을 위해 노력하고 있잖아. '버서'birther[5] 같은 신조어도 있고." (Brennan 2007)

---

5 버락 오바마가 미국에서 태어나지 않아 대통령 자격이 없다는 음모론을 펼치는 극우파들을 칭하는 신조어

24장

과거라는 거울

안타깝게도 사회복지 역사에서 일부 실무자들은 선을 넘었으며 큰 해를 끼쳤다.

프레더릭 G. 리머(Reamer 2012.5.17.)

'아기 퍼가기 시대'에 미혼 임신이라는 문제에 직면한 가족이 경험했던 사회적, 정서적, 경제적 어려움이 어느 정도였는지 오늘날 젊은 여성들은 상상하기 힘들다. 지금의 관점에서 보면, 어떻게 친모가 자신의 의지와 상관없이 아기를 포기할 수 있었는지 도저히 이해가 안 될 것이다. 또한, 모성으로부터 추방당한 어머니들이 부모, 사회, 사회복지사의 입양 권유에 맞서지 못하고(현실적으로 맞설 방법도 없었지만), 그들의 말을 듣고 아기를 포기한 이후 고통의 삶을 살아야 했던 것도 이해하기 어려울 것이다. "이제 이러한 관점에서 입양을 보고, '도움을 주는 전문가'의 역할을 검토해야 할 때다. … 슬픔, 분노, 죄책감을 억누르는 것은 육체적 건강은 물론 정신적 건강에도 좋지 않다는 것에 대해 … 점점 더 많은 공감대가 형성되고 있다"(Howe et al. 1992: 107).

'아기 퍼가기 시대'가 한창이던 1960년대에도 한편에서는 미혼모의 아기 양육을 지원하려는 노력은 있었다. 예를 들면, 미국 아동국과 아동복지연맹은 입양에 관한 지침서를 발행했는데, 지침서에는 미혼모와 그 자녀를 위한 적절한 처우를 명시했다. 미시간주 디트로이트시에 있는 웨인카운티 아동센터장

헌터 컴리 박사는 스웨덴을 예를 들며 "비교적 안정적이고 동질적이며 성숙한 문화"로 인해 스웨덴에서는 미혼모에 대한 고정 관념은 없는 편이며 "미혼모와 그 자녀를 더 많이 배려하고 보호하려 한다. 법은 부모와 유아에게 징벌적이지 않다. 미혼모는 출산 전후 의료 지원을 받는다. 사생아는 상속받을 수 있다. 수치심과 처벌은 비교적 없는데 이는 분명히 엄마와 아기 모두의 정신적, 육체적 건강을 지켜 준다"(Comly 1961)는 점을 알리려 했다. 또한, 1964년 미국 플로렌스 크리텐튼 연합 서부 지역 학술 대회에서는 양육을 결정한 미혼모에게 발생할 것으로 기대되었던 끔찍한 상황들이 반드시 일어나는 것을 아니라는 연구 결과가 발표되었다. 이 연구에서 발견된 흥미로운 점은 입양 복지사들이 제공하는 사례관리 서비스를 양육 미혼모들 역시 부모가 된 초기 단계부터 받기를 원하는 것으로 나타난 것이다. 이에 대해 입양 복지사 루스 캐나다는 "초기 부모 교육이 아기를 입양한 부모에게만 제공되었다는 것이 너무 명백하지 않은가?"(Canada 1964.11.6.)라고 하며 자신이 소속된 기관은 친모들에게도 사례관리 지원을 확대하는 방향으로 변하고 있다고 말했다.

하지만, 미국아동복지연맹이 미혼 임신에 대한 실천 기준을 만들어 원가족 보호를 촉구한 것은 '아기 퍼가기 시대'가 공식적으로 끝나고 난 후의 일이었다. 구체적인 내용은 다음과 같다. "어떤 아이도 친부모의 돌봄으로부터 소외되어서는 안 된다. … 어떤 아이도 단지 경제적 이유나 가정을 만들어 주기 위한 노력의 일환으로 다른 형태의 지역 사회 지원이 필요하다는 이유로 친부모의 보살핌을 박탈당해서는 안 된다"(Child Welfare League of America 1978).

사실 1978년 이전에도 미국아동복지연맹의 입장은 다른 형태의 도움이 필요하다고 판단되기 전까지는 "가능한 한" 원가족을 보호하는 것이었다. 그리고 미혼부, 특히 십대 미혼부에게 서비스를 제공하고, 결혼 여부와 상관없이 친부모는 아이를 포기하고 입양 보내는 것이 무엇을 의미하는 것인지 "완전히 이해해야 한다"고 권고했다. 만약 친부모가 양육을 결정하면 "반드시 도움을 제공할 것"을 촉구했으며, "출산 전과 출산 후 산모가 회복되기 전, 그리고 아기를 포기하겠다는 마음의 준비가 되기 전에는 아기 포기 의사를 받아서는 안 된다"(Child Welfare League of America 1971: 2, 9)고 권고하였다.

하지만 이러한 노력은 '아기 퍼가기 시대'에 그다지 영향력을 갖지 못한 듯하다. 상담사들은 아기 포기가 엄마들에게 상처가 된다는 사실을 알고 있으면서도 입양을 권했다. 따라서 입양을 제안할 때 미혼모가 그들을 신뢰하지 않거나, 공정한 상담사로 보지 않거나, "숨겨진 동기 (아마도 금전적 이익) 때문에 아기 '포기'를 권하는 것"이라고 의심할지 모른다고 걱정했다. 아동 입양 옹호자인 메릴랜드주 목사 커티스 영이 다음과 같이 주장한 것은 바로 이러한 이유에서였을 것이다.

다음 세대를 향한 국가 차원의 일관된 메시지는 입양에 부여해온 문화적 가치를 영구적으로 바꾸는 데 있어 도움이 될 것이고 … 더 많은 기회를 통해 여성들이 입양을 고려하도록 동기를 부여하는 메시지를 전달할 것이다. … 물론 확신에 찬 상담과 입양 독려가 필요하다. 상담사들은 미혼모의 양육 욕구에 대항할 수 있는 타당한 이유를 제시할 수 있는 훈련을 받아야 한다. (Young 2000)

사회복지사들에게 미혼모의 아이 포기 '선택'은 유일한 해결책인 입양 쪽으로 미혼모를 몰고 가기 위해 그들이 사용한 기술이 성공적이었음을 증명하는 것이었다. 그런데 미혼모 당사자인 메리 존스는 과거 아기 포기의 경험을 회고하며 '선택'이란 단어의 사용은 잘못된 것이라고 비판했다.

'선택'을 했다고? 아니, 선택은 없었다. 선택이란 단어를 아기를 포기해야 하는 엄마에게 쓸 수 없다. 사실 이 단어는 친모에 대한 사회적 편견을 반영한다. 즉, 미혼모는 냉정하고 무정한 쓰레기 같은 존재라 아이 없는 삶이 더 재미있고, 경제적으로 덜 부담되며, 더 편하려고 아이 포기를 선택했다는 의미가 내포되어 있다. 말도 안 된다. 세상에 어떤 인간도 동물도 아기를 키우지 않겠다는 선택을 하지 않는다. 그것은 정상적이지도 자연스럽지도 않다. 그러나 만약 취약한 상태에 있다면 아기 포기를 선택할 것이다. 무력한 상태에 있을 때만 그런 일이 일어난다. (Jones 1993: 11-12)

1971년 유엔은 혼외 출생자가 직면한 차별에 대한 보고서를 발표했다. 이것은 차별을 인정하고, 미혼모를 돕기 위해서 할 일과 해야 할 일에 대한 권고 사항을 포함하고 있는 중요한 공식 보고서이다. 유엔은 1961년에서 1964년 사이 세계 4개 지역 가족법에서의 여성의 지위를 검토하며, "미혼모에 대한 법적 차별이 여전히 존재하며" 대다수 국가에서 일반적으로 "미혼모를 차별적으로" 대하고 있음을 발견했다.

미혼모라는 신분과 미혼모 보호 대책이 충분하지 못한 이유로 미혼모와 그 자녀는 여전히 여러 나라에서 차별의 대상이 되고 있다. … 특정 국가들에서는 미혼모 수가 지속적으로 증가하고 있으며, 그들은 종종 법적, 사회적 차별의 대상이 되는데 이는 평등과 반차별 규범에 위배되는 것이다. (United Nations Secretary-General 1971)

더 많은 여성들이 헤어진 아이와의 재회를 경험하면서, 미혼모와 그 자녀 모두 헤어짐으로 인해 어떤 영향을 받았는지 알려졌다. 잃어버린 아이를 만난 이후 대다수의 여성들은 수년간 억눌러 왔던 슬픔과 죄책감이 솟구쳐 올라옴을 경험했다. 그리고 과거 아기를 지키기 위해 더 치열하게 싸웠어야 했다고 생각했다. 입양 기관 사람들은 미혼모들과 씨름하며 끝내 입양을 결정하게 함으로써 평생 치유되지 못할 깊은 상처를 남겼기에 미혼모들을 두려워한다. "따라서 많은 생모들이 아이를 빼앗겼던 시설에서 의무적으로, 또는 '강력히 권장하던' 상담을 받았던 것에 분개 또는 심한 분노를 느끼는 것은 놀라운 일이 아니다"(McColm 1993).

입양 기관 상담사를 만나기 전까지 입양을 고려했던 미혼모는 거의 없었고 상담사들도 이 사실을 알고 있었다. 오늘날 임신지원센터를 찾는 미혼모들도 이와 유사하다. 상담사들은 미혼모와 "라포"를 형성한 뒤 입양을 권하라는 "교육"을 받는다. 하지만 많은 경우 이미 양육을 결심하고 임신지원센터를 찾는 경우가 많았음을 다음 인용문에서 알 수 있다.

입양에 대해 올바른 생각을 갖도록 노력하는 임신지원센터의 과제는 상담사를 교육하여 미혼모 자녀의 궁극적 이익을 위해 미혼모와 라포를 형성한 뒤 그들이 아이를 키우기 위해 복지 혜택을 받으려는 생각을 못 하도록 하는 것이다. … 서비스와 교육에 있어서 입양과 입양 통합에 대한 새로운 이해가 요구된다. … 한 상담사는 입양을 권하려 했지만, 클라이언트는 이를 "받아들이려 하지 않았다." 이런 경험은 흔하고, 이로 인해 상담사는 당황한다. 또 다른 상담사는 이렇게 말했다. "그녀에게 입양 이야기는 하지 않았어요. 왜냐하면, 벌써 키우겠다고 마음을 먹고 왔기 때문이죠. 안내 책자를 주어도 읽을 것 같지 않았어요." (Young 2000)

그렇다면, 그동안 왜 입양에 관련된 문제가 적극적으로 논의되지 않았을까? 더글라스 헨더슨은 2002년 연구에서 다음과 같이 진단했다.

정신건강 분야에서는 입양을 전문적인 문제 해결 방법으로, 관련된 모든 사람에게 '선의의 일'이라는 관점으로 보려 한다. 그러므로 입양에 문제가 생기면 전문가들은 실패한 것이고 '선의'는 거짓이었음을 의미하는 것이다. 입양 관련 문제를 논의하는 것 자체가 입양을 병리적인 것으로 낙인찍을 수 있다는 두려움은 입양 문제에 대해 침묵하게 하는 요인으로 작용할 가능성이 있다. (Henderson 2002)

2012년, 베테랑 저널리스트이자 기자인 댄 래더는 케이블 TV 뉴스 프로그램「댄 래더 리포트」Dan Rather Reports에서 유급 위탁 가정이나 미혼모 시설에서 생활하다, 출산 후 갓 낳은 아기와 헤어지는 가슴 아픈 경험을 한 미혼모들의 이야기를 보도

했다. "입양인가, 유괴인가"라는 제목의 보도가 AXS TV에서 방영되었을 때 가톨릭 자선 단체, 구세군, 전국 플로렌스 재단, 전국 사회복지사협회에서는 각각의 입장을 발표했다. 이들은 하나같이 과거 미혼모에 대한 처우가 부당했고 입양 압박이 있음을 인정했다. 예를 들어 가톨릭 자선 단체 대표인 래리 스나이더Larry Snyder는 "1950년대와 1960년대 생모들이 증언한 개인적 경험은 가슴 아픈 이야기다. 하지만 미혼모에 대한 사회적 낙인은 변했고 입양 관행도 달라졌다"(AXS TV 2012.5.1.)고 말했다.

구세군 전국 지역 관계 및 개발부 참령 조지 후드George Hood는 다음과 같이 입장 발표를 했다.

20세기 중반 구세군은 미국 내 여러 곳에서 미혼모 시설을 운영했다. 이 시설들은 미혼 임산부에게 상당한 사회적 압박이 가해졌을 때 운영되었고, 대부분의 어린 여성들은 가족의 손에 이끌려 시설에 들어왔다. … 확실히 미혼모에 대한 사회적 처우는 지난 40~50년간 급격히 변했고 운영 방식도 달라졌다. (같은 방송)

다음은 전국 플로렌스 재단 대표인 지넷 파이-에스피노사 Jeannette Pai-Espinosa가 발표한 입장문의 일부이다.

미혼모와 그 자녀에 대한 미국 사회의 태도는 인종, 성별, 계급에 대한 가치가 반영된 복잡한 문제였고, 여전히 그렇다는 사실에는 의심의 여지가 없다. 1940년대 후반과 50년대 사회 관습이 변화함에 따라 플로렌스 크리텐튼 미혼모 시설에 들어오려는 중산층 젊은 여성들이 급격히 증가했고, 시설의 사회복지 실천도 이전과 달라졌다. 전통적으로 입양은 크리텐튼이 지향했던 돌봄 철학은 아니었지만, 점점 더 입양으로 방향을 선회했다. 오늘날에도 여전히 운영되는 우리 재단과 기관은 어머니들이 '강요'와 '강압'에 의해 아이를 입양 보냈던 경험을 알고 있으며, 슬퍼하고, 또 유감스럽게 생각한다. … 이러한 관행은 반드시 플로렌스 크리텐튼 본부의 지시나 승인이 필요했던 것은 아니었다. 입양 기관이나 미혼모 시설은 독자적으로 우선순위와 운영 정책을 결정할 수 있었다. 우리는 과거 관행으로 인한 고통과 피해를 통렬히 인식한다. (같은 방송)

전국사회복지사협회 대표 게일 우즈 월러Gail Woods Waller도 "모든 직업은 그 실천에 있어서 과거의 관습, 정치, 편견에 의해 부정적인 영향을 받기도 했다. … 사회복지는 19세기 후반 시작되어 오늘에 이르렀다. 성장하는 과정에서 사회복지와 그 구성원들은 실수를 저지르기도 했다"(같은 방송)라고 말했다.

사회복지사들은 입양 분야에서 자신들이 한 일이 얼마나 옳았는지 돌이켜 보는 것은 중요하다. 이러한 점에서 사회 정의에 대한 브라이언 베리의 통찰은 유의미할 것이다.

사회 정의는 일반적으로 평등 또는 기회균등의 개념과 동일시된다. 물론 평등은 사회 정의에 속하지만, 사회 정의의 의미는 훨씬 더 광범위하다. 또한 '기회균등'이나 '개인의 책임'과 같은 용어들은 현대 사회의 엄청난 불평등을 정당화하는 데 유용되어 사회 정의 실현 가능성을 감소시켰다. (Berry 2005)

사회복지가 발전하며 종사자들은 자신들이 선을 행할 수도 해를 끼칠 수도 있다는 사실을 인식했다. 그들은 위험하거나 자기 파괴적 행동을 하는 클라이언트를 주의 깊게 관찰하고 그 원인(대부분 우울증, 집착, 육체적·정신적 장애에 의해 유발되는)을 고려하라는 주의를 받았다. 이에 더해 프레더릭 G. 리머는 "사회복지사들은 자기 자신과 동료들이 비윤리적이거나 육체적·정신적 장애를 끼치는 행동을 하는지 세심한 주의를 기울여야 한다. … 또한, 사회복지사에게 도움을 주는 동시에 책임도 물을 수 있는 위치에 있는 사람들과 기관들이 주목하고 있음도 알아야 할 것"(Reamer 2012.5.17.)이라고 충고했다.

25장

'아기 퍼가기 시대'가 남긴 외상 후 스트레스 장애

외상 후 스트레스 장애는 극도로 충격적인 사건을 경험하며 생긴 장애이며, 과잉 경계, 당시 상황이 현재에도 일어나는 것으로 착각하는 플래시백flashback, 정서적 무감각, 외상과 관련된 자극 회피, 수면 장애, 집중 장애, 지속적 불안감 등의 증상이 특징적으로 나타난다.

DSM_IV_TR(468)[1]

엄마와 자녀의 분리로 인한 자살이나 기타 관련 통계는 찾기 어렵다. 단지 과거 문헌에 의존할 뿐이다. 미혼모들은 아기를 입양 보낸 후 어떤 정서적 후유증을 겪었을까? 그 후 수십 년간 어떻게 지냈을까?

'아기 퍼가기 시대' 미국, 캐나다, 뉴질랜드, 호주, 아일랜드, 영국의 수십만 명의 미혼모들은 자신들의 의지와 상관없이 아기와 헤어졌다. 그들은 입양 보낼 건강한 신생아를 확보하기 위해 만들어진 시스템의 표적이 되었다(United Nations 1971). 입양으로 아이를 잃은 많은 엄마들은 지속해서 외상 후 스트레스 장애PTSD를 호소한다. 비록 외상 후 스트레스 장애를 일으키는 요인으로 현재의 진단기준 A(1) 항목은 "죽음이나 심각한 상해

---

1 미국정신의학협회American Psychiatric Association, 『정신질환 진단 및 통계편람』*Diagnostic and Statistical Manual of Mental Ddisorders*, 4th ed., American Psychiatric Press, Washington DC, 2000.

에 이르게 하는 실제적 또는 위협적 행동이나 자신과 타인의 육체적 안전을 위협하는 상황"으로 한정하지만, PTSD 유발 가능성이 있는 다른 외상적 사건들에 대한 검토도 이루어져야 할 것이다.

> PTSD 증상을 유발하는 다양한 스트레스 요인을 찾아내기 위한 더 많은 연구가 필요한 것은 분명하다. 진단기준 A에 따른 공식적 정의와 관계없이, 만약 연구 결과를 비판하거나 새롭게 제안된 방식을 따라 해볼 수 있도록 조작적 정의가 명시적으로 제안된다면, 새롭게 발견된 외상 노출 및 PTSD 요인들이 갖는 영향력은 경험적으로 평가할 수 있거나 평가해야 한다. (Weathers and Keane 2007: 114-115)

미국의 미혼모들은 '미혼' 임산부로 그들의 여정을 시작했다. 대부분 만 16~18세였다. 앞서 언급한 바와 같이, '아기 퍼가기 시대' 미혼 여성은 피임약을 구할 길이 없어 배란기에 맺은 성관계가 임신으로 이어졌고 임신 사실을 알아도 밝힐 수 없었다. 미혼 여성의 성행위는 사회적 금기였기에 불러오는 배를 감추며 지냈다. 비록 결혼반지는 없었지만, 임신과 출산을 하는 여느 엄마들과 다름없었다. 하지만 이 시기 "새로운 성적 행동 표준을 구축되고 있었는데" 사회는 혼전 임신한 여성들을 "문제 있는 여자애들"이란 시각으로 보았다(Kunzel 1993; Solinger 2000[1992]; Osofsky 1968). 이 시기 미혼 임신을 한 여성은 대체로 다음과 같은 과정을 거쳤다.

'문제의 여자애'는 아이 아빠에게 임신 사실을 말하지만, 그는 곧 타지에 있는 대학에 가기 위해 마을을 떠나거나 다른 여자와 결혼한다. 아니면, 임신한 여자친구와의 결혼을 회피하기 위해 군에 입대하고 베트남으로 떠난다. 아이 아빠로부터 거절당한 후 미혼의 임산부는 부모님께 도움을 요청한다. 이 반갑지 않은 소식에 충격을 받은 부모는 가까스로 정신을 차린 후 "전문가"에게 조언을 구한다. 그러면 의사나 목회자들과 같은 사람들은 딸을 미혼모 시설에 보내고 아기를 낳으면 입양 보내라고 조언한다.

감금

2차 세계대전 이전 모자 위탁 가정foster home은 엄마들이 아기를 기를 수 있도록 돕던 곳이었다. 하지만 전쟁이 끝난 후 모자 위탁 가정은 유급 위탁 가정wage home으로 전환되는 역사적 변화를 거쳤다. 유급 위탁 가정에 머물던 미혼 임산부는 출산 예정일이 다가오면 미혼모 시설로 옮겨졌고, 거기서 별다른 대안 없이 입양을 선택했다. 이러한 변화는 미혼모 시설을 제도화하는 데 앞장서고 입양 산업화를 위해 시설을 활용한 입양 종사 복지사들에 의해 촉진되었다. 유급 위탁 가정과 미혼모 시설은 입양 기관과 관련 변호사들의 협력을 얻으며 어떤 도움도 받지 못하고 있던 미혼모를 포획하는 그물을 완성했다. 그물은 미혼모들을 꼼짝할 수 없이 가두었고 사람들은 그 안에 있는 아기라는 사냥감을 얻었다(Kunzel 1993: 169).

미혼모 시설에 입소하기 위해서는 "혼외 관계" 임신이어야 했는데 이때 "혼외 관계"란 무조건 "잘못된 행동"을 의미했다(Vincent 1962: 10). 어린 나이에 임신하게 되면 대부분 부모의 손에 이끌려 입양 기관에 오고, 입양 기관에 오면 복지사의 안

내로 유급 위탁 가정(결혼한 부부의 가정)에 들어가게 된다. 그리고 임신 7개월이 될 때까지 숨어지내며 임금을 받고 집안일과 육아를 돕는다. 유급 위탁 가정은 미혼모 시설로 옮겨갈 때까지 머무는 단기적인 해결책이었다. 유급이라 했지만, 임금은 거의 지급되지 않았다. 열심히 일한 대가는 숙박비와 식비로 이미 빚을 질 만큼 충분히 받았고, 망신당하지 않도록 숨을 장소를 제공했으니 감사하라는 식이었다. 이 관행은 미국, 캐나다, 영국, 호주 및 뉴질랜드를 포함한 서방 국가에 널리 퍼졌다. 흔히 가사 도우미 같은 일을 했는데 이것은 당시 사회 정책이었다(Child Welfare League of America 1978: 28).

유급 위탁 가정의 안주인은 미혼모에게 어머니 같은 멘토 역할을 하는 사람이 아니었다. 그저 부끄러운 짓을 한 어린 임산부가 산달이 다가와 미혼모 시설로 옮겨갈 자격이 될 때까지 숨겨 준 대가로 몇 달 동안 무료(또는 저렴한 임금을 받는) 입주 가정부를 들이는 정도로 생각하는 "정숙한", 즉 기혼 여성이었다(Pinson 1964: 21-22). 이러한 유급 위탁 가정은 미혼모 시설 및 입양 기관과 연계되어 있었다. 미혼모 시설에는 보육 시설이 없었다. 과거 복음주의 기독교에 기초해 미혼모들을 돕던 여성 종사자들과 달리 미혼모 시설은 엄마가 아이를 키울 수 있는 도움을 주지 않았다. 아이와 자립하여 살 수 있도록 돈과 음식, 옷 등을 친절하게 나누어주는 복지사들은 없었다. '아기 퍼가기 시대'에는 미혼모와 아기의 애착에는 관심이 없었다. 오로지 아기를 가지려는 자의식에 가득 찬 결혼한 부부(불임이거나 또는 다른 이유가 있는)에게 필요한 것, 그들이 원하고 요구하는 것, 그것을 충족시켜 줄 미혼모가 낳은 신생아에게만 모든 관심이 집중되었다. 특히 입양이 아동복지의 한 분야로서 인정받고, 그

분야에서 일하는 입양 종사자들이 '미혼모 전문가'로 존중받도록 하고, 새로운 학문으로 등장한 사회복지 분야에서 자신들의 전문성을 키워나가는 데만 관심이 있었다. 다시 말하지만, 입양은 직업적 전문성을 갖추며 성장하고 있었다. 그리고 엄마와 아기를 분리하여 결국 엄마들이 입양으로 아이를 상실하게 하는 전략을 통해 자신들의 경력을 쌓아 나갔다(Kunzel 1993: 169).

미혼모 시설로 옮겨지기 전 머물던 유급 위탁 가정에서 갈 곳 없던 임산부들은 노동력을 착취당했다. '아기 퍼가기 시대'가 끝나고 수십 년이 지난 후 이때의 경험을 증언하는 여러 나라의 미혼모들은 입주 가정에서 청소, 요리, 아이 돌보기에 대한 임금을 일반적으로 받지 못했다고 폭로했다. 한 가지 씁쓸한 점은 미혼 임산부가 결혼한 부부 가정에 머물며 그 가정의 아이는 돌볼 수 있다고 생각하면서, 정작 자신의 아기는 양육할 능력이 없으니 입양을 보내야 한다던 당시의 통념이다.

임신 7개월이 되면 미혼 임산부는 미혼모 시설로 옮겨졌다. 이름이나 얼굴을 알아보는 사람이 없도록 주로 원가족으로부터 멀리 떨어진 곳으로 보내졌다. 1947년 구세군 미혼모 시설에서 일했던 루스 패건이 아동국 미혼모 서비스 상담 담당 마우드 모록에게 보낸 편지에서 "아기들을 통제하기 위해 서부에는 미혼모 시설이 계속 생겨나고 있습니다"(Solinger 2000[1992]: 114)라고 쓴 것으로 보아 전후 미혼모 시설이 미혼모 아기를 입양 보내는 장소로 변했음을 알 수 있다.

물론 모든 미혼모들이 시설로 보내진 것은 아니다. 어떤 미혼모는 자기 집에서 격리된 생활을 했다. 가령 지하, 다락방에서 숨어 지내거나 먼 친척 집에 보내진 후 아기를 낳고 혼자 집으로 돌아왔다. 드문 경우 집에서 멀리 떨어진 곳으로 가서 혼자 지내기도 했다. 이들의 거주 형태는 달랐지만 '아기 퍼가기 시대'의 모든 백인 미혼모는 사회복지사와의 만남으로 귀결되었다. 그리고 아기를 포기하라는 세뇌를 피할 수 없었고 그 결과 입양 시스템 안에 들어가게 되었다(Marshall & McDonald 2001: 4; Carp 1998: 116).

미혼모 시설에 입소한 후 오리엔테이션 기간이 끝나면 일주일에 2시간 외출을 나갈 수 있다. 하지만 보호자가 따라붙었으며 장부에 외출과 귀가 시간을 적어야 한다. 그 밖에 기상 시간, 식사 시간, 취침 시간 등을 반드시 지켜야 했다. 매일 밤에는 취침 점검이 있다. 식단표에 있는 음식 외에는 먹을 수 없고, 사전 허락 없이 방문객은 찾아올 수 없다. 전화는 걸 수도 받을 수도 없다. 간호사 소견이 없는 한, 낮 동안 방에 들어가 있으면 안 된다. 시설 '입소자'인데 청소나 허드렛일도 해야 한다. 출입문에는 자물쇠도 달려 있다. 담장 너머 저편에 있는 친구들의 얼굴을 담장 안에서 볼 뿐이다.

담장 안에서, 감옥에 갇힌 것과 다름없는 생활을 하는 미혼모는 세상과 가족과 친구들과 그리고 가장 중요하게는 아이 아빠와 완전히 단절된 상태에 있다. 아이 아빠는 이미 그녀를 버리고 떠났겠지만. 설사 떠나지 않았다 하더라도 시설에 있는 임신한 여자친구를 만날 수 없었다. 아이 아빠와 전화통화도, 면회도, 편지도 어떤 형태의 연락도 허용되지 않았다. 남자친구가 연락하고 싶어 한들, 여자친구가 어디에 있는지도 몰랐고, 전화나 편지로 연락할 방법도 알아낼 길이 없었다. 어느 날 그녀는 그냥 없어져 버린 것이다.

조정과 그루밍

미혼모 시설의 환경은 미혼모에게 어떤 영향을 끼쳤을까? 사고를 개조한다는 의미의 세뇌는 아기 포기와 입양 결정에 일정 부분 역할을 했을까? 그렇다는 증거는 차고 넘친다. 세뇌 또는 사고 개조는 허용된 방법이었으며 아기를 엄마로부터 분리하는 데 적용되었고 그 결과 아기는 엄마를 떠나 입양 보내졌다.

사회복지사는 전문가로서 옳고 그름을 판단하는 자세로 상담에 임하는 것이 사회복지의 "가치"라는 믿음을 갖고, "자신이 알고 옳다고 생각하는 것"을 클라이언트에게 전달하도록 훈련받았다(Perlman 1957: 52). 확실히 그때는 상담 때 자신의 판단은 가능한 보류한다는 개념은 존재하지 않았다. 전문 사회복지사는 상황을 통제하는 행위자 역할을 하도록 훈련받았다. 다음 리드의 인용문은 입양 상담사[2]가 '사례관리'라는 명목으로 엄마들에게 사용하는 심리 조정이나 세뇌 심리학적 방법을 정당화하고 있음을 알 수 있다

세 번째는 입양 기관만이 제공할 수 있는 서비스로 미혼모가 아기를 정말 포기했는지, 입양 부모는 친생 부모의 개입으로부터 보호받을 수 있는지 확실히 하는 것이다. 핵심은 미혼모나 다른 친생 부모를 다루는 일이다. 아이를 포기하도록 하는 것은 결코 법적인 문제가 아니다. 그것은 본질적으로 사례관리 전문가의 도움이 필요한 심리적인 영역에 속하는 것이다.

---

2 저자는 원문에서 "adoption supply recruiters", 즉 입양 보낼 아기를 모집하는 사람이란 뜻을 함축한 "입양 공급 모집자"라는 단어를 사용했다.

(Reid 1956.5.20.: 141)

　시설에서의 하루는 종사자들과 사회복지사들로부터 미혼 임신이 무엇을 의미하는지 훈계를 듣는 것으로 끝난다. 훈계는 당시 유행하던 정신분석의 새로운 이론에 따라 미혼모를 성적 비행자, 신경증 환자, 일탈자, 죄인으로 만들고, 아기를 포기하고 입양 보내는 것이 건강, 구원, 재활을 위한 유일한 길이라는 것이었다.

　코스티건은 당시의 사회복지학 이론은 사회복지사들의 입양 결정을 지지하는 것이었음을 밝혔다. 또한 사회복지 전문가들은 미혼모의 아기 포기를 옳다고 생각했고, 미혼모는 복지사의 입양 권유를 따랐기에 미혼들이 입양 결정을 한 것이 아니며, 임신 7개월부터 출산 때까지 3개월간 미혼모 시설 체류는 미혼모의 아기 포기와 상관관계가 있다고 보고 "시설의 체류 기간과 상담의 연속성 및 빈도는 아기 포기 결정을 내리는 것과 관련이 있을 것"(Costigan 1964: 132)이라고 주장했다.

　코스티건이 주장한 바와 같이, 미혼 임산부는 시설에 들어간 순간부터 친권 포기 서류에 서명하는 순간까지 정기적인 상담을 받는데, 상담이란 주로 엄마로서의 부적절함과 아기(사회복지사들은 미혼모의 아기를 지칭할 때 미혼모에게 "너의" 아기라고 부르지 않도록 주의한다)를 포기해야 할 절박함을 강조하는 이야기를 듣는 것이었다. 조속히 입양을 성사시키려는 입양 기관의 계획을 착실히 실행하기 위해 모성 본능의 강화를 전복시키기 위한 세심한 주의가 기울여진다. 입양 기관 담장 안에 홀로 남겨지는 것, 그것이 미혼모가 아기 포기에 이르게 되는 과정의 첫 번째 단계이다(Costin 1972: 232; Heiman 1960: 4-5;

Costigan 1964: 132-138).

다음 단계에서도 미혼모들은 미혼이기 때문에 무능한 엄마가 될 것이라는 "조언을 듣는다". 미혼모는 비행을 저질렀으며, 신경증 환자라는 이유로 부적격하고 가치 없는 부모로 규정되며, 사회복지사들만 이해할 수 있는 이론의 대상이 된다. 입양 기관의 담장 안에 고립된 미혼모가 생애 처음 잉태한 아기를 출산할 때까지 복지사들은 미혼모를 무가치한 존재로 만드는 이 이론을 끈질기게 적용한다(Luker 1996: 54: Chesler 1986: 410).

밤이고 낮이고 매일 똑같은 메시지가 끊임없이 반복된다. 아기를 포기하는 것이 구원받는 유일한 길이라고. 상담 중 복지사에게 아기 양육을 돕는 정부나 다른 기관의 지원이 있는지 물어도 알려주지 않는다. (복지사가 그런 정보를 알고 있을 것이라고 예상하지만 대부분 그렇지 않다). 아기를 사생아라고 부르고, 사생아란 사실은 장애가 되며, 훗날 불행한 삶을 살게 될 것이라는 말을 끊임없이 반복한다. 아기가 필요한 것은 정부로부터 받는 양육 지원이 아니라 필요한 물건을 사 줄 수 있는 두 명의 부모이며, 그들은 아기에게 사랑 외엔 줄 것이 없는 미혼 엄마가 줄 수 없는 물질적 풍요를 줄 수 있다는 점을 강조한다. 권유하고, 회유하고, 강요하며, 수치심을 주고, 병명을 붙여 진단하고, 몰아붙이고, 죄책감에 사로잡히게 한다. 입양 복지사는 이미 알지도 못하는 낯선 부부에게 (돈을 받고) 아기를 구해 주겠다는 약속을 해 놓고는 미혼모가 아이를 포기하지 않겠다고 저항하면 자신들에게 아기를 넘기라고 위협한다. 미혼모는 사람들이 사랑보다 돈을 더 선호한다는 사실을 알게 된다(Chambers 2006: 92-95).

코스티건은 사회복지사가 입양 결정에 깊이 연루되었다는

결론을 내렸다.

> 복지사와 클라이언트의 긴밀한 접촉과 미혼모의 아기 포기
> 결정 사이의 연관성은 연구 결과가 강력하게 뒷받침된다. …
> 둘 사이가 멀었을 때보다 가까울수록 대체로 더 많은 미혼모
> 들이 아기를 포기했다. … 이러한 차이는 통계적으로 매우 유
> 의미했다. (Costigan 1964: 132)

이 연구에서는 상담이 비지시적이 아니라 지시적 상담이었
음은 언급하지 않았지만, 당시 이루어진 상담은 주로 어떻게 할
지 결론을 내놓고 그 결론에 이르도록 클라이언트를 안내(세
뇌, 조종, 길들이기)하는 지시적 상담이었다. 출산이 가까울수
록 지시적 상담의 강도가 높아지며, 입양 부모는 아기에게 줄
수 있는데 미혼모는 줄 수 없는 것이 무엇인지 강조한다. 미혼
모가 이용할 수 있는 사회적 자원이나 정부 지원(부양 자녀가
있는 가족 지원) 등은 언급하지 않는다. 독립 법률 자문을 받아
보라는 권유도 하지 않는다. 곧 태어날 아기 아버지에게 양육비
를 요구해 보라는 권유도 하지 않는다. 사실, 이런 자원과 정보
가 있다는 것 자체를 미혼모에게는 알려 주지 않는다. 만약 혹
시 이런 지원이 있는지 묻는다면, 미혼모를 병리적 존재라고 규
정하는 입양 복지사는 미혼모가 심적으로 병들어 있음을 환기
한다. 이 기괴한 이론은 정확한 정보를 대체한다(Costin 1972:
233; Bernstein 1963: 53).

시설 종사자들은 입소자의 분만일이 다가와도 출산에 대해
거의 준비시키는 것이 없다. 미혼모들에게 임신 중 몸에서 일어
나는 변화는 물론 앞으로 닥칠 분만에 대해 아무런 정보도 제공

하지 않는다.

어떤 산모들은 과도한 마취로 자연 출산을 하지 못했다. 또 어떤 산모들은 통증 완화 조치를 전혀 받지 못했다. 이는 모두 아직도 기적처럼 남아 있을지 모를 미혼모의 자의식을 파괴하려는 징벌적 의도에서 비롯된 작전이었다(Rickarby 1998).

분만 후 어떤 엄마는 며칠 동안은 아기를 품에 안고 아기를 돌보는 것이 허용되었다. 하지만 대다수는 아기를 보지 못했다. 스스로 방어할 능력이 없던 백인 미혼모들에게 지속해서 시도 된 심리 조정이나 세뇌 효과는 아기 포기와 입양이라는 결과로 이어졌다. 그런데 많은 수의 엄마들이 입양 '동의'에 실제 사인 을 했는지 기억하지 못한다. 이러한 경험은 결국 그들에게 심각 한 트라우마가 되었다(같은 글).

출산일이 되어도 미혼모는 혼자다. 가족도, 시설 종사자도, 친구도, 특히 아이 아빠도 없다. 정서적으로 지지해 줄 그 누구 도 곁에 없다.

사고 개조, 즉 세뇌 프로그램의 전략은 개인의 생애사를 완 전히 재해석하고, 세계관을 근본적으로 변경하며, 새로운 버전 의 현실과 인과 관계를 수용하도록 하고, 조직에 대한 의존성은 키우고, 자의식을 불안하게 하는 것이다. 이로써 개인은 조직이 활용할 수 있는 행위자로 전환된다(Singer & Ofshe 1990).

'아기 퍼가기 시대' 복지 전문가들은 아기를 미혼 임산부들 에게 임신했던 사실도 아기의 존재도 "잊고" 아무 일도 없었던 것처럼 "정상적인" 삶을 살라고 조언했다. 그러나 미혼 임신을 "죄"라고 규정하고 미혼모는 "처벌"받아야 한다고 생각한 당 시의 소위 입양 관련 전문가들은 정말 미혼모가 정상적 삶으로 돌아갈 수 있다고 믿고 저런 조언을 했던 것일까?

1960년 연구에서 웜페리스는 이미 미혼모들은 사회로부터 배척을 당할 뿐 아니라 신체적, 법적 처벌의 대상이란 사실을 지적했다. 비난받을 것이 두려워서 많은 미혼 임산부는 임신 사실을 숨겼고 이는 종종 심각한 결과를 초래했다. 가령 건강이 나빠지거나, 출산 중 사망하거나, 자살, 또는 아이를 유기하기도 했다. 비록 이런 상황을 개선하거나 완화하려는 노력은 있었지만, 미혼모는 가족, 친구, 지역 사회와의 유대를 잃고 정상적인 삶을 포기해야 했다. 한마디로 "미혼모에게 '주홍글씨'가 각인되는 것이다"(Wimperis 1960).

다양한 문헌들을 통해 미혼모가 경험한 차별과 사회적 배제는 신체적, 정서적 문제로 이어졌음을 알 수 있다. 가령, 혼외 임신한 여성은 절망과 외로움을 겪는다. 심한 죄책감과 함께 무력감은 때때로 자살로 이어진다. 혼외 임신에 대한 초기 반응은 현실을 부정하거나, 현실로부터 도망가고 싶은 은폐 욕구로 나타난다. 이것은 건강을 해치는 결과로 이어질 수 있기 때문에 위험하다(Pinson 1964). 또한 미혼모들은 사회적 압박이 너무 심해 불안과 우울증에 시달렸다. 때로는 자살이 유일한 답처럼 보였다. 압박감에 사로잡힌 많은 어머니들은 불안해했고, 우울했으며, 불면증에 시달렸다. 일부는 자살을 시도하거나 술을 마시기 시작했다. 일부는 '신경 쇠약'에 시달렸다. 그리고 하나같이 이러한 심리적 '문제'의 원인을 자기 자신에게 돌리며 행여 이런 사실이 알려져 법정에서 불리해질까 두려워했다(Chesler 1986). 1991년 실시된 조사에서는 64명 중 49명이 자살 생각을 했고 14명은 실제로 자살을 시도했다. 모두 "생모로서 아기를 입양 보낸 경험"과 직접 관련성이 있었다. 열두 번이나 자살을 시도했던 한 여성은 재회에 대한 희망을 가지고 아이를 찾을 수 있다는 것을 알고 나서야 자살 시도를 멈췄다(Stiffler 1991).

더욱 중요한 것은, 입양 '결정'으로 인한 영향이 평생 계속된다는 것이다. '아기 퍼가기 시대'에 아기를 입양 보낸 100명의 미혼모를 인터뷰한 페슬러의 연구는 이러한 사실을 증명한다.

내가 인터뷰한 많은 여성들은 아기를 포기하고 입양 보낸 일을 자신의 정체성을 정의한 사건으로 꼽았다. 또한, 이 사건은 이후 그들이 내리는 모든 주요 결정에 영향을 미쳤다. 이 여성들 대부분은 만 16세에서 23세 사이였기 때문에 아기 포기와 입양 결정의 경험은 성인이 된 전 생애에 거쳐 영향을 미친 것이다. (Fessler 2006: 207)

그렇다면 엄마로부터 분리되어 입양 보내진 아기들은 어떤 영향을 받았을까? 입양인들 역시 자살 충동을 느끼는 것으로 나타나는데 이는 엄마와 아기 분리가 삶에 장기적으로 영향을 끼칠 수 있음을 보여준다. 어린 시절 경험한 부정적인 사건이 아동에게 미치는 영향에 대한 최근의 연구 결과는 다음과 같다.

건강에 미치는 장기적 영향은 전문가들이 1998년『미국 예방의학 저널』*American Journal of Preventive Medicine*에 실린 어린 시절 부정적인 경험과 성인의 만성 질환, 약물 남용 및 기타 건강 문제의 연관성을 다룬 주요 연구를 다시 검토하며 설득력을 얻게 된 개념이다. … 질병통제예방센터와 함께 약 17,000명을 대상으로 처음으로 장기적인 연구를 수행했는데 … 연구 제목은 "성인의 주요 사망 원인과 아동 학대와 가정 문제의 관계"였다. … 연구자들은 연구 대상자들에게 18세가 되기 전의 삶의 경험에 대해 물었다. … 연구 결과 트라우마와 뇌 발달의 영향 관계를 보면 부상을 입게 되는 메커니즘은 이렇 다 … 스트레스 호르몬이 혈류를 타고 흐르면 뇌 안에서 부정 적인 신경 전달 물질을 연속적으로 만들어 낸다. … 이와 같은 방식으로 어린 시절의 부정적인 사건들은 뇌 형성에 영향을 미치는 것이다. … 결국, 잘못 형성된 뇌는 위험한 행동의 원 인이 된다. … 집중력 문제 … 충동 조절 문제 … 자신을 위한 최선의 결정을 내리는 데 어려움을 겪게 되는 것이다. (Smith 2015.8.15.)

법적 권리와 시민권

미혼모가 아기를 키우도록 도왔던 미혼모 시설은 2차 세계대 전 이후 미혼 임신을 징벌하는 입양정보 센터가 되었다. 판사는 입양 동의 서류에 친모가 한 서명을 기반으로 입양을 승인했다. 하지만 어떤 과정을 통해 그 어머니가 서명했는지에는 관심이 없었다. '아기 퍼가기 시대' 서구 국가의 신생아 입양은 제도적 으로 비윤리적이고 비도덕적이며 부적절한 입양 관행에 의해 이루어졌다. 임신한 미혼의 딸을 둔 가족들은 아기 입양에 직접 관여했으며, 지역 사회 각 분야의 사람들은 적극 가담하지는 않 았다 하더라도 입양을 지지하는 공모자였다. 그들은 오늘날까 지 악의적 음모에 동조했던 책임을 회피하고 있다. 이러한 조직 적 학대의 희생자들은 입양 산업이 뒤집어씌운 죄책감과 아기 를 입양 보낸 후 찾아온 해결할 수 없는 커다란 슬픔까지 짊어 진 삶을 살아야 했다(Condon 1986: 117; Chesler 1986: 56).

대다수의 입양 종사자들은 미혼모의 헌법적, 시민적, 법적 권리를 무시했다. 미혼모는 미국 시민으로서, 여성으로서 어머니로서 균형 잡힌 삶이 아닌, 인간이 만든 사회적 실험 대상으로서의 삶을 살았다. 실험의 끝은 '갱생'이 아니었다. 사회적 처벌을 받은 후 사회로 무사히 복귀하여 잘 살 것이라는 약속을 받았지만, 아기 포기와 입양은 이후 수십 년간 겪게 되는 상실의 악몽과 정신적, 육체적 문제의 시작이었다.

미혼모 시설에 도착하면 개인 소유물, 돈, 의복은 압수당한다. 대개 시설에서 주는 옷을 입고 지냈다. 본인이 누구인지 식별할 수 있는 이름과 주소 등을 공개하는 것은 금지되어 있었다. 시설에서는 여러 개의 이름이 적힌 명단을 주며 사용할 가명을 선택하라고 한다. 실명을 사용할 경우 반드시 성은 이니셜로만 쓰도록 했다. 서로를 부를 때도, 외부와 편지를 주고받을 때도 이 규칙을 따랐다. 그리고 모든 편지는 검열 대상이었다. 전화통화도 제한되어 행정실에 있는 공중전화를 사용했다. 돈은 소지할 수 없었다. 돈이 있으면 도망칠 위험이 있기 때문이다(Rains 1970: 225-227).

미혼모는 시설에 들어간 날 입소자 중 한 명으로부터 시설 안내를 받는다. 흑백 티비가 있고 규격화된 가구가 있다. 입소 절차가 끝나면 시설 종사자가 준 동전으로 단지 15분간만 외부와 전화통화를 할 수 있는 그런 생활을 했다.

외상 후 스트레스 증거들

아기를 낳자마자 입양 보낸 후 일어나는 장기적인 결과를 다룬 다양한 서적, 회고록, 기사들이 출판되었다. 논문, 보고서 및 권위 있는 학술지에 발표된 연구들에 따르면 심신이 쇠약해지는 등 심리적 영향은 장기간에 걸쳐 나타난다. 이는 외상 후 스트 레스 장애로 인한 증상과 매우 유사하다.

외상 후 스트레스 증상은 과거 사건을 떠올리게 하는 사건 에 노출되었을 때 종종 강화되는 플래시백, 불안 장애 등이 있 다. 특정 기념일도 증상을 유발할 수 있다. 또한 외상 후 스트레 스로 고통받는 사람들은 정서적 무감각, 수면 장애, 우울증, 불 안, 과민성, 분노 및 극심한 죄책감을 경험할 수 있다. 입양으로 아이를 잃은 친모 역시 일반적으로 다양한 외상 후 스트레스를 경험한다. 뉴욕의 심리치료사이자 입양 교육자 조 솔은 미혼모 가 경험한 비극적 상실의 불가피한 결과로 불안, 우울증, 불면 증 및 성적 문제 등으로 외상 후 스트레스 장애가 나타난다고 보았다(Soll & Willson-Buterbaugh 2003: 113).

아스크렌과 블룸은 다음과 같이 제안했다.

아기를 포기한 어머니에게 특정한 애도의 반응이 나타나는 것이 확인되었다. 이것은 아기를 포기한 경험과 그로 인한 슬 픔을 없애기 위해 애쓰며 나타나며 다른 장기적 반응들을 수 반한다. 아기를 포기한 어머니는 인생을 바꾸어 버린 사건을 경험한 것인데, 이 사건은 아기를 포기했던 그 당시뿐 아니라 먼 미래에 이르기까지 정신적, 육체적 건강에 그리고 타인과 의 관계에 큰 영향을 끼칠 수 있다. (Askren & Bloom 1999)

스티플러는 아기를 포기한 이후의 어머니 상태를 다음과 같이 설명한다.

어머니는 아기 상실을 공허함, 추위, 출혈이 멈추지 않는 상처로, 잃어버린 아기를 안는 시늉을 하다 생긴 팔의 통증으로, 또는 전투 중 실종된 군인 가족들이 느끼는 것처럼 살았는지 죽었는지 알지 못함에서 오는 모호한 상실감으로 경험하게 된다. 슬퍼하는 것은 금지되었으나 슬픔은 오래 지속된다. … 올라오는 감정을 억제하고 그 거대한 비밀을 유지하는 데 엄청난 심적 에너지를 소비한다. 하지만 억눌린 감정은 죄책감, 분노, 성에 대한 막연한 두려움, 아이들이 가까이 있으면 느끼는 긴장감과 불안함, 발각될 것에 대한 막연한 두려움, 우울증, 사회적 불안 공포증, 약물 의존성, 섭식 장애 및 기타 불안/공포증으로 다양하게 나타난다. (Stiffler 1991: 250)

뉴질랜드에서도(Shawyer 1979), 호주에서도 미국과 같은 '아기 퍼가기 시대'를 경험했다. 호주의 경우 '아기 퍼가기 시대'에 자행된 입양 관행에 대한 의회 조사를 실시했는데, 이 조사에 참석한 정신과 의사 리커비는 외상 후 스트레스가 "입양으로 아이를 잃은 어머니들의 겪는 핵심적인 문제"라고 증언했다. 또한, 자신에게 진료받았던 입양 보낸 어머니들이 보인 주요 증상에는 우울증, 해리장애dissociative disorder 및 기타 형태의 정신병리학적 소견이 "거의 보편적"이었다고도 말했다(Rickarby 1998: 68).

『생모: 아기를 포기하고 입양 보낸 어머니들의 이야기』 *Birthmothers: Women Who Have Relinquished Babies for Adoption Tell Their Stories*(1993)의 작가 메리 존스는 자신이 만났던 미혼모들은 플래시백, 악몽, 불안, 회피 및 공포증과 같은 증상을 일반적으로 가지고 있었다고 했다. 한편, 켈리는 79명을 대상으로 설문 조사를 했는데 아기를 포기했던 일에 대해 99%가 "상당히,

매우, 어느 정도 사실"(Kelly 1999)이라고 응답했다. 이는 아기를 포기했던 일을 잊거나 일어나지 않은 일로 생각하는 미혼모는 거의 없다는 것을 말한다. 아기를 포기하고 입양을 보낸 어머니 300명을 조사한 웰스는 절반에 가까운 응답자가 아기 포기와 입양으로 인해 생긴 트라우마가 "신체와 정신건강의 거의 모든 부분과 가족이나 파트너와의 관계, 자녀 양육에 영향을 미치는 것"을 발견했다. 그들은 회피, 심인성 기억상실, 정신적 무감각, 긍정성의 부족, 반복되는 꿈과 악몽, 당시 경험했던 일과 유사한 상황에 놓였을 때 부정적으로 반응하거나, 우울증 및 불안과 같은 증상을 보였다(Wells 1993: 30).

아기를 포기하고 입양 보낸 미혼모들은 자신이 경험한 외상 후 스트레스 장애에 대해 다음과 같이 증언한다.

그 후 처음 몇 년 동안은 무감각했다. 사람들이 나에게 무슨 말을 하는지 이해할 수 없었고, 아무것도 느낄 수 없었다. 마치 뇌의 일부가 잘려나간 야수 같았다. … 대학은 자퇴했고 … 가까스로 목숨만 붙어 있었다. 이후 결혼하고 아이들을 낳았지만, 공휴일이나 특별한 날, 특히 입양 보낸 딸아이의 생일과 크리스마스 즈음에는 한 달 내내 침대에 누워 있어야 할 만큼 고통과 무기력함에 압도되었다. 밤은 최악이었다. 나를 파멸시킬 듯 위협적으로 몰아치는 회오리바람 한가운데에 있는 것 같은 고통을 느꼈다. 나는 통증을 아래로 밀어 내렸다. 몸속에 쇠파이프가 있는 것처럼 그 안으로 통증을 밀어 넣고, 뚜껑을 덮고, 다시 나오지 못하도록 단단히 용접해 버리는 상상을 했던 기억이 난다. 1987년 12월에 막내딸을 낳았다. 몇 개월이 지났는데 나는 일상적인 일도, 아이를 돌보는 일도, 직장에 가는 일도 전혀 할 수 없는 절대 무능 상태에 **빠졌다**. 침대에만 누워 있었다. 그게 그때 한 일의 전부다. 그리고 매 순간 죽어서는 안 된다는 생각을 하며 몇 주를 보냈다. (바브)[3]

아이를 입양으로 잃은 일은 평생 나를 괴롭힐 것이다. 그것은 내 삶의 일부를 견딜 수 없는 것으로 만들었다. 심각한 우울증이 몰려왔다. 반복해서 치료도 받았다. 하지만 이상하게도 슬픔의 문제는 결코 좋아지지 않았다. 내 삶은 잃어버린 딸의 생각으로 가득 차 있었다. 그 탓에 다음 임신한 아기는 열 달을 채우지도 못하고 나왔다. 아들이었다. 이후 나는 다시 아기를 갖지 못했다. 아들은 입양 보낸 딸의 열 번째 생일날 태어났다. 아기가 몸 밖으로 나오자 이상하게도 나는 다시 완전하지 못한 느낌에 **빠졌다**. 아들을 얻었으나 잃어버린 딸에 대한 상실감은 여전히 남아 있었다. 나는 결코 '온전한 전체'일 수 없다. (엘리자베스)[4]

그 후 수십 년 동안 외상 후 스트레스 장애를 앓고 있는 게 틀림없다. 비명을 지르며 자기방어적인 자세를 취하는 등 매우

---

3 이 글은 과거 아이를 입양으로 잃은 생모들의 웹사이트 '추방된 엄마들'Exiled Mothers의 "내 아기는 어떻게 탈취되었나. 입양을 경험한 어머니들의 이야기" 편에 생모인 바브Barb라는 여성이 쓴 자전적 경험 "아기를 키우려는 미혼모는 정신병 증상이 있다고 했어요"She told me that women who were trying to keep their babies were considered to be psychotic의 일부이다. 2023년 5월 현재 이 사이트는 폐쇄되었다.

4 이 글 역시 '추방된 엄마들'에 엘리자베스Elizabeth가 쓴 자전적 경험 "의사가 간호사에게 제게서 아기를 떼어 놓으라고 소리 질렀어요"The doctor screamed at the nurse to take the baby away from me의 일부이다.

뚜렷한 놀람 반응을 보인다. 자다가 갑자기 소리를 지르며 깨기도 한다. 임신하고 감금되는 악몽을 꾸기도 한다. 빈도는 그때그때 다르다. 다시 내 인생이 어느 순간 갑자기 비참하게 중단될까 봐 두려워 장래에 대한 계획도 세우지 못한다. 이곳저곳에서 일하기는 했다. 몇 년간 지속해서 한 곳에서 일한 적도 있다. 하지만, 미래에 대한 감각이나 통제력이 없다. (오랫동안 나는 죽음만 기다리는 삶을 살고 있다고 생각했다). 무가치한 인간이란 생각과 설득에 '굴복해' 딸을 포기하고 입양 보낸 죄책감으로 매일 몸부림친다. 하루에도 몇 번이나 다시 감금되는 생생한 플래시백을 경험한다. 그럴 땐 얼음 조각을 손에 쥐면 그 순간은 조금 괜찮아진다. 나는 우울증 치료제를 복용하고 있다. … 그리고 내가 감금되었던 그 도시와 끔찍한 경험을 기억나게 하는 사람들, 특히 가족들을 피하며 살고 있다. (메리와 나눈 대화 중에서 2009년 9월 11일)

결론

미국에서 150만 명 이상의 미혼모가 '아기 퍼가기 시대'에 강제입양으로 아기를 빼앗긴 것으로 추정된다. 역사적 문헌, 그리고 사회복지와 당사자 어머니들의 증언에 따르면, 당시 미혼모들은 일반적으로 범죄자 취급을 받았고 입양 산업과 그 분야의 '전문가'라는 사람들은 이를 더욱 부추겼다. 이로 인해 입양으로 아기를 잃은 어머니들은 평생 상실, 슬픔, 건강 악화로 고통받는 삶을 살았다.

미혼 임산부에 대한 병리학적 가설들은 '아기 퍼가기 시대'의 입양 사회복지사가 자신들의 배를 저어 나갈 때 방향을 참조하는 별과 같은 것이었다. 어린 임산부들이 정서적으로 문제가 있다는 당시의 근거 없는 이론 때문에 수십만 명의 젊은 미국의 어머니들이 입양으로 자녀를 잃었을 가능성이 크다. 자신이 낳은 아기를 입양 보내는 것이 산모에게 부정적 영향을 끼친다는 증거가 늘어나고 있다. 그런데도 입양은 계속되고 있다. 미국에서 입양 가능한 유아 공급이 지속적으로 감소함에 따라 입양 가능한 아이들을 낚아 올리기 위한 어망을 더 멀리 던지고 있다.

많은 국가들이 미혼모가 아기를 입양 보낸 후 외상 후 스트레스 장애를 겪게 된다는 사실을 인식함에 따라, 미혼 임산부는 아기 포기 전 외상 후 스트레스 장애 상담을 받아야 한다고 강력히 권장한다. 뉴사우스웨일스 법개혁위원회New South Wales Law Reform Commission는 최종 보고서 각주 59에 웰스(Wells 1993)의 연구 「생모에게 나타나는 외상 후 스트레스 장애」Post-traumatic stress disorder in birthmothers를 인용하고 있으며, 안내서에는 "심리적 영향에 보다 중점을 두고 있으며 … 아기 포기와 생모의 외상 후 스트레스 장애 발달 사이의 연관성을 이제는 주의 깊게 관찰하고 있다"(New South Wales Law Reform Commission 1997)는 내용을 게재했다.

과거 입양으로 아기를 잃은 엄마들은 이제 중년을 지나 인생의 겨울을 맞이하고 있다. 어떤 이들은 외상 후 스트레스 장애로 50년이나 고통을 받았다. 하지만 이를 해결하기 위한 연구는 아직 이루어지지 않고 있다. 이들이 경험하는 외상 후 스트레스 장애의 빈도 및 강도에 대한 광범위한 조사는 시급히 수행되어야 할 것이다.

26장

인정하고 사과하라

입양으로 인해 생긴 상처를 회복하는 일은 잘된 일이다. 하지만 애초에 상처받을 일을 없도록 했다면 더 좋았을 것이다.

할 아그너(Aigner 1992)

1948년 루이지애나주 올리언스군 아동과 과장 베이커는 루이지애나주 사회복지회의에 참석하여 입양 복지사들의 강요, 설득, 협박이 없는 상태에서 친모가 아기 입양을 결정할 수 있도록 해야 부모와 아동에게 서비스를 제공한다는 입양 기관의 목표를 달성할 수 있다고 말했다. 하지만 그에 따르면 이와 반대되는 생각이 널리 퍼져 있던 것으로 보인다.

부모가 기관에 찾아가 자녀 문제를 논의한다고 해서 자녀의 삶에 대한 결정권이나 자격을 기관에게 부여하는 것은 아니다. … 아동 기관이 아동의 삶을 통제할 권한이 없다는 점을 굳이 강조하는 이유는 … 이 분야에 이러한 오해가 널리 퍼져 있기 때문이다. (Baker 1948: 28)

이같이 강요나 협박 없는 상태에서 미혼모에게 입양을 결정하도록 해야 한다는 것과 반대되는 생각이 "널리 퍼져 있는" 것에 대한 우려는 다수 발견된다. 예를 들면, 정신과 의사 볼비는 서구 사회에서 일반적으로 일어나는 어머니와 자녀의 분리가 "놀랍고도", "정상 궤도를 벗어난 일"이며, 개발 도상국에서 보방하지 않기를 바란다(Bowlby 1952: 149)고 말했다. 한편, 비판이나 제안을 받아들이지 못하고 화를 내는 사회복지 전문가들의 모습을 보고 작가 펄 벅은 자신들이 하는 일에 대해 자신이 없거나 부적절하다고 느꼈기 때문에 "불안한 마음이 들어 스스로 방어하려고 허둥댄다"(Buck 1956.6.1.)고 평가했다. 버지니아 웜페리스는 "사생아의 운명은 우연도 아니고, 그 부모가 자유의사에 따라 선택한 것도 아니라는 점을 인식해야 한다"(Wimperis 1960: 233)고 강조했다.

또한 컬럼비아대 정신의학부 임상교수이자 지역정신의학부 원장 비올라 버나드는 "엄마와 아기의 영구적 이별로 인한 정신적 트라우마를 방지하기 위해 결혼 여부와 상관없이 친부모들이 아기를 키울 수 있도록 입양 기관은 그들을 격려하고 모든 노력을 기울여야 하지 않겠는가?"(Bernard 1964)라고 질문했다. 이는 입양 기관이 미혼모의 양육에는 전혀 관심을 없던 당시 상황을 역설적으로 말해 준다. 사회복지사들은 입양 외에 미혼모가 할 수 있는 다른 선택지를 고려하지 않았음은 다음과 같은 진 포친의 말에서도 엿볼 수 있다.

입양된 아이가 자신의 입양 사실을 아는 것만큼이나 그의 친엄마를 아는 것은 중요하다. … 하지만 사회복지사들은 임산부가 손가락에 결혼반지를 끼고 있으면 비난이 아닌 격려를 받고 … 양육을 결심한 미혼모는 장차 사회적 장애아를 키울 준비를 하는 것이라고 여겼다. (Pochin 1969: 132)

샐리 헤드스텐은 입양에 대한 널리 퍼져 있는 태도에 다음과 같은 질문을 던졌다.

미혼모 시설 입소를 원하는 사람들은 ⋯ 아기를 포기하겠다는 약속을 해야 들어갈 수 있는지 궁금해한다. 우리는 ⋯ 아기 포기를 조건으로 입소자를 받고 싶은가? 아기 포기가 모든 미혼모를 위한 최선의 해결책이고, 미혼모가 아기를 입양 보낸 후 아무 일도 없었던 것처럼 다시 예전처럼 살아갈 수 있다고 생각하나? 입양에 대한 우리의 태도를 엄격하게 검토할 필요가 있다. ⋯ 일찍이 캘리포니아 사회복지부의 헬렌 라이트는 1965년 보고서[1]에서 "취약한 가족들을 도와주기 위해 ⋯ 우리는 더 많은 가사 및 양육을 지원하는 방향으로 발전하고 있다. ⋯ 그렇다면 왜 ⋯ 친모는 돕지 않고 아이와 헤어지도록 하는 것이 최선의 이익이라고 하면서 그들의 불안정한 환경을 입양의 지표로 적극적으로 수용하려 하는가?"(Chaskell 1967: 68 재인용)라고 질문하였다. 나 역시 "왜 그렇게 일찍 아기를 엄마로부터 떼어 놓는가?"라고 질문하고 싶다. 사회에서보다 사회복지 영역에서 미혼모의 양육을 수용할 가능성이 훨씬 낮은 것 같다!" (Headsten 1969)

1963년 한 잡지는 미혼모 "문제"를 다루었다. 필자의 주장에 따르면, 미혼모가 처한 어려움에 대한 대중의 이해는 부정확하고, 왜곡되고, 무지하고, 혼란스럽고, 오해로 얼룩져 있다. 사생아에 대해 충분히 알려진 바는 없고 그나마 알려진 것도 미혼모에 대한 고정 관념 때문에 잘못된 것인데 사람들은 미혼모를 "우리와 다른 세상에서 온" 사람들이며, 생긴 것도 행동하는

---

1 Wright, H.R. 1965. *80 Unmarried Mothers Who Kept Their Babies*, Sacramento, CA: State of California Department of Social Welfare.

것도 다를 것이라고 여겼다. 그리고 직접적 관련이 없는 "부랑자, 게으름뱅이 및 소수 집단 구성원"에게만 미혼모의 "문제"가 적용된다고 확신했다. 대중들은 미혼모를 본능적으로 배척하고 만약 학생 미혼모라면 즉각 퇴학시켰다. 그러나 "이런 신속한 조치는 남학생 미혼부에게는 취해지지 않았다"(Rinehart 1963.3.23.).

이밖에도 '아기 퍼가기 시대'를 다각도에서 비판하는 연구는 오늘날까지 이어지고 있다.

루벤 팬너는 "미혼모가 입양이 아닌 양육을 결정하면 사회복지사들은 실패했다고 느꼈다. 복지사들의 관심은 입양 부모에게 있었기 때문에 입양을 둘러싼 문제적 측면은 논의될 수 없었고, 입양 신화는 영속화되었으며, 입양으로 인해 경험하게 되는 부정적인 심리적 영향을 더 심화시켰다"(Pannor 1987.8.1.)고 비판했다.

롤스는 사회복지사들이 입양은 미혼모가 저지른 수치스러운 일에 대한 대가를 치르는 일이고, 미혼모가 아기를 포기한 이후 다 잊고 예전처럼 살 것이라고 말한 이유는 "미혼모의 슬픔을 인정하고 애도하면 입양 서류의 서명이 위태로워질 것이며, 입양이 모든 사람에게 '최선의' 대안이라는 자신들의 가설을 거스르는 것이 되기 때문"(Roles 1989, vol.1: X)이라고 비판하며 미혼모가 입양 결정을 한 것은 그렇게 하라는 기대와 압박이 있었기 때문이라고 주장했다. 그의 주장처럼 친모들은 가족, 친구, 입양 종사자들의 압력으로 인해 선택권을 박탈당했고, 권력을 행사할 수 있는 위치에 있는 사람들로 인해 주눅 들고 위압감을 느꼈다. 이런 상황이 곧 출산할 미혼모의 결정에 영향을 주었음은 당연하다.

과거 미혼모에게 입양 외에 다른 선택지가 없었음을 비판하는 『오십만 명의 여성들: 입양으로 아기를 잃은 엄마들』*Half a Million Women: Mother who Lose Their Children by Adoption*을 보면, 1966년 입양에 관한 한 연구[2]는 아기를 입양 보낸 미혼모는 연구 대상에 포함하지도 않았다는 사실이 놀랍다.

'자녀는 부모와 불필요한 분리가 일어나지 않도록 보호받아야 한다', '친생 부모는 쫓기듯 겁에 질려 아기를 포기하겠다는 결정을 내리거나 아기를 입양 보내라는 부적절한 설득을 당하지 않도록 보호받아야 한다.' 이 법은 임신 6주가 될 때까지 입양 결정을 보류하도록 함으로써 산모들을 성급한 결정으로부터 보호하기 위해 노력하고 있다. 비록 구데이커의 입양에 관한 연구는 아기를 포기한 미혼모의 인터뷰는 하지 않았지만, 연구에 사용한 기록과 자료들을 보았을 때 입양이 아닌 다른 선택은 미혼모들에게 주어지지 않았던 것으로 판단된다. (Howe et al. 1992: 108-109)

1990년 일부 입양 종사자들은 과거의 잘못을 인정했다. 배런과 팬너는 입양 관행에서 아기 포기가 마지막으로 고려할 조치라고 "결코" 생각한 적이 없었으며, 입양만을 유일한 해결책으로 생각하고 할 수 있는 모든 노력을 했다고 증언했다.

[우리는] 아기를 원하는 부부에게 임신한 여성을 찾아 아기를 포

2   Goodacre, Iris, 1966, *Adoption Policy and Practice: A Study*, London: George Allen & Unwin.

기하도록 설득하는 방법과 요령을 알려주는 책, 비디오테이프 그리고 세미나 자료들을 찾는다. 고등학교에 상주하며 취약하고 경제적으로 궁핍한 임신한 십대를 유인하는 홍보 역할을 했다. (Baran & Pannor 1990)

이어서 이들은 사회복지 전문가들에게 지난 20년간 무엇을 했는지 질문했다.

우리는 … 입양에 관련된 당사자들에게 고통과 평생 계속되는 괴로움을 주는 제도를 지지하는 데 협조해 왔음을 인정해야 할 것 같다. … 아기를 키우고, 가족이 함께 지낼 수 있도록 지원하기 위해 우리는 무엇을 했나? … 계획하지 않은 임신과 출산 후 아기를 포기함으로써 받게 된 괴로움과 평생의 고통을 알면서도 예방을 주요 문제로 삼지 않은 이유는 무엇인가? … 우리는 공개 입양을 개척하는 데 힘을 보탰지만, 그것은 입양에 내재된 문제에 대한 해결책이 아니다. 법적으로 강제하지 않으면, 공개 입양 결정은 언제든 양부모의 기분에 따라 철회될 수 있는 것이다. … 기록을 공개하고 과거의 잘못을 드러내는 노력은 계속되어야 한다. (같은 글)

1990년대 '아기 퍼가기 시대' 입양에 관여했던 입양 종사자와 사회복지사들의 사과가 이어졌다. 예를 들어 사회복지사 머레이 라이번과 가톨릭 자선 단체의 패트리샤 도너는 각각 다음과 같이 말했다.

저는 사회복지사로서, 그 직업의 일원으로서 그분들께 한 일을 슬프고 미안하게 생각합니다. 그분들을 무시하고, 강요했으며, 도덕적, 윤리적, 법적, 그리고 보살핌의 의무가 있는 사람이었음에도 그렇게 하지 못했음을 사과합니다. (Ryburn 1996)

입양 당시에 … 올바른 정보를 받은 사람도 있겠지만 … 사실이 아닌 이야기를 듣거나 거짓 정보를 받은 사람도 있을 것입니다. 누가 진실의 축복을 받았고 누가 거짓 정보를 받았는지에 어떤 규칙이나 원인은 없어 보입니다. 입양 실천 방향이 바뀌고, 입양 후 서비스가 확대되면서 입양 과정 중에 거짓 정보를 제공했다는 사실이 밝혀졌습니다. 기만당한 친부모들은 정신적 외상을 입고 분노(했습니다) … 거짓을 정당화할 방법은 없습니다. 비공개 입양은 얼마든지 비밀리에 이루어질 수 있었다는 점에서 문제의 원인을 찾을 수도 있겠습니다. 하지만 … 과거의 일을 정당화하려는 시도는 안 됩니다. … 가장 건설적인 길은 진실이 무엇인지 밝히고, 과거의 생각은 잘못되었다는 것을 인정한 뒤에 마무리하는 것입니다. … 입양 과정에 거짓 정보가 있었음을 아는 순간 친부모는 아이의 또 다른 부분을 도둑맞는 느낌을 갖습니다. 건설적인 길로 나아간다는 것은 바로 이들을 지지하고 공감하는 것을 의미합니다. (Dorner 1997)

한편, 팀 오쇼네시는 입양 전문가들이 말하는 생모-아기-입양 부모를 나타내는 '입양 삼자 모델'이 잘못되었다고 주장했다. 왜냐하면 입양에는 또 다른 '행위자'인 사회복지사가 있고 이들 역시 입양에 관여하기 때문에 '삼자'가 아닌 '사자' 모델이라 해야 타당하다는 것이다. (게다가 변호사와 판사도 입양에 관여한다.)

> 입양 삼자 모델은 입양의 주요 장면에서 역할을 하는 입양 기관과 행위자들(사회복지사 포함)을 지움으로써 입양은 삼자의 이익을 위해, 삼자 간 맺은 사적 합의에 기초한 거래로 호도된다. 결과적으로 입양의 사회적 위치와 기능을 분석하는 데 중요한 범주가 누락되거나 희석된다. (O'Shaughnessy 1994: 21)

2014년, 호주 의회는 '아기 퍼가기 시대'의 강제 입양 관행 조사를 시행했다. 과거 아기를 입양 보낸 많은 미혼 엄마들의 증언이 있었다. 호주와 미국 미혼모들의 경험은 비슷했다.

입양 바로 알리기 운동을 하는 많은 사람들은 신생아 입양이 '삼각형'이나 '다각형' 또는 '다원' 모델이 아니고, 네 명의 당사자가 관여하는 '거래'라고 주장한다. 이 중 두 명은 전권을 가졌으며(입양 중개자와 입양 부모) 나머지 두 명은 취약하다(미혼모와 신생아).

> 본 의회는 1950년대, 1960년대, 1970년대 혼외 출산을 한 여성에 대한 사회적 압력으로 인해 강제적 입양이 자행되었으며, 그로 인해 야기된 고통이 있었음을 인정한다. 그리고 용납할 수 없는 입양과 돌봄 관행이 있었음을 인정한다. 미혼모에게 주거와 재정적 도움을 포함한 복지 서비스 정보를 제공하지 않았으며, 충분한 정보에 입각해 입양 동의를 했는지 확인하지 않았다. 더 나아가 이전 정부의 태만을 인정한다. … 결과적으로 많은 여성들이 출산 전후 트라우마를 겪게 되고 아

이들은 친생 부모와 단절되었다. 호주 총리는 2013년 호주 강제 입양 피해자들에게 사과했다. 따라서 정부가 이러한 관습의 피해자인 부모와 자녀들을 지지하며 어떤 식으로든 사과할 것을 촉구한다. (Australian Parliament Inquiry of Forced Adoption Practices 2014)[3]

더 많은 사람들이 잘못을 인정하고, 사과해야 한다. 고통이 검증됨으로써 친모들은 비로소 치유의 길을 찾을 수 있을 것이다. 미국 연방정부와 주정부는 인정하고 사과해야 한다. 그리고 강제 입양을 실천했던 다른 나라들도 이에 동참해야 한다.

---

3 강제 입양에 대한 사과문 전문은 다음 링크에서 확인할 수 있다. https://www.ag.gov.au/sites/default/files/2020-03/Nationalapologyforforcedadoptions.PDF

27장
우생학, 사회공학, 아동 매매

필요하다면 그 아이들을 데려와 키우면 우리의 좋은 피가 그 민족들
사이에 퍼질 것이다.

하인리히 힘러Heinrich Himmler
친위대Schutzstaffel, SS 장교를 위한 연설 중, 1943, 폴란드 포즈난

'아기 퍼가기 시대'는 사회공학 실험의 장이었다고 해도 과언
이 아니다. 소위 입양 전문가들과 종사자들은 친생 부모의 아기
를 빼앗아 다른 사람에게 주는 일이 누군가의 삶을 바꾸는 일이
란 것을 잘 알고 있었다. 이것이 핵심이다. 그들이 '아기를 위한
최선의 이익'이라는 선하고 긍정적 동기를 가졌든, 미혼모를 처
벌하려는 부정적 동기를 가졌든 말이다. 게다가 입양은 유전 및
우생학 문제와 연결되기도 하고, 어떤 경우는 아동 인신매매라
는 의도치 않은 방향으로 변질되기도 했다. 1984년 『타임』에는
사우스캐롤라이나의 한 가정 법원 판사의 다음과 같은 말이 실
렸다.

아기 매매가 있다 해도 그게 뭐가 나쁜가? 아기에게 필요한
사랑과 안전한 환경을 제공해 주는 좋은 부모에게 간다면 그
부모가 5만 달러를 지급했다 한들 우리가 신경 쓸 문제인가?
아이도 부모도 행복한데 그게 나쁜가? (*Time* 1984.3.12.)

판사는 아기 매매를 심각하게 여기지 않았을 뿐 아니라 "좋

은 부모"와 "행복한 부모"와 같이 "부모"라는 단어를 사용했으나 아기의 친부모 입장은 전혀 고려하지 않았다.

하지만 돈을 지불하고 무언가를 확보하면, 그것은 상품이 되고 구매자는 투자 수익률을 생각하게 된다. 입양 전문가와 입양 부모들 사이에서 이런 일이 일어났다. 입양한 아이가 돈을 지불한 만큼 '좋은 아이'인지 의문을 갖고, 만약 아이에게 만족하지 못하면 유전적으로 문제가 있는 것인지 의심하게 된다. 따라서 아동복지 종사자들은 모든 아동이 영구적인 가정을 갖는 것이 중요하다고 인식하고 있었지만, 한때는 유전이 아동에게 미칠 수 있는 영향에 대한 두려움이 너무 커서 아무리 매력적인 아기라도 입양 가정을 찾기가 매우 어려웠다(Mayo & Leid 1962). 아동 발달에 유전보다 환경이 더 큰 영향을 미친다는 지식이 유포되기 전까지 우생학적 관점은 상당한 영향력을 가지고 있었다. 사회복지 교과 과정에 우생학이 포함된 적도 있다.

> 미국과 유럽에 있는 수백 개의 대학에서 생물학, 사회복지, 공중 보건 및 의학, 그리고 '성 위생' 분야의 교과과정에 우생학을 도입했다. (Gallagher 1999: 4)

갤러거에 따르면, 우생학에서 '정신박약'은 주로 모계를 통해 전달되는 것으로 본다. '사생아'는 '결함 있는 자는 불량품을 낳는다'는 주장을 뒷받침하게 되고, 이들로 인해 국민이 세금을 더 내게 될지도 모른다는 부담을 주었다. '무능'하고 '부도덕'한 부모들에 대한 불평이 쏟아졌고, 현대 국가가 어린이의 건강과 미래의 궁극적인 보호자 역할을 해야 한다는 공감대가 형성되었다(같은 글: 52-55). 또한 '사생아를 낳은' '정신적 결함이 있는 성적으로 방탕한' 여성들을 성공적으로 재교육하기에는 미혼모 시설 수용 기간이 너무 짧다고 여겨졌으며(같은 글: 106), 1931년 아동 보건과 보호에 관한 백악관 회의에서 "해체해서는 안 되는 '가정 형태'에서 '부적합한 어머니'가 있는 가정은 제외"(같은 글: 118)되었고, "버몬트주 공공사회복지부 사회복지사들은 1940년대 자신의 의제를 홍보하기 위해, 과거 우생학 연구를 했던 역사와의 단절 대신 예전에 실시했던 우생학 조사 기록을 활용했다"(같은 글: 170).

유전적 결함이 있을 것으로 여겨지는 미혼모 자녀를 다른 가정으로 입양 보내는 것은 양육을 통해 유전적 결함을 극복하려는 사회공학적 시도라고 볼 수 있다. 사회과학에서 사회공학이란 정부, 민간단체 또는 언론 등이 특정한 인구집단에 영향력을 끼쳐 특정한 행동과 태도를 갖도록 시도하는 노력을 의미한다. 정부 및 민간 입양 종사자들이 미혼모의 자녀를 더 부유하고 사회적으로 '안전한' 가정으로 보내려 했다. 그런데 이는 입양 기관에도 이익이 되는 일이었다.

입양 기관은 양부모가 인간적으로 어떤 존재인지 고려하지 않고 사회적으로 그럴듯해 보이는 시민이라면 입양에 적합한 부모라고 간주했다. … 어떤 기관들은 경제적으로 또는 사회적으로 훌륭한 안전망을 제공할 수 있는 가정에 아동을 배치하는 것이 자신들 임무의 전부라고 생각했다. 그런데 대체로 그런 곳은 입양 기관에도 더 큰 재정적·사회적 안정성을 보장해 준다. 물론, 양부모들이 진심으로 아이를 원하는 마음이 입양에 필수 조건이다. 그런데 아동의 이익을 측정하는 조건들은 물질적이거나 겉으로 보이거나 사회적으로 중요하다고 여겨지는 요소들이었다. (Child Welfare League of America & Shapiro 1956: 9)

따라서 『오십만 명의 여성들: 입양으로 아기를 잃은 엄마들』 연구에서는 입양을 계급 이동의 문제로 보았다.

입양은 부도덕한 짓을 한 미혼모에게 '도피처'를 제공함으로써 문란함을 조장하는 관행으로 공격받아 왔다. 그리고 부유한 중산층의 무자녀 부부가 가난한 사람들의 자녀를 유용하는 행위로도 비난받아 왔다. 입양을 정당화하기 위한 온갖 복잡한 심리학 이론은 힘없고 빈곤한 자들의 아이들을 강하고 부유한 자들에게 이동시키기 위한 변명에 불과하다. (Howe et al. 1992: 19)

다시 우생학 논의로 돌아오면, 소위 '나쁜 종자'에 대한 두려움은 우생학에 더욱 관심을 갖게 하는 배경이 되었다. 지나 코리아는 우생학 운동에 대해 언급하며 당시 의사들과 대학교수들이 우생학의 과학적 개념에 타당성을 부여했다고 주장했다. 예를 들면 일찍이 산아 제한을 지지했던 마거릿 생어Margaret Sanger(1879~1966)는 우생학을 옹호하며 "부적합한 사람들에게 격리 또는 불임 수술 중 하나를 선택할 수 있는 선택권을 주자"고 제안했다. 여기서 "부적합한" 사람들이란 '백치, 정신박약자, 간질 환자, 문맹자, 거지, 실업자, 범죄자, 매춘부, 마약 중독자' 등이며, 이들을 격리하여 농장에 보내 일을 가르쳐 '평생' 보내도록 한다는 것이었다. 코리아에 따르면 "사회에서 가장 존경받는 구성원"인 의사, 교수, 사업가 및 여러 사람은 부적합한 자들의 출산을 막을 방법에 대해 다음과 같이 논의했다.

> 만약 임신 억제 약이 있어서 그것을 식수에 넣으면 모든 사람이 영향을 받을 것이다. 하지만 방법을 달리하면 주로 가난한 사람들에게만 영향을 미칠 것이다. 즉 미혼모에 대한 불임 수술 시행, 혼외 임신의 낙태 의무화, 두 명 이상의 자녀를 둔 어머니에 대한 복지 수당 자격 박탈, '아동세' 부과, 불임이나 낙태 수술을 받은 사람들에 대한 수당 지급 등의 방법이다. 미국 가족계획연맹은 마거릿 생어의 산아 제한 운동을 지지했던 사람들의 직계 후손으로 1962년에 인구 통제 세력에 합류했다. (Corea 1985[1977]: 144-145)

또한 코리아에 따르면 초기 유전학 분야에 참여했던 인디애나 대학의 헤르만 멀러Hermann Muller(1890~1967)는 우생학이 인류에 이익을 가져다준다고 보았다.

> 우수한 유전자를 선택함으로써 인류의 유전을 당장 개선할 수 있다. 이것은 21세기에나 개발될지 모를 유전 물질을 매우 정교하게 처리하는 방법보다 더 훌륭하고, 더 빠르며, 더 뛰어난 방법이다. 간혹 사람들은 우생학에는 '부정적 우생학'과 '긍정적 우생학'이 있다고 생각한다. … 우생학은 예측하기 어려운 사업임이 틀림없다. … 우수한 유전자가 선택되도록 장려하는 것이 국가와 더 많은 사람들에게 이익이 될 수 있다. … 일부 사람들은 현재 유전자의 질이 떨어지고 있고, 우수한 유전자를 가진 사람들보다 그렇지 못한 사람들이 더 많이 태어나고 있다고 믿고 있다. (같은 글)

이처럼 유전학은 생식 기술과 필연적으로 연결되었다. 이 점에 대해 그레일은 "생식 기술이 궁극적으로 불미스러운 결과를 낳을 수 있다는 두려움은 생식 기술의 가용성뿐 아니라 그것이 사용되는 사회적 맥락을 고려했을 때 그렇다"(Greil 1991: 187-188)고 지적한 바 있다.

다양한 자료들이 우생학이라는 오래된 "새로운 정신"은 1950~60년대 사회복지사와 대중의 '미혼' 어머니에 대한 관점과 태도에까지 깊숙이 그리고 광범위한 영향을 끼쳤다는 주장을 가능하게 한다. 특히 '아기 퍼가기 시대' 미혼모의 성도덕에 대한 가혹하고 관용 없는 견해는 물론이고, 미혼모의 재생산 통제를 "하수구"로 빠져나가는 사회적 비용의 절감이라고 여긴 점 등은 우생학이 끼친 영향의 심각성을 보여준다.

1946년에서 1964년까지의 여성 청소년의 섹슈얼리티 역사를 다룬 한 연구에 따르면 당대 소녀들의 성은 '우생학적 위협'으로 받아들여졌다.

법원은 소년들이 '주로 물건'과 관련된 범죄를 저지르는 반면, 소녀들은 보통 개인 또는 사회에 성적 또는 우생학적으로 위협을 가하는 범죄를 저지른다고 생각했다. (Keup 2012: 168)

2001년 마셜과 맥도널드 연구에 의하면, '나쁜 피'에 대한 우생학적 믿음이 만연했을 때 미혼모 아기를 입양하려는 수요는 적었다. 하지만 '아기 퍼가기 시대'에는 미혼모의 도덕적 타락이 강조되었다. 그리고 그 속죄는 자신이 낳은 아기를 사랑이 넘치는 불임 부부 가정에 입양 보내는 것이었다. 법원은 엄마가 미혼이라는 이유에서 친권을 박탈했고, 미혼모의 양육을 돕던 미혼모 시설은 전술을 바꾸어 미혼모에게 아기를 포기하라고 설득했다(Marshall & McDonald 2001).

캔자스 대학에 재학하던 시절 학교생활로 정말 바쁜 날들을 보내고 있었다. 연극「집시」공연 연습을 하던 어느 날 하루 외박을 했다. 그런데 그것이 계기가 되어 임신을 하게 되었다. 그날은 리허설이 있던 날이었다. 감독은 아무 연락도 없이 나타나지 않았다. 할 수 없이 기숙사로 돌아와 벨을 눌렀다. 연극반 선배들은 차에서 내가 들어가길 기다렸다. 그런데 어쩐 일인지 아무도 문을 열어 주지 않았다. 때는 10월 중순이었고 쌀쌀해지기 시작했다. 연극반 선배들은 한집에서 같이 살고 있었는데 나에게 자기들이 사는 집으로 가자고 했다. 카드를 치며 놀다가 졸려서 자야겠다고 했다. 한 여자애가 나를 어느 방으로 데려갔다. 그리고 한 침대를 가리키며 거기서 자라고 했다. 그런데 나중에 알고 보니 그 침대는 그 집에 살고 있던, 예전에 나와 데이트했던 남자애의 침대였다. 그 여자애는 내가 아직 그의 여자친구라고 생각해서 그리로 나를 안내했고, 난 그것이 그 남자애의 침대인 줄 몰랐다.

정말이지 나는 한 번도 남자와 잔 적이 없는 … 처녀였다. 부모님으로부터도 성에 대해 들은 적도 없었다. 엄마는 그냥 낯선 곳에는 가지 말라는 식으로만 말했을 뿐이었다. 성에 관련된 상담을 받은 적도 없었다. 병원에 갔을 때 임신 문제를 상담하고 싶어도 상담할 사람이 없었으며, 사회복지사를 연결해 주지도 않았다. 아이를 낳았을 때 간호사들은 아기가 가톨릭 신자가 되기를 원하지 않으면 '개신교' 부부에게 입양 보내라고 말했을 뿐이다. … 마치 '미끼 상술'로 종교를 흥정하는 것 같았다. … 눈 깜짝할 사이에 아이가 없어졌다 … 마치 납치당한 것 같았다.

입양을 생각했던 적은 한 번도 없었다. 아기를 낳기 위해 레븐워스 병원에 갔을 때도 입양이란 단어를 결코 떠올리지 않았다. 임신 중에 살던 집 주인 여자와 그 친구가 나 몰래 입양 계획을 세운 것이었다. 마취에서 깨어난 후 그 사실을 알게 되었다. 출산 후 아기를 보려고 신생아실을 들여다보았는데 아기가 없었다. 아기가 왜 없는지 이유를 알려 달라고 했다. 며칠 동안 소리를 지르고 악을 썼다. 그런데 아무도 말해 주지 않았다. 그들은 부모에게도 다른 누구에게도 말해 주지 않았다. 의사에게 물어도 아무런 대답이 없었다.

여름 방학 동안 일할 회사를 구했고, 회사 근처에 살고 있던 광고부의 도나의 집에 방 한 칸을 빌렸다. 돌이켜보면 도나가 "너 임신했니?"라고 물었을 때 그렇다고 대답한 것이 큰 실수였다. 도나는 출산이 임박하자 나를 의사에게 데려갔다. 양수가 터진 어느 날 아침 도나는 나를 태우고 가톨릭 병원으로 갔다. 난 가톨릭 신자도 아니었는데 말이다. 그때까지 출산이 뭔지도 아이를 어떻게 낳는지도 몰랐다. 1968년 여름, 캔자스주 레븐워스 병원의 스노우 박사는 "걱정 마라. 내가 다 알아서 할게!"라고 말했다. 나는 그를 믿었다(그것이 내게는 불행이 되었다).

출산 후 도나가 병원에 왔다. 그리고 내게 레븐워스 교도소에서 일하는 베티와 베티의 남편을 좋아하는지 물었다. 베티는 우리가 일하던 회사 회계였는데 신기하게도 내가 출산하기 하루 전 직장을 그만두었다. 나는 "왜? 베티가 내 아기를 빼앗아

가려고 하니? 사람들은 내게 아기를 왜 안 데려다주려는 거야?"
라고 물었다. 도나는 베티가 내 딸을 입양할 것이며 스노우 박
사의 도움으로 입양 절차를 마쳤다고 말했다. 베티는 그동안 나
의 병원 예약 상황이나 그밖에 모든 것에 대해서 알고 있었다고
했다. 내 뒤에서 이런 음모를 꾸미고 있었다니!

　　너무 화가 나서 아기를 돌려달라고 했다! 돌이켜보면 그때
의사를 포함한 네 명을 모두 경찰에 신고했어야 했다. 너무 좋
은 사람이라고 생각했던 도나, 회계 담당 베티와 그 남편까지
모조리! 어찌할 바를 몰랐지만, 가족에게는 연락하지 않았다.
그들은 불과 4시간 거리에 떨어진 농장에 살고 있었지만, 내가
그 난리를 겪는 동안 부모님은 밀 수확으로 바빴기 때문에 괜히
'성가시게' 해서는 안 된다고 생각했기 때문이다. 또 그 작은 종
교 공동체 마을에 사는 사람들이 내가 하룻밤 섹스를 한 것을
알게 되면 뭐라고 생각할 것인가. 그러나 레븐워스의 개신교 교
회 목사는 아니더라도 다른 누군가에게는 말을 했어야 했다.

　　우여곡절 끝에 마침내 아기를 안아 보게 되었다. 아기에게
젖병을 물렸다. 세인트 존 가톨릭 병원은 내게 아무 예고 없이
모유를 끊는 약을 처방했기에 젖을 줄 수는 없었다. 내게 허용
된 시간은 불과 몇 분밖에 되지 않았다. 나는 내 딸을 르네 마리
라 불렀다.

　　낯선 사람이 들어왔는데 목사가 보낸 사람 같았다. 알고 보
니 베티가 아닌 다른 부부에게 딸이 입양 가게 되었고 그 낯선
사람은 그들을 대신해 온 변호사(나는 그때 그가 변호사라는 것
을 몰랐다)였다. 나는 그 변호사가 어떻게 내 품에 있던 아기를
데려갔는지 기억나지 않는다. 나중에 생각해 보니 나는 약 기운
에 취해 있었던 거 같고, 정신적 충격에, 결혼하지 않고 출산한

것에 대한 수치심까지 느끼고 있었던 거 같다. 간호사들에게 아기 아버지 이름을 말했다. 하지만 그들은 아기 아버지 할리에게도 나의 부모님에게도 아무 연락을 취하지 않았다.

코크런 변호사는 목사가 나를 "도와주라"며 보냈다고 했던 것 같다. 정확하진 않지만, 누구를 "도와주라"라는 말을 들은 기억이 난다. 그런데 그들이 준 "도움"이란 내게서 아기를 빼앗아 간 것이 전부였다. 변호사는 목사에게 내 이야기를 들었다고 했다. 그에게 '난 천주교인도 아닌데 가톨릭 병원에서 지금 뭐 하고 있는 거냐!?'고 말했다. 내 아기를 빼앗아 가려고 몰래 이 모든 일을 꾸민 베티와 그 남편이 가톨릭 신자들이었다. 아마 스노우 박사도 같은 신자였을지 모르겠다. 임신 사실을 누구에게 말하지도 못하고, 어쩔 줄 몰라 아무 결정도 내리지 못하고 있을 때 그 누구도 믿어서는 안 되었다.

나는 수년간 의사와 병원 측에 서류를 요구했다(전화통화를 했을 때 내게 무슨 짓을 했는지 아느냐며 원망도 했다). … 그 의사는 내가 병원에 있었을 때 입양 보내지 않겠다고 하자 다시는 나를 보러 오지 않았다(나는 늘 궁금했다. 혹시 아기가 죽었다고 말하려 했던 것은 아닐까 하고). 출산 당시를 다시 생각해 보았다. 간호사가 "여자아이야!"라고 말하는 소리를 들을 후 마취제 때문에 정신을 잃었고 나중에 깨어나서 아기를 보여달라고 하자 다시 "진정제!"라는 소리와 함께 정신이 흐려졌던 것 같다. (그들은 마취를 할지, 모유가 나오지 않도록 조치를 할지 결코 나와 의논한 적이 없었다. 모유는 엄마와 아기의 애착 관계 형성에 그토록 중요했거늘!). 정말 끔찍한 대접을 받았다. 분노가 치민다.

레븐워스를 떠나 집으로 돌아간 이후에야 엄마에게 이 일을 말했다. 엄마와 아빠는 내 아이를 찾기 위해 노력했다. 하지만 소용이 없었다. 카운티 사회복지과는 아기는 좋은 집에 보내졌다며 꿈쩍하지 않았다.

몇 년 후에 딸을 데려간 양아버지를 찾게 되었다. 그에게서 들은 이야기는 이랬다. 자기 집에 누가 찾아왔던 것은 아니라고 했다. 어느 날 교회에 갔을 때 한 부부가 안고 있는 귀여운 아기를 보았다고 말했다. 그들에게 이런 아기를 원한다고 어떻게 하면 그런 아기를 가질 수 있는지 물었는데, 그 부부가 '기독교 입양'을 전문으로 하는 코크런이란 사람을 소개해 주었다고 했다. 그로부터 2주 후, 코크런 변호사와 그의 비서가 여자 아기를 데려와 그들에게 주었다고 했다. 내 딸이었다. 그리고 변호사는 입양 부모에게 수임료를 청구했다고 했다.

딸의 양부는 내게 쉬지 않고 질문을 했다. 그리고 능란한 화술로 나의 딸을 자기 딸로 만들었다. "네가 그 많은 병원비를 감당할 수 있었겠니? 넌 아직 대학생인데 어떻게 딸을 돌볼 수 있었겠니?"라고 묻더니 아기에게는 경험이 많은 엄마가 필요하고, 이미 한 살 위의 또 다른 입양한 오빠가 있으며, 가정주부인 엄마와 엔지니어로서 좋은 직업을 가진 아빠가 있다고 했다. 나의 욕구는 전혀 중요하지 않았다. 모든 게 자기들 마음대로였다. 나도 부모가 있고, 이모와 고모가 있고 삼촌이 있고, 아기 아빠 역시 그의 부모님과 그의 이모와 고모 그리고 삼촌이 있는데 아무도 그런 것은 말하지 않았다. 나중에 알게 되었는데, '엔지니어'라는 양부는 캔자스시에서 원자폭탄을 만드는 회사에서 일하고 있었다. 메노파 가정에서 자란 나와는 전혀 다른 환경의 가정이었다. 몇 년 후 그들에게 다시 연락을 했다(어머니와 아버지, 오빠와 새언니가 많은 도움을 주었다). 하지만 그들은 나

와, 또 첫딸을 입양을 보낸 후 낳은 일곱 살 된 내 아들과 얽히고
싶어하지 않았다. "너랑 친구로 지낼 생각 없어!"라고 말하며
우리를 친구로도 여기지 않았다.

'어머니'라는 정의에서 나는 완전히 추방되었다. 나는 딸의
엄마가 아닌 것이다. 딸이 18살에서 23살이 될 때까지 우리는
편지를 주고받기도 했다. 하지만 딸은 "입양 부모님"이 "상처
를 받을지 모르기 때문에" 만나려고는 하지 않았다. 내 상처는
중요하지 않았던 것이다. 그리고 결혼한 이후 딸은 더 이상 내
게 편지를 쓰지 않았다. 한 번은 딸의 양모가 내 아들에게 전화
해서 "네 엄마가 지난 14년 동안 우리를 성가시게 했다"라고 말
한 적이 있다. 그 일 이후 지난 14년간 나는 그들을 성가시게 하
지 않았다(잘 지내는지 묻지도, 안부 인사도 하지 않았다). 딸의
양부 데이비드는 개종을 위한 선교 임무를 수행 중이었는데, 몇
년 전 전화해서 내게 이렇게 물었다. "만약 당신이 지금 죽는다
면, 천국에 갈지 지옥에 갈지 알고 있나요?" 아기를 낳고 산후
몸조리가 끝나기도 전에 사랑하는 아이를 빼앗긴 일이 내게는
지옥이었다. 오늘날 '아기 퍼가기 시대'로 알려진 그때 그런 일
이 일어났다. 나는 내 아기를, 이제 성인이 된 내 딸을 여전히 사
랑한다. 나는 추방된 어머니다.

글을 마치며

'윤리적'이란 직업 수행의 준거가 되는 옳고 그름의 규칙을 따르는 것
을 의미한다.

프리 딕셔너리

시민으로서, 인간으로서 누릴 수 있는 권리를 무시하고, 양육
의지가 있는 미혼모에게서 아기를 빼앗아 간 일은 불법 행위로
간주할 수 있다. 그런데 이러한 불법적인 일을 주정부와 연방정
부, 입양 기관, 사회, 미혼모의 부모가 했다.

미혼모를 포함해 아기를 포기하는 자는 시민권, 인권, 법적
권한을 가진 자들로 법의 보호망 안에 있었을 것이라고 생각할
것이다. 하지만 지금까지 살펴본 바와 같이, 많은 경우 그렇지
못했다. 어떤 사람들은 엄마들에게 선택권이 있었다고 여전히
생각할 것이다. 그들에게 필요한 정보와 도움과 지지를 제공했
을 것이라고 말이다. 하지만 그렇지 않은 경우가 너무 많았다.
대다수에게 아기 양육에 대한 선택권은 주어지지 않았다. 충분
한 정보를 주고 진정한 의미의 선택을 하도록 하기 위해서는 적
어도 두 개의 선택지는 주어야 한다. 그리고 각각의 선택에 대
해 충분히 논의한 뒤 선택하도록 해야 했다. 하지만 미혼모들에
게는 오직 한 개의 선택지, 아기를 포기하라는 것뿐이었다.

이것이 사실임을 입양 기관과 미혼모 시설 종사자들은 안
다. 입양 업계 사람들도 이 사실을 안다. 그런데 대중들은 일반
적으로 잘 모른다. 왜일까? 그것은 입양으로 돈을 버는 사람들

이 진실이 알려지기를 원하지 않기 때문이다. 입양 산업이 창출하는 수십억 달러의 연간 수익은 어리고, 보호받지 못하고, 부양받지 못하고, 취약하고, 대부분 미성년이었던 미혼모에게서 아기를 빼앗는 일로부터 나온다. 입양을 원하는 자들("더 자격을 갖춘", 즉 더 부유한 사람들)이 사회적 자원과 안전망이 없는 겁에 질린 미혼모가 아니라면 도무지 어디서 아이를 구했을까?

2000년 입양 산업은 연간 총 15억 달러 이상의 수익을 올렸다. 수천 명의 사람이 입양에서 나오는 수익과 기타 혜택에 의존하고 있다. 이들은 입양 복지사, 변호사, 판사, 입법에 관련된 일을 하는 사람들인데 모두 어떤 방식으로든 신생아 입양에 관한 일을 하고 급여를 받는다. "돈은 부패한다. … 그리고 반드시 부패한다"라는 말이 있다. '아기 퍼가기 시대' 엄마와 아기의 분리는 막대한 수익을 창출했고 오늘날은 더 그러하다.

입양 종사자들의 임무는 미국 시민을 돕는 것이다. 나이, 성별, 수입 또는 결혼 여부와 상관없이 모두를 돕기 위해 존재한다. 미혼모가 양육 보조금을 받을 수 있도록 도와야 하고, 아기를 포기하지 않도록 도와야 하며, 양육 수당과 부모 교육을 받을 수 있도록 도와야 한다. 또한, 직업 훈련을 받고 고용과 주거 지원을 도와야 한다. 이것이 사회적 행위자로서 그들이 수행해야 할 의무이다. 이렇게 우리의 세금은 사용되어야 한다. 다치는 사람이 생기지 않도록 말이다.

'입양' 종사자들은 미혼모의 임신, 진통, 분만에 관여한 일에서 제외되어야 한다. 이들은 근본적으로 입양을 더 선호한다. 따라서 '입양' 종사자가 미혼 여성의 임신에 개입하는 것은 이해 충돌이라고 할 수 있다.

신생아 입양은 돈과 관련이 있다. 문제는 그 돈을 누가 가져

가느냐이다. 엄마로부터 아이를 떼어놓는 일을 하며 먹고 사는 사람은 누구인가? 이것은 심각한 문제가 아닌가? 이것은 사회 공학이 아닌가? 입양 수익금은 입양하는 사람들이 내는 입양 수수료나 기부금으로 마련된 것이다. 기부금이든 수수료든 똑 같은 돈이다.

일반 대중은 입양에 대해 의문을 갖지 않는다. 입양 종사자 들이 해야 할 일을 제대로 하고 있다고 믿기 때문이다. 높은 수 준의 직업윤리를 준수하며, 모든 시민을 돕고, 사람들에게 성실 히 봉사하고, 사회적으로 주어진 임무를 수행하고 있다고 생각 한다.

누가 미혼모를 적법하지 않은 어머니로 만들었나? 필시 '아 기 퍼가기 시대'에 그렇게 된 것 같다. 이 시기 동안 입양에 돈이 개입했으며, 사회복지사는 전지전능한 신처럼 행동하는 직업 인이 되었으며, 중산층 백인 가정 출신의 어린 미혼 임산부들에 게 '죄', '신경증', '일탈적 행위'를 했다는 멍에를 뒤집어씌우고 '치료'를 강요했다. 그리고 백인 신생아를 원하는 백인 부부가 수적으로 증가함에 따라 막대한 입양 수익이 창출되었다.

입양을 원하는 사람 중 다수가 입양 기관이나 입양 단체 그 리고 법률 기관 등에서 일하고 있다. 그래도 되는가? 왜냐하면, 이는 이해 충돌이고, 나아가서 미혼모와 그 아기에게 위험으로 작용하는 요소가 될 것이기 때문이다.

나는 지난 20년간 '아기 퍼가기 시대' 및 아기 포기를 경험한 어머니들에 대해 연구했다. 이를 바탕으로 나는 '아기 퍼가기 시대'에 일어난 일이 매우 비윤리적이고 부적절하며 심지어 불 법일 수 있다고 주장하는 바이다.

아기를 사랑하고 아이를 원했던 미혼모에게서 아기를 빼앗아 간 일은 합법적 납치였을까? 그렇다면 강요와 강압에 노출되었던 엄마들은 합법적 아기 절도 행위의 수동적 공범자였을까? 대부분의 미혼모들은 입양 강요에서 벗어나기 위해 할 수 있는 일은 아무것도 없었다. 아기를 키우려 한 어떤 미혼모들은 판사 앞에 죄인처럼 서서 입양 서류에 서명할 때까지 정신병동이나 소년원에 가둬 놓겠다는 협박을 받기도 했다. 또 어떤 미혼모들은 아기를 데려가려면 그간 들었던 의료비, 위탁 가정 또는 미혼모 시설 체류비용 등 고액의 비용을 지불하라는 위협도 받았다.

이런 방식이 합법적인가? 이런 관행이 도덕적이고 윤리적이었나? 정말 미혼모들에게 선택할 권리가 있었나? 충분한 정보에 기초한 진정한 의미의 결정을 내렸다고 할 수 있을까?

이 문제는 매우 중요하고, 오래전에 해야 했을 질문이다. 미국 정부는 '아기 퍼가기 시대'에 자행되었던 입양 관행에 대해 조사해야 한다. '아기 퍼가기 시대'를 살았던 미혼 엄마들은 대답을 기다리고 있다.

참고문헌

Adams, Hannah & Ursula Gallagher. 1963. "Some Facts and Observations about Illegitimacy." *Children* 10(2): 43-48.

Adams, Hannah. 1961. "Two Studies of Unmarried Mothers in New York City." *Children* 8(5): 184-188.

Aigner, Hal. 1992, *Adoption in America: Coming of Age*, Boulder, CO: Paradigm Press.

Allen, Mary Louise. 1963.11.1. "What Can We Do About America's Unwed Teenage Mothers?" *McCalls*. [pp.42, 51]

Ariely, Dan. 2012. *The (Honest) Truth about Dishonesty How We Lie to Everyone: Especially Ourselves*. New York, NY: Harper Collins.

Armstrong, Louise. 1995. *Of 'Sluts' and 'Bastards': A Feminist Decodes the Child Welfare Debate*. Monroe, ME: Common Courage Press.

Arnold, Mildred. 1955.6.27. "Protecting Children in Adoption." Lecture presented at U.S Department of Health Education and Welfare, Social Security Administration. Washington, D.C.

_____. 1957.5.19. "Techniques and Methods in Child Welfare." Lecture presented at 84th Annual Forum, National Conference on Social Welfare. Philadelphia, PA.

Ashe, Nancy. 2001. "Big Business: Adoption Services Valued At $1.4 Billion." https://fightagainstcps.tripod.com/thenationalchapteroftheunitedfamilyrightsassociation/

Askren, Holli Ann & Kathaleen Bloom. 1999. "Postadoptive Reactions of the Relinquishing Mother: A Review." *Journal of Obstetrics, Gynecology, Neonatal Nursing* (July-August) 28(4): 395-400.

Atwood, Margaret. 1985. *The Handmaid's Tale*. Boston: Houghton Mifflin.

Australian Parliament Inquiry of Forced Adoption Practices. 2014.9.1.

Babb, Linda. 1999. *Ethics in American Adoption*. Westport, CT: Bergin & Garvey. [pp.43-44]

Baker, Inez. 1948. "Uphold Rights of Parent and Child." *The Child* (August) 13(2): 27-30.

Baran, Annette & Reuban Pannor. 1990. "It's Time for a Sweeping Change." *Concerned United Birthparents Degree* 4, 511. *American Adoption Congress Newsletter* (Summer).

Bedger, Jean. 1969. *The Crittenton Study: An Assessment of Client Functioning before and after Services.* Chicago, IL: Florence Crittenton Association of America. [p.44]

Benet, Mary Kathleen. 1976. *The Politics of Adoption.* New York, NY: Free Press. [p.178]

Bennett, William. 2001. *The Broken Hearth: Reversing the Moral Collapse of the American Family.* New York, NY: Doubleday. [pp.98, 100]

Berkman, Karen & Mark Chapman. 2006. *Gone to a Good Home. In Storyline Australia.* Lindfield, N.S.W.: Film Australia.

Bernard, Viola. 1964. *Adoption.* Washington, DC: Child Welfare League of America. [pp.70-73]

Bernstein, Rose. 1963. "Gaps in Services to Unmarried Mothers." *Children* 10(2): 49-54.

_____. 1971. *Helping Unmarried Mothers,* New York, NY: Association Press. [pp.4, 13-14, 16, 57, 92]

Berry, Brian. 2005. *Why Social Justice Matters.* Cambridge, England: Polity Press.

Biestek, Felix. 1957. *The Casework Relationship.* Chicago, IL: Loyola University Press.

Blatt, Marianne. 1963. "Intensive Casework with Unmarried Mother with Her First Pregnancy: Emphasis on Rehabilitation and Prevention of Recidivism." Brief and Intensive Casework with Unmarried Mother, Child Welfare League of America.

Boole, Lucile. 1956. "The Hospital and Unmarried Mothers." *Children* 3(6): 208-212.

Boston Women's Health Book Collective. 1992. *New Our Bodies, Ourselves: A Book by and for Women.* New York, NY: Touchstone.

Bowlby, John. 1952. "Illegitimacy and Deprivation." In *Maternal Care and Mental Health: Monograph Series No. 2*(2nd Ed.). Geneva, Switzerland: World Health Organization.

Bowlby, John, Margery Fry & Mary D. Salter Ainsworth. 1965. *Child Care and* the *Growth of Love*. Harmondsworth, UK: Penguin Books.

Bridges, J. 1964. "America's Problem of Sex Morality." *Crises in Morality*, ed. Scudder. Nashville, TN: Broadman Press.

Brenner, Ruth. 1942.5.10. "What Facilities are Essential to the Adequate Care of the Unmarried Mother?" *Lecture presented at Sixty Ninth Annual Conference*. New Orleans, LA.

Brower, Bernice R. 1948. "What Shall I Do With My Baby?" *The Child* (Arpil) 12(10): 166-169.

Buck, Perl. S. 1956.6.1. "We can Free the Children." *Woman's Home Companion*.

Burgess, Jessica Tyree. 2013.8.21. "A Child is Waiting." The Uncommon Wealth: Voices from the Library of Virginia. https://uncommonwealth. virginiamemory.com/blog/2013/08/21/a-child-is-waiting/

Bye, Lillian. 1959.1.1. "Profile of Unwed Pregnancy Today: Private Agency Point of View." Presentation to the National Conference on Social Welfare. San Francisco, CA.

Canada, Ruth. 1964.11.6. "Changes in Adoption Services." Lecture presented at Western Area Conference, Florence Crittenton Association of America. Scottsdale, AZ.

Carp, E. Wayne. 1998. *Family Matters: Secrecy and Disclosure in the History of Adoption*. Cambridge, MA: Harvard University Press. [p.117]

Chambers, Lori. 2006. "Adoption, Unwed Mothers and the Powers of the Children's Aid Society in Ontario, 1921-1969." *Ontario History* 98(2). https://www.erudit.org/en/journals/onhistory/2006-v98-n2-onhistory04969/1065824ar.pdf

Charnley, Jean. 1955. *The Art of Child Placement*. Minneapolis, MN: University of Minnesota Press. [pp.vii. viii, 6, 12, 116, 279]

Chaskell, Ruth. 1967. "The Unmarried Mother: Is She Different?" *Child Welfare* (February) 46(2): 65-74. [p.68]

Cheetham, Juliet. 1977. *Unwanted Pregnancy and Counseling*. London: Routledge & Kegan Paul. [pp.78-79, 107, 140, 182-183, 192-193, 205, 207, 212-213, 224]

Chesler, Phyllis. 1986. *Mothers on Trial: The Battle for Children and Custody*. New York, NY: McGraw Hill. [pp.48, 321, 356-357]

Child Welfare League of America & Michael Shapiro. 1956. "A Study of Adoption Practices: Selected Scientific Papers Presented at the National Conference on Adoption"(January 1955) Vol. 2. Child Welfare League of America.

Child Welfare League of America. 1971. *Guidelines for Adoption Service*. ed. Ford, S.P. New York, NY: Child Welfare League of America Committee on Standards for Adoption Service.

Child Welfare League of America. 1978. *Standards for Adoption Service*, Revised. Washington, DC: Child Welfare League of America, Inc.

Children's Bureau. 1953. "Quest for Knowledge." *The Child* 17(6): 101-103.

Children's Bureau, Lundberg Emma & Kathatine Lenroot. 1974[1920], *Illegitimacy as a Child-Welfare Problem*. New York, NY: Arno Press. [p.139]

Clothier, Florence. 1941. "Problems of Illegitimacy as They Concern the Worker in the Field of Adoption." *Mental Hygiene* XXV(4): 576-590.

Clothier, Florence. 1943. "The Psychology of the Adopted Child." *Mental Hygiene* 27: 222-230.

Comly, Hunter. 1961. "A New Look in Providing Services to Unmarried Mothers (3)." Lecture presented at Florence Crittenton Association of America, National Conference on Social Welfare. Minneapolis, MN.

Condon, John. 1986. "Psychological Disability in Women who Relinquish a Baby for Adoption." *The Medical Journal of Australia* 144(3): 117-119.

Corea, Gena. 1985[1977]. *The Hidden Malpractice: How American Medicine Mistreats Women*. New York, NY: Harper & Row. [pp.130, 132-133, 174-175, 179]

Costigan, Barbara Hansen. 1964. *The Unmarried Mother: Her Decision Regarding Adoption*. Los Angeles, CA: University of Southern California Press. [pp.3-4, 32-33, 35, 43, 45-46, 56, 97, 99, 109]

Costin, Lela. 1972. *Child Welfare: Policies and Practice*, New York, NY: McGraw-Hill.

Craigen, James. 1972. "The Case for Activism in Social Work." *The Social Welfare Forum*(May 28-June 2), Official Proceedings, Paper presented at the 99th Annual Forum National Conference on Social Welfare, Chicago, IL. Madison, WI: University of Wisconsin.

Crockett, M. 1960. "Examination of Services to the Unmarried Mother in Relation to Age of Adoption Placement of the Baby." Casework papers 1960, National Conference on Social Welfare, 87th annual forum. Atlantic City, NJ: Family Service America.

Cunningham, Shelly. 2010.5.26. "Smashed by Adoption (Baby Scoop Era)." Origins Australia (Forced Adoption Support Network). http://www. originsnsw.com/id43.html

Cupp, Ruth. 2013. *Miracles on St. Margaret Street, Florence Crittenton Programs of SC*, Arcadia Publishing. [pp.10, 36]

Cushman, L., Kalmuss, D., & Namerow, P. 1993. "Placing an Infant for Adoption: The Experiences of Young Birthmothers." *Social Work* 38(3): 264-272.

Dean, C., 1958. "Opinions toward Legally Required Adoption Studies Done by Children Placing Agencies in Salt Lake County." MSW Thesis, University of Utah.

Dorner, Patricia. 1997. "Adoption Search: An Ethical Guide for Practitioners." *Catholic Charities USA Searching Handbook*, Alexandria VA: Catholic Charities USA. https://www.slideshare.net/candice.johnn/catholic-charities-social-workers-handbook-4127009?from_action=save

Duffield, Grace & Peter Grabosky. 2001. "The Psychology of Fraud: Trends & Issues in Crime and Criminal Justice"(March). Australian Institute of Criminology. https://ifb.org.nz/wp-content/uploads/2019/08/The-Psychology-of-Fraud.pdf

Edlin, Sara Boudin. 1954. *The Unmarried Mother in Our Society: A Frank and Constructive Approach to an Age-old Problem*. New York, NY: Farrar, Straus, and Young.

Erichsen, R. 1955. "Who are America's 150,000 Unwed Mothers?" *Pageant* 11(5): 86-92.

Ferard, Margaret & Noël Hunnybun. 1962. *The Caseworker's Use of Relationships*. London: Tavistock Publications.

Fessler, Ann. 2006. *The Girls Who Went Away: The Hidden History of Women Who Surrendered Children for Adoption in the Decades Before Roe v. Wade*. NY: Penguin Press.

_____. 2012. "A Girl Like Her." United States: LEF Foundation, Moving Image

Fund.

Gallagher, Nancy. 1999. *Breeding Better Vermonters: The Eugenics Project in the Green Mountain State*. Hanover, NH: University Press of New England. [pp. 117-128, 167]

Gallagher, Ursula M. 1963. "What of the Unmarried Parent?" *Journal of Home Economics* (June) 55(6): 401-403.

Gianakon, Harry. 1960. "Ego Factors in the Separation of Unwed Mother and Child." In *Casework papers 1960*, Paper presented at the 87th Annual Forum (June 5-10), National Conference on Social Welfare. Atlantic City, New Jersey. Atlantic City, NJ: Family Service America. [pp.61-62, 64, 58]

Giedd, Jay. 2015. "The Amazing Teen Brain." *Scientific American* (May): 32-37.

Gill, Derek. 1977. *Illegitimacy, Sexuality and the Status of Women*. Oxford: Basil Blackwell. [pp.99, 103, 106, 260]

Gilman, Lois. 1998. *The Adoption Resource Book*. New York: Harper & Row. [p.85, 130]

Glickman, Ester. 1957. *Child Placement through Clinically Oriented Casework*. NY: Columbia University Press. [pp.vii~viii, 6, 279]

Greenleigh, Arthur. 1961. "Does the ADC Program Strengthen or Weaken Family Life?" In Casework papers presented at the 88th annual forum, Family Service Association of America, New York, NY.

Greil, Arthur. 1991. *Not Yet Pregnant: Infertile Couples in Contemporary America*. New Brunswick, NJ: Rutgers University Press.

Hartman, Ann. 1988. "Forward." *Infertility and Adoption: A Guide for Social Work Practice*. ed., Valentine, D. NY: Routledge.

Headsten, Sally. 1969. "Maternity Care: To Hide or to Help, That is the Question." *Field Reporter* (September-October).

Heiman, Marcel. 1960. "Out of Wedlock Pregnancy in Adolescence." In Casework Papers 1960: From the National Conference on Social Welfare. New York, NY: Family Service Association of America.

Henderson, Douglas. 2002. "Challenging the Silence of the Mental Health Community on Adoption Issues." *Journal of Social Distress and the Homeless* 11(2): 131-141.

Heiman, M. 1960. "Out of wedlock pregnancy in adolescence." Paper presented at the annual conference of the Florence Crittenton Homes

Association National Conference on Social Welfare (June). Atlantic City, NJ.

Henderson, Douglas. 2002. "Challenging the Silence of the Mental Health Community on Adoption Issues." *Journal of Social Distress and the Homeless* 11(2): 131-141.

Hickey, Margaret. 1958. "More than a Place to Hide: The Crittenton Program." *Ladies Home Journal*(August) LXXV(8).

Higgins, Daryl. 2014. "Past Adoption Practices: Implications for Current Interventions." *InPsych*(August) 36(4). http://www.psychology.org.au/inpsych/2014/august/higgins

Hoey, Jane. 1952a. "Aid to Dependent Children Keeps Homes Together." *The Child* 16(6): 86-88.

____. 1952b. "Our Common Goals." *Journal of Home Economics* 44(9): 689-692.

Howe, David, Philida Sawbridge & Diana Hinings. 1992. *Half a Million Women: Mothers who Lose Their Children by Adoption*. London: Penguin Books. [pp.22-23, 44, 48, 66, 69-70, 111].

Infausto, Felix. 1969. "Perspective on Adoption." *The Annals of the American Academy of Political and Social Science*(May) 383(1): 1-12.

Inglis, Kate. 1984. *Living Mistakes: Mothers Who Consented to Adoption*. Sydney NSW: G. Allen & Unwin. [pp.8, 14-15].

Isaac, Rael & Joseph Spencer. 1965. *Adopting a Child Today*. New York: Harper & Row.

Jones, Merry. 1993. *Birthmothers: Women Who Have Relinquished Babies for Adoption Tell Their Stories*. Chicago, IL: Chicago Review Press.

Josselyn, Irene. 1955. "A Psychiatrist Looks at Adoption." *A Study of Adoption Practice*(2). ed., M. Schapiro. New York, NY: Child Welfare League of America.

Kahn, Alfred. 1964.10.19. "Unmarried Mothers: A Social Welfare Planning Perspective(5)." in *Selected Papers at Northeast Area Conferences*, Boston: Florence Crittenton Association of America.

Kammerer, Percy Gamble. 1918. "The Unmarried Mother: A Study of Five Hundred Cases." *Criminal Science Monograph No. 3. Supplement to the Journal of the American Institute of Criminal Law and Criminology*.

Boston, MA: Little, Brown and Company.

Kantor, M. 2006. The psychopathology of everyday Life: How to deal with manipulative people. https://en.wikipedia.org/wiki/Psychological_manipulation

Katz, Sanford. 1963. "Legal Protections for the Unmarried Mother and Her Child." *Children* 10(2): 55-59.

Kelly, Jerry. 1963. "The School and Unmarried Mothers." *Children* 10(2): 60-64.

Kelly, Judy. 1999. "The Trauma of Relinquishment: The Long-term Impact of Relinquishment on Birthmothers who Lost Their Infants to Adoption During the Years 1965-1972." Master's thesis, Goddard College, Plainfield, Vermont.

Keup, Charissa. 2012. "Girls In trouble: A History of Female Adolescent Sexuality in the Midwest, 1946-1964." Doctoral dissertation, Marquette University.

Kirk, David. 1984. *Shared Fate: A Theory and Method of Adoptive Relationships*(2nd Ed.). Port Angeles, WA: Ben-Simon Publications. [p.40, 100]

Klerman, Lorraine & James F. Jekel. 1973. *School-age Mothers: Problems, Programs and Policy*, Hamden, CT: Linnet Books. [pp.x, 6-7, 38]

Kunzel, Regina. 1995. "Pulp Fictions and Problem Girls: Reading and Rewriting Single Pregnancy in the Postwar United States." *The American Historical Review*(December) 100(5): 1465-1487. [pp.1467-1468, 1482]

____. 1993. *Fallen Women, Problem Girls: Unmarried Mothers and the Professionalization of Social Work, 1890-1945*, New Haven, CT: Yale University Press. [pp.44, 52, 54-57, 89, 129, 151, 155]

Landers, A. 1961.4.25. "Column." *Democrat and Chronicle*.

Lawrence, Magaret. 1979.5.4. "The Demonized Mother." Lecture presented at The First National American Adoption Congress, Washington, D.C.

Lawson, D. 1960. "The P.H. Fetherston Memorial Lecture: The Anxieties of Pregnancy." *The Medical Journal of Australia* 2(5): 164-166.

Leffingwell, Albert. 1892. *Illegitimacy, and the Influence of Seasons Upon Conduct*. Charles Scribner's Sons.

Levy, Robert. 1964. "The Unwed Mother, Adoption, Parental Neglect." In

Selected Materials on Family Law: Custody, the Unwed Mother, Adoption, Parental Neglect. Chicago, IL: National Council on Legal Clinics.

Lifton, Betty Jean. 1988[1979]. *Lost and Found: The Adoption Experience.* New York: Dial Press. [pp.45, 273]

Lipke, Jean & Patricia Bateman. 1971. *Sex Outside of Marriage.* Minneapolis. MN: Lerner Publications. [pp.18, 22, 26-27]

Littner, Ner. 1956. "The Natural Parents." *A Study of Adoption Practices: Selected Scientific Papers.* ed. M. Shapiro, Washington D.C.: Child Welfare League of America.

Lourie, N. 1956.5.29. *The Responsibility of the Maternity Home in Dealing with Personality Problems* (5). Lecture presented at Florence Crittenton Association of America, National Conference on Social Welfare, St. Louis, MO.

Luker, Kristin. 1996. *Dubious Conceptions: The Politics of Teenage Pregnancy,* Cambridge. MA: Harvard University Press. [pp.20, 22, 24, 36-37, 162]

Mandell, Betty Reid. 2007. "Adoption." *New Politics*(Winter) 11(2).

Marshall, Audrey & Margaret McDonald. 2001. *The Many-sided Triangle: Adoption in Australia.* Carlton, VIC: Melbourne University Press. [pp.1-3, 8, 10, 26, 49-59, 103, 208]

Mayo, Leonard & Joseph Leid. 1962. "Social Services for Children and Youth." *Children* 9(2): 66-72.

McBroom, Elizabeth. 1970. "Socialization and Social Casework." *Theories of Social Casework.* ed. R. Roberts & R. Nee. Chicago, IL: University of Chicago Press.

McCalley, H., & Greenleigh, A. 1961.5.18. "The Community Looks at Illegitimacy." Lecture presented at Florence Crittenton Association of America. Minneapolis, MN.

McColm, Michelle. 1993. *Adoption Reunions: A Book for Adoptees, Birth Parents and Adoptive Families.* Toronto, Canada: Second Story Press. [pp.47, 144]

McConnell, Nancy Fifield & Martha Morrison Dore. 1983. *Crittenton Services: The First Century, 1883-1983.* Washington, D.C.: National Florence Crittenton Mission.

Morlock, Maud. 1939. "Socially Handicapped Children, Foster-Home Care for Unmarried Mothers." *The Child*(September) 3(3): 51-56.

Morton, Marian. 1993. *And Sin No More: Social Policy and Unwed Mothers in Cleveland, 1855-1990*. Columbus, OH: Ohio State University Press.

National Conference of Catholic Charities. 1969. *Directory of Residences for Unwed Mothers*. Washington, D.C.: National Conference of Catholic Charities. [pp.5, 54]

Nelson, B. 1960. "Elimination of Roadblocks in Educating School-age Unmarried Mothers." Paper presented at annual conference of the Florence Crittenton Homes at National Conference on Social Welfare, Atlantic City, NJ.

New South Wales Law Reform Commission. 1997. Report 81 – Review of the Adoption of Children Act 1965(NSW).

Nicholds, Elizabeth. 1966. *In-service Casework Training*. NY: Columbia University Press. [pp.99, 206]

Nicholson, Jill. 1968. *Mother and Baby Homes: A Survey of Homes for Unmarried Mothers*. London: George Allen & Unwin. [pp.41, 69, 86-139, 145]

O'Shaughnessy, Tim. 1994. *Adoption, Social Work and Social Theory: Making the Connections*. Aldershot, England: Avebury.

Osofsky, Howard. 1968. *The Pregnant Teenager: A Medical, Educational, and Social Analysis*. Springfield, IL: Thomas. [pp.6, 8, 23, 25, 58, 80, 248]

Packard, Vance. 1977. *The People Shapers*. Boston: Little, Brown. [pp.17, 355]

Pannor, Reuben. 1987.8.1. "Comments." 1982 L.A. Adoption Conference. *Concerned United Birthparents Communicator*.

Peck, M. Scott. 1983. *People of the Lie: The Hope for Healing Human Evil*. New York: Simon and Schuster. [p.62]

Pelton, Leroy. 1988. "The Institution of Adoption: Its Sources and Perpetuation." *Infertility and Adoption: A Guide for Social Work Practice*. ed. D. Valentine. New York: Haworth Press. [pp.1-2, 90, 105]

Perlman, Helen Harris. 1957. *Social Casework: A Problem Solving Process*. Chicago, IL: University of Chicago Press. https://archive.org/details/socialcaseworkpr0000perl/page/52/mode/2up

_____. 1964. "Unmarried Mothers – The Problem." *Social Work and Social Problems*, ed. Nathan Cohen, New York, NY: National Association of

Social Workers. [pp.154-155, 274-279]

____. 1971. *Perspectives on Social Casework*. Philadelphia: Temple University Press. [p.xii]

Phyryda, I. 1964.10.26. "Emotional Problems of the unmarried Pregnant Girl and the Patterns of Denial Before and During Pregnancy." Lecture presented at Southern Area Conference, Florence Crittenton Association of America, Chattanooga, TN.

Pinson, B. 1964. "Mothers out of Wedlock." *Crises in Morality*. ed. C. Scudder. Nashville, TN: Broadman Press. [pp.19, 16-17, 22-23]

Pochin, Jean. 1969. *Without a Wedding Ring: Casework with Unmarried Parents*. New York, NY: Schocken Books. [pp.4, 107, 118, 121, 125, 129]

Poinsett, Alex. 1966. "A Despised Minority." *Ebony*(August) 21(10): 48-54.

Polier, J.W. 1957. "Adoption and Law." *Pediatrics*(August) 20(2): 372-377.

Pringle, M.L. Kellmer. 1967. *Adoption Facts and Fallacies: A Review of Research in the United States, Canada and Great Britain between 1948 and 1965*. London: Longmans in association with the National Bureau for Co-operation in Child Care. [pp.29, 129-130]

Rains, Prudence Mors. 1970. "Moral Reinstatement: The Characteristics of Maternity Homes." *American Behavioral Scientist* 14(2): 219-235.

____. 1971. *Becoming an Unwed Mother*. New Brunswick and London: Aldine Transaction Publishing.

Reamer, Frederic G. 2012.5.17. "Eye on Ethics, The Dark Side of Social Work: Ethical Misconduct." Social Work Today. https://www.socialworktoday. com/news/eoe_051712.shtml

Reeves, Josephine. 1993. "The Deviant Mother and Child: The Development of Adoption as an Instrument of Social Control." *Journal of Law and Society*(Winter) 20: 412-426.

Reid, Joseph. 1956.5.20. "Principles, Values, and Assumptions Underlying Adoption Practice." Lecture presented at The Social Welfare Forum, St. Louis, MO.

____. 1956. "Why You Can't Adopt the Child You Want." *Women's Home Companion*(June) 37.

Reynolds, Bertha. 1963. *An Uncharted Journey: Fifty Years of Growth in Social Work*. New York, NY: Citadel Press.

Rickarby, Geoff. 1998. "Interim Report on Inquiry into Adoption Practices: Transcripts of Evidence(Report No. 17)." Parliament of New South Wales Legislative Council, Staning Committee on Social Issues.

Roberts, B. 1964. "Adoptive Programs and Procedures." Paper presented at the south regional adoption conference of the Florence Crittenton Association (October). TN .

Roberts, Robert. ed. 1966. *The Unwed Mother*. New York, NY: Harper & Row.

Roland, N. 2000. "Disenfranchised Grief and the Birth Mother." *American Adoption Congress Newsletter*(Spring/Summer).

Roles, Patricia. 1989. *Saying Goodbye to a Baby: A Book about Loss and Grief in Adoption* (1). Washington, DC: Child Welfare League of America.

____. 1989. *Saying Goodbye to a Baby: A Counselor's Guide to Birthparent Loss and Grief in Adoption* (2). Washington, D.C.: Child Welfare League of America.

Rose, Carol. 1978. *Some Emerging Issues in Legal Liability of Children's Agencies*. New York: Child Welfare League of America. [pp.4-6, 39-40, 59]

Rowe, Jane. 1966. *Parents, Children and Adoption: A Handbook for Adoption Workers*. London, England: Routledge & Kegan Paul. [pp.2, 10, 48, 51-52, 61-62, 126, 154, 185]

Russell, Bertrand. 1929. *Marriages and morals*. London: George Allen & Unwin.

Ryan, William. 1971. *Blaming the Victim*. New York: Pantheon Books. [pp.111, 115]

Ryburn, Murray. 1996. "Has Adoption a Future?" Presented at Forum Conference on Adoption, Sydney, NSW, Australia, Concerned United Birthparents Communicator.

Salvation Army. 1962. "Salvation Army Services to Unmarried Parents and Their Children." In *Handbook of Information*. New York, NY: Salvation Army National Headquarters.

Sandusky, Annie. 1961. "Rehabilitative Potentials of Families on ADC." *Children* 8(3): 93-98.

Schaffer, Judith & Christina Lindstrom. 1989. *How to Raise an Adopted Child: A Guide to Help Your Child Flourish from Infancy through Adolescence*. New York: Crown. [pp.5, 7]

Scherz, Frances. 1947. "Taking Sides in the Unmarried Mother's Conflict." *Journal of Social Casework* 28(2): 57-61.

Schur, Edwin. 1983. *Labeling Women Deviant: Gender, Stigma, and Social Control.* Philadelphia, PA: Temple University Press. [pp.31-32, 38]

Shawyer, Joss, 1979. *Death by Adoption*, Auckland, NZ: Cicada Press. [pp.29, 35, 49, 60]

Shapiro, Michael. 1955. *Study of Adoption Practices: Selected Scientific Papers* (2). Lecture presented at Child Welfare League of America, Conference on Adoption.

Shiller, Alice. 1969. "The Unmarried Mother." *The Public Affairs Committee Pamphlet* No. 440, Public Affairs Committee.

Singer, Margaret & Richard Ofshe. 1990. "Thought Reform Programs and the Production of Psychiatric Casualties." *Psychiatric Annals*(April) 20(4). https://culteducation.com/group/1153-margaret-thaler-singer-ph-d/995-thought-reform-programs-and-the-production-of-psychiatric-casualtiess.html

Slavson, Samuel R. 1956. *The Fields of Group Psychotherapy.* New York, NY: International Universities Press. [pp.175, 180, 184]

Soll, Joe & Karen Wilson-Butergaugh. 2003. *Adoption Healing: A Path to Recovery for Mothers who Lost Children to Adoption.* Gateway Press.

Solinger, Rickie. 2000[1992]. *Wake Up Little Susie: Single Pregnancy and Race before Roe v. Wade.* New York, NY: Routledge. [pp.47-48, 90, 95, 100, 146-147, 253]

Sontag, L. 1960. "Differences in Modifiability of Fetal Behavior and Physiology." In *Casework papers presented at the annual forum by from the National Conference on Social Welfare.* NY: Family Service Association of America.

Spencer, Marietta. 1979. "The Terminology of Adoption." *Child Welfare* 58(7): 451-459.

Stiffler, L. H. 1991. "Adoption's Impact on Birthmothers: Can a Mother Forget Her Child?" *Journal of Psychology and Christianity* 10(3): 249-259.

Stroup, Herbert Hewitt. 1960. *Social Work: An Introduction to the Field.* NY: American Book. [p.79]

Talukder, Gargi. 2013.3.20. "Decision-making is Still a Work in Progress

for Teenagers." Brain Connection. https://www.brainhq.com/blog/
decision-making-is-still-a-work-in-progress-for-teenagers/

Terkelsen, Helen. 1964. *Counseling the Unwed Mother.* Englewood Cliffs, NJ: Prentice-Hall.

Thornhill, Magarret. 1955. "Unprotected Adoptions." *Children* 2(5): 179-184.

Tod, Robert James, ed. 1971. *Social Work in Adoption: Collected Papers.* London: Longman. [p.8]

Tomatis, Alfred A. 1981. *La nuit uterine.* Paris: Editions Stock.

Triseliotis, John. 1989. "Some Moral and Practical Issues in Adoption Work." Paper presented at the International Conference on Adoption(December), Melbourne, AU.

Turner, John B. ed. 1977. *Encyclopedia of Social Work.* Washington, D.C. : National Association of Social Workers. [p.120] https://archive.org/details/encyclopediaofso01turn/page/120/mode/2up?q=nonrelative+ad options

United Nations Secretary-General. 1971. *Status of the Unmarried Mother: Law and Practice.* New York, NY: United Nations Commission on the Status of Women.

Thornhill, M. 1955. "Protecting Children in Adoption." Report of a conference held in Washington (June 27-28), Washington, D.C.: U.S. Department of Health, Education, and Welfare, Social Security Administration, Children's Bureau. [pp.27, 179-180, 183-185]

Vincent, Clark. 1962. "The Unmarried Mother in Today's Culture." In Papers presented at the annual conference of the Florence Crittenton Association of America in conjunction with the National Conference on Social Welfare(May), New York, NY, University of Minnesota: Florence Crittenton Archives 10.

Weathers, Frank & Terence Keane. 2007. "The Criterion a Problem Revisited: Controversies and Challenges in Defining and Measuring Psychological Trauma." *Journal of Traumatic Stress* 20(2): 107-121.

Wegar, Katarina. 2008[1997]. *Adoption, Identity, and Kinship: The Debate over Sealed Birth Records.* New Haven, CT: Yale University Press. [pp.7, 40-41, 54, 69]

Wellfare, Dian. 2016. *A Sanctioned Evil: A History of Illegal Adoption in*

Australia. Cilento Publishing.

Wells, Sue. 1993. "Post-traumatic Stress Disorder in Birthmothers." *Adoption and Fostering* 17(2): 30-32.

Wessel, M. D. 1962.5.31. *A Physician Looks at Professional Service for Unmarried Mothers.* Lecture presented at Florence Crittenton Association of America, National Conference on Social Welfare. New York. [pp.7-9]

Wiemo, J. 1966.9.1. "Inside a Home for Unwed Mothers." *FACT*: 56-57.

Wilson, Mary, Nuala Lordan & Audrey Mullender. 2004. "Family, Community, Church and State: Natural Parents Talking about Adoption in Ireland." *British Journal of Social Work* 34(5): 621-648. [pp.621, 624, 648]

Wilson, Otto. 1933. *Fifty Years' Work with Girls, 1883-1933: A Story of the Florence Crittenton Homes.* Alexandria, VA: The National Florence Crittenton Mission.

Wiltse, K. & R. Roberts. 1966. "Illegitimacy and the AFDC program." *The Unwed Mother.* ed. R. Roberts. New York, NY: Harper & Row.

Wimperis, Virginia. 1960. *The Unmarried Mother and Her Child.* London: Allen & Unwin. [pp.29, 243, 263-265]

Winston, E. 1963.5.23. "Unmarried Parents and Their Children: Services in the Decades Ahead." Lecture presented at Florence Crittenton Association of America, National Conference on Social Welfare, Cleveland, OH.

Wrieden, Jane. 1951. "To Strengthen Maternity Homes Service to Unmarried Mothers." *The Child*(August-September) 16(1): 5–12.

Yeatman, H. Y. 1964.10.16. "Legislation." Lecture presented at Southern Area Conference, Florence Crittenton Association of America, Chattanooga, TN.

Young, Curtis. 2000. *The Missing Piece: Adoption Counseling in Pregnancy Resource Centers.* Washington D.C: Family Research Council.

Young, Leotine. 1947. "The Unmarried Mother's Decision about Her Baby." *Journal of Social Casework* 28(1): 27-34.

_____. 1953. "Is Money Our Trouble?" Paper presented at the National Conference on Social Work, Cleveland, OH.

_____. 1954. *Out of Wedlock: A Study of the Problems of the Unmarried Mother and Her Child*. New York, NY: McGraw-Hill.

Zackler, Jack & Wayne Brandstadt. 1974. *The Teenage Pregnant Girl*. Springfield, IL: Charles C. Thomas. [pp.164, 241, 243-244]

방송, 신문 매체

AXS TV. 2012.5.1. "Adoption or abduction?" *Dan Rather Reports*(Episode 715). https://www.danratherjournalist.org/sites/default/files/documents/2012%20DDR%20715%20on%2005%2001%20Adopted%20or%20Abducted%3F.pdf

Baumler, Ellen. 2003.8.2. "Florence Crittenton Home: Girl's best friend for over 100 years." *The Independent Record*.

Brennan, Carol. 2007. "The Other Mother." *The Oprah Magazine*(April). http://www.oprah.com/relationships/Meeting-the-Biological-Mother-The-Adoption-Files

Browning, Norma Lee. 1959.11.1. "Problem of the Unwed Mother." *Chicago Tribune*: 14-16.

Howarth, D. 1956.11.22. "Mothers not All Unhappy." *Toronto Telegraph*.

Levy, Andrew. 2014.9.14. "'It was an Amazing Moment': Social Worker Gloats on Facebook over Breaking up a Family and Revelling in the 'massive rollicking' the judge gave the parents." *Daily Mail Online*. http://www.dailymail.co.uk/news/article-2755853/It-amazing-moment-Social-worker-gloats-Facebook-breaking-family-revelling-massive-rollicking-judge-gave-parents.html#ixzz425PMRHgK

Newsweek. 1994.3.20. "Politics of adoption." http://www.newsweek.com/politics-adoption-185878

Morgenstern, Joshep. 1971.9.13. "The New Face of Adoption." *Newsweek*: 66-72.

Rinehart, Jonathan. 1963.3.23. "Mothers Without Joy." *Saturday Evening Post* 236(11): 29-33.

Smith, Tammie. 2015.8.15. "Childhood Trauma Can Have Lasting Impact." *Richmond Times Dispatch*. https://richmond.com/childhood-trauma-can-have-lasting-impact/article_a96551b0-8af7-556a-a725-25d530f52c50.html

Time. 1984.3.12."Newborn Fever: Flocking to an Adoption Mecca."
    Time 123(11). https://content.time.com/time/subscriber/
    article/0,33009,921587-1,00.html

Woolridge, Adrian. 1997.9.7. "Eugenics: The Secret Lurking in Many Nations'
    Past." *Los Angeles Times*. https://www.latimes.com/archives/la-xpm-
    1997-sep-07-op-29713-story.html

Younger, Joan. 1947.6.1. "The Unwed Mother." *Ladies Home Journal*.

찾아보기